天下文化

BELIEVE IN READING

一九三九年，四歲的錢復（前排左一）與祖父錢鴻業（前排坐者）、父親錢思亮（後排右）、母親張婉度（後排左），大哥錢純（前排右一）、二哥錢煦（前排右二）於上海。

上｜一九六一年錢復外祖父張昭芹，於台北市福州街寓所。
下｜一九四三年錢復（前）與父母於上海。

曾任中研院院長、台大校長的錢思亮（前坐者），其三子純（左）、復（中）、煦（右）亦分別在經濟、外交、醫學等領域表現傑出。

上｜一九五六年，錢復（右）與乾爺爺胡適。

下｜一九五九年六月，錢復參加美國耶魯大學碩士畢業遊行，後繼續攻讀博士學位。

一九六一年九月十六日，錢復（左）在紐約胡適寓所與田玲玲（右）訂婚，由胡適夫人（中）主持。

一九六三年九月二十二日，錢復與田玲玲於台北結婚。

上｜一九六六年二月，錢復夫婦與兒女國維（右）、美端（左），於台北市福州街寓所。
下｜一九六三年十二月十五日，錢復（後排左二）當選第一屆十大傑出青年。

一九六三年三月二十一日副總統陳誠偕妻（左一、二）抵達菲律賓訪問，馬嘉柏皋總統夫婦（右一、二）在機場迎接。左三為錢復。

上｜一九六四年四月十八日，副總統陳誠（中）接見來華訪問的美國政要尼克森（左），錢復（右）隨行翻譯。

下｜一九六五年二月，琉球美軍事法庭審理來台演習的美軍士兵強暴我國婦女案，我方觀審代表，左起：司法行政部參事李模、外交部北美司科長錢復、被害人法律顧問端木愷、國防部計畫次長室四處處長陳清生上校。

上｜一九六六年十二月八日蔣中正總統（左一）接見美國國務卿魯斯克（前右二）、駐華大使馬康衛（右一），錢復（左二）隨行傳譯。

下｜一九六八年八月五日馬拉威總統班達（左二）訪華，蔣中正總統夫婦以國宴款待。

上左｜一九七〇年八月二十六日，蔣中正總統夫婦（右一、二）接見美國副總統安格紐（左二），時任行政副院長的蔣經國（左一）亦作陪。錢復（左三）擔任傳譯工作。

上右｜一九七〇年十二月十五日，教廷大使葛錫迪（左二）向蔣中正總統（右）呈遞到任國書，錢復（中）擔任傳譯工作。

下｜一九七一年四月十九日，蔣中正總統於士林官邸，接受美國CBS電視記者沙佛（右）採訪。錢復（中）擔任傳譯工作。

上｜一九七二年六月一日，錢復（右）從魏景蒙（左）手中，接下行政院新聞局長職務，由時任政務委員周書楷（中）監交。

下｜一九七五年四月十八日，蔣中正總統逝世後，由嚴家淦副總統（左二）繼任，錢復（左三）主持嚴總統的第一次中外記者會。左一是總統府祕書長鄭彥棻。

上｜一九七五年錢復（左）在新聞局長任內，接受「早安美國」節目專訪。

下｜一九七七年十一月，蔣經國院長（中）接受美國 *National Review* 總編輯巴克力（左）專訪，錢復（右）居間傳譯。

上｜一九七八年十二月十七日，錢復（中）在外交部對中外媒體說明中美斷交之因應措施。

下｜一九七八年十二月二十七日晚，錢復（左坐者）與率團抵華的美國副國務卿克里斯多福（中坐者），舉行中美斷交記者會。

一九七八年十二月二十七日中美斷交記者會後，憤怒的民眾包圍雙方代表團的座車。

一九七九年四月，錢復（左）奉派至中東處理大漢案，回程途中與友我之約旦王儲哈山親王會面交流。

BGB504 社會人文

# 錢復回憶錄

外交風雲動

典藏版卷一：1935～1979

錢復 著

謹以本書獻給我的

祖父　錢鴻業先生

他的為國犧牲是促成我

獻身外交的原動力

出版者的話

# 為歷史留下紀錄
## ——出版文集、傳記、回憶錄的用心

高希均

一個時代的歷史，是由一些英雄與無數無名英雄，以血、淚、汗所共同塑造的。其中有國家命運的顛簸起伏，有社會結構的解體與重建，有經濟的停滯與飛騰，更有人間的悲歡離合。

近百年來我們中國人的歷史，正徘徊在絕望與希望之中，毀滅與重生之中，失敗與成功之中。

沒有歷史，哪有家國？只有失敗的歷史，何來家國？

歷史是一本舊帳。但讀史的積極動機，不是在算舊帳，而是在擷取教訓，避免悲劇的重演。

歷史更可以是一本希望之帳，記錄這一代中國人半世紀以來在台灣的奮鬥與成就，鼓舞下一代，以民族自尊與驕傲，在二十一世紀開拓一個中國人的天下！

以傳播進步觀念為己任的「天下文化」，二十多年來，先後出版了實際參與台灣發展重要人士的相關著作。這些人士都是廣義的英雄，他們或有英雄的抱負，或有英雄的志業，或有英雄的功績。在發表的文集、傳記、回憶錄中，這些黨國元老、軍事將領、政治人物、企業家、專家學者都坦率而又系統地，以歷史見證人的視野，細述他們的經歷軌跡與成敗得失。

就他們所撰述的，我們尊重，但不一定表示認同；如果因此引起的爭論，我們同樣尊重，但也不一定表示認同。我們的態度是：以專業水準出版他們的著述，不以自己的價值判斷來評論對錯。

在翻騰的歷史長河中，蓋棺也已無法論定，誰也難以掌握最後的真理。我們所希望的是，請每一位人物或自己執筆、或親自口述、或經由第三者的觀察與敘述，寫下他們的歷練與感受，為歷史留下一頁珍貴的紀錄。

（作者為遠見・天下文化事業群創辦人）

# 總序

去年五月天下文化出版《錢復回憶錄．卷三》，引起讀者相當正面的反應，有人想買卷一、卷二卻都絕版了，只能改買電子版，天下文化有鑑於此，就在今年重印卷一、卷二，和卷三合為「典藏版」。

我對讀者的反應只能說：感恩。我當初寫書的初衷是對幾位愛護我的長輩對我期許的一種回報，也想為中華民國近、現代史留下一點微小的紀錄。這三本書，除了根據我多年的日記，主要依賴我遵照胡適先生教導的要勤於蒐集資料：我經手的文件，這些文件我在上世紀末開始整理，裝成框函，在我寫完三本書後，我一算裝了一百五十多箱，今年四月初我將正式把這些文件送請中央研究院近代史研究所檔案館庋藏。因為我在寫書過程中對於資料取捨頗費苦心。書的篇幅不能太厚，因此很多重要的事件未能寫入回憶錄，我祈盼未來能有學者檢閱這些文件，也許再可以出幾本有用的書。

我要再度感謝天下文化高希均創辦人、王力行發行人，兩位不為利潤只是想方便讀者。此外天下文化編輯團隊為「典藏版」所作的努力，不是言詞的感謝可以表達的。

二〇二一年三月於台北

# 自序

當我在初中二年級讀書時，經常有機會隨同父母親去國立北京大學胡適校長的家中作客。胡府最吸引我的地方就是一排五大間的書房，我總在那裡飽覽各種歷史及傳記的書籍。胡校長時時誇獎我，讓我盡量地閱讀。

十一年後我去美國耶魯大學研究院求學，每逢假期常到紐約市東八十一街胡府，為胡夫人做些家事服務，稍有閒暇就在書房看書。最初胡先生還未回台北擔任中央研究院院長，每次見到我就會和我談在耶魯讀書的情形。他對我有意在外交史方面多做研究，甚為嘉許，並指導我如何蒐集資料。他認為大家都該勤寫日記，這是最珍貴的史料。至於自己的寫作必須保存底稿；再就是適當的時候要寫回憶錄，忠實記下自己一生的工作和想法。

胡先生對我的教誨經過將近半世紀，始終牢記在我心中。我很認真地遵循這位大師給我的指導——記日記、保存資料、寫回憶錄，雖然四十多年的公職生涯一直相當忙碌，我仍是鍥而不舍。可是過去三十年中我曾六次搬家，每次搬家總會失去一些文件；而二〇〇一年九月十七日納莉颱風，我的住所積水三呎以上，許多重要的照片和信件都被損毀。這很使我痛心，因為在寫作時需要的文件往往找不到。

我寫作這本回憶錄的過程，是依照我在研究院所受的訓練方式，先將所有的文件依年代順序逐一整理。在寫某一章節時，一定先將當時的日記重閱一遍，做卡片；再將相關文件檔案詳細閱讀，做卡片，然後決定寫作方向。因此我所寫的，都是根據文件檔案。由於我的文件檔案並不必然是完整的，所以我不敢說我寫的是事實的全部真相，但它至少是根據事實而寫的。

這本書得以完成，首先要感謝內人，因為她不斷督促鼓勵，並且容忍我在書房內弄得亂七八糟。對於一位性嗜整潔的家庭主婦而言，每天要面對資料東堆西放，不能清理，的確是要有無比的包容心。

我也要感謝多年的老同事李宗義先生，他為這本書投入無限心血，特別是將我的手稿轉為電子檔案。另外徐啟明大使曾閱讀本書的部分原稿，並提供修正建議，也要一併致謝。

當然，這本書中必然仍有缺失和謬誤，那是我的能力不足，還祈讀者惠予指正。

二〇〇五年二月於台北

# 目錄

## 第二篇 進入外交部

## 第二十四章　軍援北葉門

一九六一年秋，自美返國的錢復（左）與父親錢思亮（右）。

# 第一篇

# 成長及求學

・生於北平，台大政治系學士，美國耶魯大學國際關係碩士、博士

1935年～1962年

# 第一章

# 溯源

父親常說在北平任教的三年，是他一生中最舒適的時光。父親待人溫和寬厚，處事認真審慎，對於公私分辨得十分清楚。這點在我服公職的過程中，從父親那裡學到最多。

錢氏始祖是黃帝的父親少典，少典的第九代是歷史上號稱長壽的彭祖——彭城伯籛鏗，他在殷代曾任守藏吏，到周朝則任柱下史。據說彭祖有五十四個兒子，其中第二十八子孚，受姓錢，曾擔任錢府上士。錢孚的第四十九世孫名讓，受封富春侯，是錢氏遷往江南的始祖；再經十五代到孝愫公遷居臨安的茅山（江蘇省句容縣東南），是錢氏與杭州發生關係的開始。

孝愫公的七世孫錢鏐（生於公元八五二年，卒於九三二年），五代十國時期是南方吳越國的創建者，唐僖宗時他因擊退謀反的黃巢部隊有功，先後被任命為都指揮使與杭州刺史。唐昭宗（九〇二年）時封為越王，五年後梁太祖封為吳越王，梁末帝（九二三年）冊封為吳越國王，都杭州。錢鏐對鄉梓最大的貢獻是疏浚錢塘江，早先錢塘海潮常為禍杭州，他修築了長達三百一十七公里的海塘，傳聞錢塘江潮水暴湧，他以佩劍擲入江中，潮水立即平靜。錢鏐死後謚為武肅王，以後錢氏子孫均以武肅王後裔代稱作為敘輩的依據。錢鏐的吳越國王傳了三代，他的孫子錢弘俶鑑於宋朝已定都開封，乃於公元九七八年棄王納土歸宋，攜家眷三千多人至開封居住以示效忠，惟宋太宗趙光義稍後仍以毒酒賜死。

## 錢氏子孫分布各省

錢氏子孫的分布，由浙江而江蘇、安徽、河南、河北、湖南、湖北、福建、廣東、陝西、四川，各省都有。現於桃園中壢私立啟英高工任教的錢咸能宗長，在一九九四年彙編《錢氏宗譜》一巨冊，厚達九百餘頁，我曾仔細查閱多次，無法發現我所屬的一支。但依先父在世時的研究，我們這支源流可上溯至我的十七世祖，原姓駱，為駱賓王後世，本名茂盛，餘杭人，生於明永樂末年，十五歲入贅仁和縣安仁東鄉雙廟前的錢氏為婿，改姓錢，與武肅王十九世孫女成親。六世祖錢霦在乾隆年間出生，乾隆四十四年（一七七九年）中舉人，次年中進士，曾任中城兵馬司正指揮、廣西桂林府同知、署慶遠府知府；嘉慶七年（一八〇二年），奉派出任福建台灣府理蕃同知，於同年六月初三抵任，這是我們家族和台灣最早有關連的一位。根據嘉慶十二年（一八〇七年）嘉義學教諭謝金鑾所編的《台灣縣志》一書中，提到我的六世祖曾參加清朝剿海盜蔡牽戰役，後因軍功加道銜賞戴花翎，並於嘉慶十一年八月升任台灣府知府，成為本地最高的行政首長，可惜他只擔任了二年半，在嘉慶十四年（一八〇九年）三月初二在任所病故。錢𩅰的曾孫就是我的曾祖錢繩祖，生於咸豐八年（一八五八年），自光緒十三年（一八八七年）起在河南省各地任官，前後近三十年，甚受當地民眾的愛戴。我在服公職期間，許多位河南籍第一屆立法委員及國大代表曾對我講述曾祖父的種種仁政和德政，作為子孫，自然深感崇仰。

## 祖父錢鴻業

我的祖父錢鴻業先生，光緒十七年（一八九一年）生，畢業於京師法律學堂，曾任京師地方檢察廳檢察官，直隸高等檢察廳檢察官、司法部大理院推事。北伐完成、全國統一之後，政府向列強交涉收回租界法權，在上海設立第一特區法院，祖父於一九三〇年四月調任檢察官，兩年後任該院刑庭庭長，前後八年多。一九四〇年夏天，當時中央政府除特區法院之外，所有在上海的機關都撤離了。日寇不斷表示要接收租界法院，遭代理院務的祖父堅拒，日寇乃指使上海敵偽政府的特工組織，所謂「七十六號」，覓兇徒於七月二十九日中午祖父返家午餐時，在威海衛路（法院所在地）接福煦路處（家中住於福煦路模範村）連發四槍，均中要害，祖父當場身亡，時年五十歲。重慶的國民政府於八月二十二日明令褒揚：

上海第一特區地方法院庭長錢鴻業　供職法曹垂三十年　調任滬濱亦已十載　平素處理案件均能審慎明允輿情翕然　比歲以時事多艱　常發正論　尤徵忠藎　茲被奸徒狙擊殞命　殊深軫惜

應予明令褒揚　發給治喪費二千元　並由司法院依例轉行從優議卹　以慰忠魂而勵來
茲此令

祖父逝世時我才五歲半，但是他遺留給我的影響卻是終生的。

## 父親錢思亮

我的父親錢思亮先生，字惠疇，生於一九〇七年二月二十一日（農曆正月初九）。當時曾祖父在河南淅川縣任官，所以父親是在淅川縣出生。父親是獨生子，本應為家中珍寶，但是祖父母怕他被寵壞，管教特別嚴格。父親曾告訴我，他讀初中時看到其他同學都有單車可騎，很想祖父母能買一輛給他，但祖父母考慮他的健康而沒有同意，當時他說了一句話：「將來我長大以後賺了錢要買一輛單車。」祖母聽了就打了他一頓，理由是小孩子不能太狂。

父親小時候身體不太好，腿部曾受病菌感染發炎，據說嚴重時小腿和腳的關節處可以橫插一枝筷子。後來在祖母的愛心照顧下，才逐漸痊癒。不過他入學比一般小孩晚，七歲多才進北京師範大學附屬小學。父親對自己的中學教育最為滿意，當時北方的好中學很多，最有名的是張伯苓先生辦的天津市南開中學，但天津距祖父母當時居住的北京頗遠，必須住校，所幸當時父母親已經訂了婚，母親的大哥張茲闓先生剛好也在南開就讀，祖母才放心讓父親前往投考。父親就讀南開期間課業成績非常好，許多以後在大學需要修習的課程都已在高中讀過。他在南開對課外活動也有興趣，特別是足球，但因腿疾不能踢正式的足球，踢的是小皮球。

一九二七年父親高中畢業，十九歲就與母親結婚，同時考取了國立清華大學化學系。清光緒庚子年間（一九〇〇年）發生義和拳之亂，引起八國聯軍攻陷北京，次年簽訂「辛丑合約」，清廷需賠償四億五千萬兩銀子給八國，由於事件發生正逢庚子年，史稱「庚子賠款」。當時美國政府拿到這筆賠款，報告國會。美國國會認為義和拳之亂，完全是出於無知，美國不應該接受賠償，這筆款項應由中美雙方共組基金會，作為教育中國青年以及中美文化交流之用。清華大學就是用這筆款項的孳息所創立，早年叫清華學堂，到民國成立後才改稱國立清華大學。當時該校的畢業生一律使用公費派赴美國深造（在清華學堂時代是去美國讀大學本科，以後是讀研究院）。

父親在清華讀書，若干課程在中學時代已經讀過，所以相當輕鬆。他利用多餘時間選修外文，讀過俄文、德文、法文和日文。我的大哥錢純是在父親念大二時出生，二哥錢煦則出生於父親四年級畢業時。

清華畢業後，父親公費去美國伊利諾大學（University of Illinois, Urbana-Champaign）深造，追隨有機化學大師艾丹姆斯教授（Roger Adams）。父親出國時發生兩件大事，一是國內發生九一八事變，二是美國發生經濟大恐慌。後者對父親的影響頗大，他帶去的公費和家中補助全都存在當地銀行，銀行倒閉使大筆存款全泡了湯。幸好當時美國政府特別安排外國學生在家中的接濟沒有匯到前，每天發一元美金生活費。父親說，當時一元美金，一天可以過得很好，中午和晚上還能吃到肉類食物。雖然受到這麼大的衝擊，對父親的學業進修卻沒有任何影響。

一九三二年父親獲得伊大理學碩士，隔年獲得哲學博士後立即返國，應聘任教於國立北京大學化學系，也在母校清華和輔仁大學兼課。第二年我就出生了。

父親常說在北平任教的三年，是他一生中最舒適的時光，當時待遇非常好，每月六百元銀洋；中上人家有二百元就能生活得非常舒適。可惜一九三七年七月盧溝橋事變爆發，中日宣戰，政府下令平津的北大、清華、南開三校先撤到長沙，以後轉到昆明成立西南聯合大學。父親把母親及我們三兄弟送到上海與祖父共同生活，自己就隨學校播遷，繼續進行教學和研究工作。一九四〇年暑假父親回到上海，不幸發生祖父被刺事件，他不得已留在上海照顧家人，進入新亞化學製藥公司研究所任研究員，直到抗戰勝利。

這五年的時間痛苦非常，因為一方面自一九四一年十二月珍珠港事件後上海也被日本占領，汪精衛的偽政府特工橫行，我們一家必須特別謹慎小心，才能免於迫害；另一方面淪陷區通貨膨脹，經濟蕭條、民不聊生，我們家常面臨三餐不繼的狀況，所幸在重慶的蔣委員長軫念祖父為國殉職，常囑杜月笙先生經由他留在上海的外甥朱文德先生（前公務員懲戒委員會朱石炎委員長的尊翁），不斷給我們接濟。

一九四四年起，美國空軍常來轟炸上海，我們一則以喜，因為知道倭寇快要降伏了；一則以懼，因為天天實施宵禁，入夜後一片漆黑。一九四五年八月十五日日本投降，父親興奮得不得了，終於可以重見天日，返回他最喜愛的教學工作。可是大舅張茲闓受命擔任經濟部蘇浙皖區特派員，在一個月後飛來上海成立辦事處，負責接收這一地區大批的敵偽工廠，父親受邀留在上海，擔任化工部分的接收工作，因此延到一九四六年九月，再返回北大任化學系主任。此時北大校長是胡適之先生，教務長鄭天挺、訓導長陳雪屏、總務長樊際昌，是非常強的團隊。可惜一九四八年十二月共軍圍城北平，政府派機接了若干教授去南京，父親帶了我們一家離開北平。

## 來台擔任台大校長

一九四九年二月，父親應台大傅斯年校長之聘來台北擔任教務長工作並在化學系任教。兩年後傅先生病故，父親接任，一連做了十九年的校長。這期間，他全心全力推動校務，受到教職員和學生的愛戴，卻也在這段期間健康逐漸流失，長期工作壓力和疲勞使他患了高血壓及糖尿病。但是他不以為意，仍然一心為學校犧牲奉獻。一位一九五八年畢業的老校友陳權太先生曾告訴我，一九五四年校慶運動會，他和另外兩位台大橄欖球隊選手參加五千公尺長跑，跑完八圈（即三千二百公尺）時，當時其他選手最快也只跑完六圈，後來有一人故意絆倒他，他仍不屈不撓繼續跑剩下的一千八百公尺。只是摔跤卻已經造成陳君步履維艱，在數分鐘後體育組一位先生由司令台下來告訴他不要勉強，停止參賽，他堅持跑完，到終點時體育組主任對他說：「校長對你十分關切，已經要他的車子準備好，送你去台大醫院急診。」將近半世紀後，陳君告訴我這件往事時仍是淚盈眼眶。

父親在一九六八、六九年曾因健康欠佳多次住院，我們也一再勸他稍卸仔肩，他因此正式向政府請辭。蔣中正總統體念他多年辛勞，乃於一九七〇年三月改派他擔任中央研究院院長。原以為這是一個清高的職務，歷任總幹事也都非常盡責，但是父親仍一本其認真負責的精神，全天在院辦公，每晚回家總帶回兩、三大包公文。一九七一年底父親又兼任行政院原子能委員會主任委員，不久我去行政院新聞局服務，有段時間父子同出席行政院院會。

父親一生恬淡自持，沒什麼嗜好，教書大概是他最喜歡的事，可惜他最後的三十三年擔任機關首長無法授課。父親待人溫和寬厚，處事認真審慎，對於公私分辨得十分清楚，真正一絲不苟。這點在我服公職的過程中，從父親那裡學到最多。

## 母親張婉度

我的母親張婉度女士，生於一九〇八年十二月十日（農曆十一月十七日）。外祖父張昭芹先生，號魯恂，是遜清的優貢，詩、文、字都極有造詣，曾在華北服官多年。祖父與外公曾在民國初年，同時在河北省大名府工作，彼此十分投契。由於我父親是獨子，而外公有三千金，所以祖父就替我父親訂下張府的二小姐為未來婚姻對象，這種做法在當時相當普遍。民國初年民風仍相當保守，女孩子進學是很少的，所以母親和她的姐妹都是在家中延師教育。她們識字、精書法，也曾研讀經書，從未纏足，這在清末民初算是相當前衛了。

母親個性爽朗，有話藏不住，因此和她交往，不成冤家，就是很好的朋友。母親的朋友有比她年長或年輕很多的，她都能使他們感到很受尊重。

我出生時，外婆病重，母親未能返鄉省視；我出生後，母親健康不佳，在醫院中住了六個月才能返家。再加上我已有了兩位哥哥，母親原期望有個女孩，卻又生了個男嬰。諸多因素加在一起，使母親一開始就對我印象不好。我小時體弱多病，常哭泣不停，家中三兄弟受母親處罰最多的就是我，責罵是家常便飯，體罰也是每天不少。母親嚴厲的管教，對我助益極大，使我知道自己許多缺點，逐漸改進；也使我明瞭愛深責切的真諦。以後在我工作中對於若干有潛力而努力不足的同仁，也常效法母親對我的做法，予以「震撼教導」，似乎頗有功效。母親晚年身體極差，每年都需住院數次，但只要體力稍好就會對我做一、二小時的責罵，這時我感到暗喜，因為代表她的精神和健康又好起來了。

母親是一九七六年初去世，在最後兩年，差不多每兩個月會半夜發病一次。她的臥室有電鈴通到我的床頭，一聽到鈴響，我立刻聯絡她的主治醫師如楊思標先生、李源德先生、謝炎堯先生等，並通知台大急診處，內人則立刻著衣準備開車，我們倆就由內人駕車陪母親去急診，多數情形需住院。等我們夫婦安頓好母親後回家，天已大白，父親和兩個小孩都不知道夜間發生了什麼事。母親去世前兩個月，在最後一次夜間緊急住院後的一晚，叫了國維和美端到病房見面，母親對當時才十一歲和十歲的孫兒說：「你們兄妹兩個以後要乖乖聽爸爸媽媽的話，長大了國維找對象要像媽媽一樣，美端找對象要像爸爸一樣。」這番話說完，內人已淚流滿臉，我們也深刻瞭解母親對我們的至愛。

## 我的出生

我是一九三五年三月二十一日（農曆二月十七日）晚間，出生於北平首善醫院，這是著名的協和醫學院（Peking Union Medical College）附設醫院，當時在北平首屈一指。母親產後發生後遺問題，在醫院中住了半年，而我則由大舅母及一名專職奶媽照顧。不易解釋的是，母親懷我時，祖母因胃癌去世，而我出生後數日外祖母也去世了，兩位老人家都未滿六十歲，這兩件不幸的事，加上母親生病，使家人不免對我另眼看待。當時大舅母張麥萃穎女士挺身而出，把我接去照料，以後我也拜了舅母為乾媽，她老人家在一九八二年去世，將近半世紀的時間裡始終非常愛護我。

我們在北平住的地方叫口袋胡同，是一所非常漂亮的宅第，可惜我離開這家時只有二歲半，對它已毫無印象。父親曾對我說，這段時間他在北大化學系任教，同時在清華大學和北京師範大學兼課，主要教授有機化學課程，學生也很優秀，其中一位就是孔令晟將軍，他在抗日戰爭前，對於日本軍國主義者侵略我國至為憤慨，於是在畢業前一年，堅持離開北大投考軍校，以身報國。父親曾勸他畢業後再去，他沒有接受，以後他在軍中有非常傑出的表現，對父親始終執弟子禮。父親一九八三年去世，孔令晟正擔任我國駐馬來西亞代表，曾專程返國，在開弔的前一晚，陪我們兄弟通宵守靈。這些年來，我見到他都以「大師兄」相稱。

父親常說，任教北平三年是他一生中最輕鬆愉快的日子，可惜好景不常。日本軍閥在一九三七年發動盧溝橋事件，北平的幾所國立大學都奉政府之命撤往長沙，成立臨時聯合大學。父親赴長沙前，先將母親和我們三兄弟送到上海與祖父同住，那時祖父在上海特區地方法院擔任刑庭庭長職務，對於家人，特別是大哥，能到上海居住是非常高興的。

# 第二章 抗戰中的少年時代

一九四八的下半年，整個大局逐漸惡化，北平在十二月就受到中共部隊圍城。整個戰局急轉直下，徐蚌會戰國軍失敗，中共威脅隨時渡江，而各地的主政者也紛紛向中共「靠攏」。

我們於一九三七年秋由北平搬到上海，住在哈同花園對面的福煦路模範村四十三號。這是一戶三樓的連棟房屋，位於上海法租界相當好的住宅區。社區住有八十多戶人家，小孩子常聚集在村內最裡面車庫旁的空地，平時總有十幾個包括我兩位哥哥在那兒踢小皮球，當時我還太小只能旁觀。

到了上海，我又多了兩位乾媽。第一位是父親的姨妹王梅先女士，她已和蔣彥文先生（蔣彥士先生堂弟）結婚；第二位是前清華大學校長周詒春的女公子周丹鳳女士，她是上海名耳鼻喉科醫師李岡的夫人。兩位收我作乾兒子，主要是同情我在家中常受責罰。李乾媽時常接我到她家去住，她有一女二男分別是明珠、明璋、明瑞，年齡正好與我家三兄弟相若。李乾媽特別喜愛我，有時甚至勝於自己的小孩。記得明珠大姐出嫁（約一九四四年前後），對象是乾媽乾爹不太認同的，乾媽到了我家抱住我痛哭好久。李乾媽家在海格路，是一棟大洋房，僱有許多工人，每次我被接去住，都要一、兩個星期才回家。

## 第一次上學就被退學

祖父很重視我們的教育，一九三七年兩個哥哥都進了上海最有名的覺民小學。祖父特地請了老先生在家教我們《古文觀止》，兩位兄長都能背得非常流利，我尚不滿三歲，讀的是什麼一無所知，背書自然也沒法子做到，因此天天被老先生打手心。老先生還對母親說這個小孩太不用功，應該嚴予管教，結果總是老先生走後我又受到母親的處罰。他大概期待找一個不到三歲的神童來教。

好不容易過了一年多，母親認為我可以進學校了，送我到覺民小學附設幼稚園。我到了學校看到一個認識的人都沒有，就不停放聲大哭，直到母親來接我回家才收淚。如此這般過了一星期，學校實在受不了，校長兼園主任倪逢梅女士找了大哥來，告訴他學校願意退回學費，請母親帶我回家，不要再到班上來了。

一個四歲小孩到教育機關的第一個經驗是退學，實在很可憐。回到家，母親覺得十分沒面子，我又受到處罰。所幸兩位乾媽輪流接我去住，使我不致太受到退學的羞辱。

次年，母親決定不再送我去幼稚園，直接送我進位於古拔路的古柏小學。這所學校是上海金融界的「小四行」（浙江興業、金城、鹽業和實業四家銀行）為員工子弟所設的，校長是吳耕莘先生，老師和同學當中蘇北人很多，我很快學會了江北話。最奇妙的是我不再哭泣，只是害羞不能合群，依然如昔。

## 上海淪陷

小學二年級時珍珠港事件發生（一九四一年），日本軍隊隨即進入租界，即所謂的關東軍，其軍帽旁飄有兩塊黃布。同學對日軍都十分畏懼，那時候有哪個孩子不乖，一聲「關東軍來了」，馬上可以使他守規矩。

我在學成績不太好也不太差，主要是每學期至少要請一個半月的病假，健康不理想的小孩成績不易太好。父親自一九四〇年七月祖父遇刺後就留在上海，那時工作不易找，他在一家製藥公司任研究室主任，待遇並不好。日本占領租界後，物資缺乏，物價上漲更是入不敷出，只有拿家中值錢的首飾和珍藏或典當或出售，才勉強使三餐無匱。記得在戰爭後期，美國軍機經常轟炸上海，我們連飯都不容易吃，只能吃蕃薯稀飯。父親曾設法由金華轉往內地，但是託人安排總覺不安全。這時他很喜歡用骨牌起課，有本書叫《牙牌神數》，一天晚上他起了一課是中下、下下、中平，課文是：「求人不如求己，他鄉何似故鄉。」詩句是：「驀地起波瀾，紆迴蜀道難，黃金能解厄，八九得平安。」這是完全針對他心中疑問所做的解答。最妙的是最後一句「八九得平安」，日本正好是在一九四五年八月決定投降的。

提起美國軍機轟炸，一則以喜，一則以懼。喜的是能到上海轟炸，顯示盟軍的戰力超越日本；懼的是炸彈無眼，萬一掉到頭上，則是攸關性命。日本當局要求所有上海居民必須準備全黑的窗簾，因為空襲都在夜間，窗戶不能有光線露出，讓轟炸機無法辨識目標。所幸盟機空襲的目標僅限於日軍軍事設施，特別是虹橋日租界，所以在我記憶中，法租界從未中過彈。

日軍進入租界後，學校也奉命要教授日文。我們老師會說國語，不是來自東北，就是久住上海的韓國人。學生無心學日文，老師也是敷衍了事，每學期都是從五十個片假名開始，一上課，學生就如唱歌一般唸：「阿依烏哀噢、沙希斯塞索……」直到日本投降，我念完小學五年級，還是那幾個片假名；當時下意識地抗拒接受日本教育，如今回想起來如果那時好好學，不是又可以靈活運用另一種語言！

小學四年級下學期，一件不幸的事發生在我身上。由於我生性害羞、不合群，身體也不好，上體育課時常是旁觀的多，幾乎極少參與。那一天班上同學玩躲避球，我在一旁觀看，不巧球對我而來，我十分驚恐也不知躲避，同學追著球來將我推倒，一個身材高大的學生從我的左大腿上踏下，當場喀嚓一聲，左腿骨折。同學和老師一時慌了手腳，急忙抬著我回家。那是抗戰勝利的前一年，上海醫療物資和器材嚴重缺乏，原應送醫院動手術，但根本沒機會。幸好家中有位醫師友人，留俄的外科名醫魏立功大夫，他來家中看我，就找人拿了一枝竹竿從中剖開，將半段竹竿彎成弓形，定住我的左腿。就這樣，我在床上躺了一個多月，以後下床走路，完全感覺不到有任何困難。五十多年後的今天，我的左腿從未發生問題，我一生都感謝魏醫生。

## 抗戰勝利

一九四五年八月十四日晚間我們獲悉日本投降，時值夏季，天氣炎熱，大家都晚睡，得到這則驚人的喜訊後，許多親友都來到我家，父親拿了家中珍藏多年、標籤上原用墨水筆寫的字都已逐漸消失的一瓶一八四二年製的白蘭地酒出來，和親友分享。

第二天起，所有日軍都在營區，不似平日在街上耀武揚威。過幾天負責上海防務的國軍部隊到達，他們全副美式裝備，上海居民都非常高興。再過一週，大舅父張茲闓先生和同僚也到了上海，他奉派擔任經濟部京滬蘇浙皖區特派員，接收三省二直轄市所有日本及敵偽經營的工廠。舅父鑑於上海環境複雜，住在我家，和我同房。他到達後就放了兩個皮箱在我床下，接著帶了我們一家和其同僚去一家很好的餐廳吃飯，結帳時付了一張二十元的關金券，還找回來一大堆偽幣。那時關金券一元可換二十元法幣，而法幣與偽幣的兌換是一比二萬。過了幾天，舅父找到辦公地點就把兩個箱子搬去，這時他對我說：「你知道嗎？兩個箱子內裝滿了二十元票額的關金券。」我一生中從未和如此大筆的現鈔接近過。

又過了些日子，舅父的宿舍安排好，在上海市峨嵋月路二號，對面是紅十字會醫院，隔愚園路就是以前汪精衛的住宅。這所房子是日本在上海豐田紗廠負責人的家，占地二千多坪，內有兩大幢建築物，約有五、六百坪。舅父要我們搬去陪他，正好父親準備回北大任教，所以就把模範村的房子處理了，價錢好像是四十兩黃金，往後數年我們家中經濟狀況不佳，都是靠這筆錢彌補。

上海的接收情況十分不好，有所謂「五子登科」（接收人員接收金子、房子、車子、位子、女子）。我們住的峨嵋月路房子屋主是一對年長的日本夫婦，他們在被遣返日本前曾來做臨別回顧，告訴母親，這房子原來的家具及裝飾，很多都已不在，現在的不知是誰搬來的。母親曾問他們是否願拿些紀念物回日本，他們很難過地表示好東西都不見了，但仍拿走一張竹椅。以後的歲月裡我們常想：為什麼一張竹椅會有如此重要意義？至於先接收這幢房屋的，是一個情治機構。

一九四六年六月我由古柏小學畢業。經過半個多世紀，現在對同學已經沒什麼印象，只記得我的鄰座是蕭常緯同學，四川人，家中經營紗廠。另外父親有一位同學後來是香港工業界聞人唐歆海先生，他的女兒唐麗千也和我同班。

同年九月，我進入上海大同大學附設中學讀初一，這時父親重返北大教書並擔任化學系主任，大哥進入北大法律系，二哥是北大醫預科；只有母親和我留在上海。

大同附中位於新閘路小沙渡路口，離我住家相當遠，學校斜對面是舅父的直屬長官翁文灝先生家，翁先生的父親住在那裡，舅父就安排我在翁府午餐。翁老先生非常喜愛我，中午一到，他就拉著我講話，一口寧波話，我也以寧波話與之交談。我在翁府吃了二個學期的午餐，也因緣際會認識了若干政府的要員，因為翁文灝先生在我去他家吃飯後不久，就接任行政院長。

我進入初中後，上海持續發生學潮，我們在課堂上課，三不五時就有大學部的學生跑來告訴我們：「你們快回家，今天不上課了。」當時童心未泯，能不上課放假多好，高高興興地收拾好書包回家去。來我們教室的大學生，每人左臂多纏了一塊黑布，彷彿戴孝似地，這大概是這批職業學生彼此辨識的方式。久而久之，我們這些小孩也發現他們中間的領導者叫陳家康。大陸陷共後，他曾任中共外交部副部長。另外，錢其琛當時也在大同附中，但我從未見過。

## 北平的美好生活

一九四七年六月，我結束大同中學初中一年級的課業，趁暑假與母親去北平，與父兄團聚。很快地，我進入在北方甚負盛名的育英中學，這所學校位於東城燈市口，由基督教公理會（Congregational Church）創辦，與同會所辦的貝滿女中比鄰。育英中學校長李如松先生，極重視體育，課業在北方各校也是首屈一指，抗戰前曾有多次全國高中會考，育英得到全國總分最高的榮譽。我在育英讀了一年半，對這所學校留下很深的回憶。

我們住在北平故宮和太廟附近，南池子南灣子十三號，房子是早年滿清政府九門提督江朝宗的家，他在北洋時代曾一度擔任內閣總理。大門口有個匾額，上面寫著「三定京師」。這是一所非常大的宅第，據說是北平四大凶宅之一。我們租了最後一座四合院住，原先是房屋主人的書房，園中有假山魚池，牆上爬滿了藤蘿，冬暖夏涼，是相當舒適的住所。房東正是江朝宗之子江寶蒼先生，他已年逾六十，對我們全家都很好，每週最少有一到二個晚間上門聊天，聊到欲罷不能，常是被他夫人找了回去。他告訴我們許多軼事，如他父親任國務總理時派他回家鄉安徽擔任造幣廠督辦，當時陋規是每生產十個銀洋，督辦就可以抽一個銀元。江老先生比較照顧部下，他抽的那個，拿出一半，分給部屬。他講得非常認真，我們聽了真感覺匪夷所思。

初到北平，父親曾帶我們去北海、什剎海、故宮、太廟、天壇、頤和園、西山、清華大學、燕京大學等地觀光。父母也常帶我到北京大學校長胡適先生夫婦位於東廠胡同的官舍拜訪。那是座大府邸，也是明朝東廠太監魏忠賢、劉瑾等陷害忠良的地方。胡家像是一座大書庫，各種各類的書籍都有，每次我到了那裡向胡公公胡婆婆問安後，就自己找個地方看喜歡的書，直到吃飯才被叫出來。胡婆婆的烹飪十分有名，我還記得她老人家喜歡做的徽州鍋子，一個大沙鍋以一隻蹄膀作底，上面一層白菜、一層冬筍、一層白蘿蔔、一層雞蛋餃，用文火長時間煨，最後食物入口即化。另外是烙餅，她在兩層薄餅間放了切成碎丁的豬肉和梅乾菜，食用時在鍋上沾些油再烙烤，兩邊微焦即可，切為六至八塊食用。據胡婆婆告訴我，安徽人外出，無論經商或應考，隨身都帶著這種家中備好的烙餅上路。這兩樣美食，我們以後也曾嘗試模仿，卻始終不如胡婆婆所做的美味。

## 認清共黨面目

北平的生活並不都那麼美好，我記得最清楚的，就是一九四八年元宵節，胡公公的三公子思杜叔叔帶我去天壇看燈，因為遊客太多秩序不好，很快我被推倒在地，人群幾乎從我身上踐踏過去，思杜叔叔以他龐大的身軀覆著我，我才沒受傷。從此以後，人多的地方我不敢去。以後北平失守，思杜叔叔不願離開，中共政權成立後開始批鬥胡適思想，思杜叔叔被迫公開批判他的父親。縱然如此，他仍是未能保命，不久就聽說他自殺了，時年未滿四十。思杜叔叔的遭遇，令我感到十分痛心。

大約同一時間，發生了所謂「沈崇事件」（一九四六年）。沈是北大外文系的女學生，據說在公園中被美國士兵「強姦」了，當時北大親共職業學生乘機發動罷課，風潮席捲了全國，各地大學紛紛罷課，口號是「反饑餓、反迫害」。很諷刺的是，當時國民政府雖然財政異常拮据，全國的大學生不分公私立，卻可以一律享受政府公費，也就是說連三餐都由國家供應，這些受惠的職業學生竟大喊「反饑餓」。這次罷課持續很久，對政府造成極大困擾，引起社會重大動盪。多年過後，中共當局公布沈崇是主動誘惑美軍，而非被「強姦」，其主要目的是喚起全國民眾反美情緒，減低美國對國民政府的支持。這件我親身經歷的事，使我徹底認清共產黨的面目，數十年來未有絲毫改變。

一九四八年國內經濟持續惡化，通貨膨脹嚴重。這一年五月二十日，由國民大會選舉第一任總統，而《憲法》的《動員戡亂時期臨時條款》也開始生效。蔣中正總統依照臨時條款所賦予的緊急處分權，於八月十九日公布《財政經濟緊急處分令》，二日後推行「幣制改革」，發行金圓券，原法幣三百萬元換金圓券一圓，又實施「經濟管制」，要求民眾將所有黃金、白銀一律兌換金圓券。

父母親遵照規定，將早先出售上海模範村房屋而得的四十兩黃金全兌換為金圓券，曾幾何時，這些紙幣急遽貶值，最後就毫無價值了。記得當時父親的薪俸在上午領到時，還能換到數十袋麵粉，到了傍晚連一袋麵粉都換不到。貨幣嚴重貶值，市面上立刻恢復以銀洋作通貨，大街小巷到處都可聽到兌換銀洋的小販以二枚銀洋相互敲打，口裡不停地喊：「買一塊、賣一塊！」

在此情形下，家中生計十分艱困，一如抗戰末期，常需要典當較珍貴的物品來維持三餐。北方最便宜的食物叫窩窩頭，是以玉蜀黍磨成粉製成類似饅頭的樣子，特點是能吸收油。據說當年慈禧太后頗喜歡吃，北平的「仿膳」餐廳也供應這種太后食用的窩窩頭，不過那是棗泥餡的，和貧苦人家吃的完全不同。窩窩頭啃多了，胃內會有「寡」的感覺，滋味很難形容，只能自己體驗，但我保證絕對不是很容易忍受。

## 從此揮別古都

一九四八的下半年，整個大局逐漸惡化，十月底整個東北已陷共，北平在十二月就受到中共部隊圍城。北平最高軍事負責人華北剿匪總司令傅作義的女公子，就是中共部署的棋子，一再向她父親灌輸不能抵抗，以免古都受損。在此同時，中央政府十分照顧在北平的學人，表示要派遣專機來平接運教授及其家人南下，每所大學都辦理登記。父親當時曾徵詢母親及我們三兄弟的意願；大家一致表示要走；另外也徵詢胡適校長公子思杜叔叔的意見，他表示喜歡北平不願離開。當時我大舅張茲闓先生的次子張旃在清華大學讀書，父親千方百計託人找他，盼與我們同走，他表示不願學業中輟。

此時北平的南苑機場已陷共，中央的飛機無法降落，只有趕工將城內天壇的空地整修出一條跑道，在一九四九年初完成，一月八日我們收到通知，每人限帶一件手提行李到天壇機場報到。政府派了三架C-46型空運機，大約可坐一百多人，實際登機卻只有四十餘人。那時空運機還沒有抗壓和禦寒的設備，所以起飛後大家雖然穿了厚重的衣衫還裹了許多條軍毯，仍是冷得不得了。飛機飛過山東和蘇北，我們看到地面砲火猛烈，徐蚌會戰正在進行。飛行約五個多小時，終於抵達南京明故宮機場，看到胡適先生、陳雪屏先生等來迎接，大家頓時感到無比溫暖。我們在南京住了三天，父親經由胡先生介紹，認識剛發表接任台灣大學校長的傅斯年先生，傅先生立刻決定聘請父親到台大化學系任教並兼任教務長。

一月中旬，我們到了上海，住在大舅父位於霞飛路的家，眾人剛由戰地脫離，回到上海，立即感到歌舞昇平。但沒多少天，一月二十日蔣中正總統宣布下野，由李宗仁副總統代行。新內閣是何應欽將軍主持，被定位為「和平內閣」，想開啟與中共的和談。中共立刻發布一份很長的戰犯名單，以蔣總統為首，要求交出戰犯才能和談。

整個戰局急轉直下，徐蚌會戰國軍失敗，中共威脅隨時渡江，而各地的主政者也紛紛向中共「靠攏」。所以，我們在上海住了約一個月，就在三十八年二月下旬搭招商局的「海明輪」駛往基隆。這是我初次搭乘海輪，充滿了好奇，對於離鄉背井、遠別親友，並沒有感到惆悵；三天的航程中，反而充分瞭解我國海疆的遼闊，懷抱著對於新目的地的憧憬。

# 第三章
# 建中與台大歲月

我在校的學業成績差強人意，但並非讀死書的學生。蔣經國先生主持的中國青年反共救國團，我從一開始就積極參與各項活動，很獲得經國先生嘉許，展開了我追隨他三十多年的序頁。

一九四九年二月下旬，我們一家搭船抵達基隆港，大約上午十一時許下船，傅校長派了他的座車來接，車牌號碼是二十五號，當時全台只有五十輛轎車。我們被接到台北市福州街二十號傅宅，先進午餐，傅校長表示分配宿舍還要些時候，就要我們先住在傅府。那是一座占地九百坪的大宅，有八個房間，約一百五十建坪。於是我們暫時安頓了下來。

不久大舅父一家也由上海來到台北，住在永康街十三巷二十五號，我被派去與他們同住。

此時政府為安置大批來台的青年學生，舉辦了一項登記，每個登記的學生都有學校可讀，只是分發的學校有出入。表哥表弟都分發到師院附中，我則分到省立建國中學初三下學期E班，修畢初中最後一學期。

當時建中校長是梁惠溥先生，廣東人，對學生很好。我們初抵台灣，在求學方面完全沒有困難，育英的程度到台北來似乎沒有趕不上的感覺。

## 我認識的傅校長

為了便利，我每天中午都步行到福州街傅家，與傅校長伉儷和父母親一起用餐，這才開始對這位聞名已久的傅伯伯，有進一步的認識。過去聽到傅伯伯的大名，是他在抗戰期間擔任國民參政會參政員，發言犀利，不畏權貴，贏得「傅大砲」的美譽。

而我當面見到的傅伯伯，是一位和藹可親、有時展現赤子之心的長者。那時傅校長糖尿病、高血壓的情況已頗厲害，需要控制飲食，傅伯母（俞大綵教授）嚴格執行，每餐飯老先生只能吃半碗白飯，許多生菜（沒有醬油、鹽或沙拉醬）及半個木瓜，其他食物一律不能下箸。老先生胃口很好，根本吃不飽，所以常想到附近小吃攤補充，但傅伯母嚴格控制他身上的錢，於是傅伯伯只能藉口下棋，棋友就是他的楊司機。

楊司機的家正好就在傅家背後，每次下棋，楊家一定備有花生瓜子之類的零食，傅伯伯總是吃得津津有味。他們在路邊下棋，我偶爾走過，傅伯伯一定瞇著眼對我笑一下，大概要我不要去傅伯母面前打小報告。此外，傅伯伯外出或回家前，常在南昌街小吃店前停下，與楊司機一人一碗魷魚羹或其他「美食」，而付帳的都是義薄雲天的楊司機。我在傅家吃午餐前後一年多，直到傅校長逝世。

## 建中時期

一九四九年秋，我們這一班都直升高一，學校換了校長，是河北籍的賀翊新先生，教務主任是國大代表佟本仁，訓導主任是韓克敬。我在高一高二都是B班。當時建中的師資很強，我記得國文老師是王建秋，數學老師有楊懷年、丁振成，公民老師是魏綠，化學老師是朱致熙，物理老師是許澄泉，都是有大學教授的資格，委屈擔任中學老師。

我在建中，課後常和幾位同學聚在一起，包括孫政、孫福慶、江岳生。我們常跑教會與外籍傳教士交談，增進英文聽講能力。當時常去的廈門街浸信會，有位美籍的關牧師（Oswald Quick）對我們很好，當他去外地佈道，多半要我們幫忙口譯，我們因而必須對中英文《聖經》下工夫。不久，孫政和我就由關牧師施洗受浸成為基督徒。我們兩人常以英語交談，或由一人講中文，另一人譯為英文，經年累月下來，對兩人語文進步有很大的幫助。我們也常用《韋氏大字典》彼此考對方。

我們幾人也很投入課外活動，除了共同發行油印的《建中月刊》外，還編了一份英文月刊名為*Union*，直到高中畢業。我們自己撰稿、自己刻鋼版、自己校對、自己用油印機印刷後，裝訂分發。學校對我們的努力極為讚賞，每一學期都記功獎勵。

一九五〇年十二月下旬，我還在念建中高二上，台大傅斯年校長在台灣省參議會應詢時，突然因腦溢血逝世。當時父親正奉派去葡萄牙里斯本，參加世界大學校長會議，聞訊立即返國，至一九五一年三月，政府正式明令發表父親接任台灣大學校長，展開他十九年多的校長生涯。

就我們來說，最大的變化是由青田街十二巷三號的宿舍，遷往福州街二十號。青田街並非鬧區，與永康街之間有一大片稻田；而在和平東路上，一過馬路有一家書店，我課餘常到店中看書，表哥張彭有時也和我一起看。搬到福州街後，附近的南昌街也有幾家書店，但是店主人都不太喜歡不買東西的人看書。所以，慢慢地，我就待在家中整理書籍，因為父親經常收到許多作者送的書及許多期刊雜誌，母親命令我加以整理。福州街家中書架很多，書房和幾間臥室內都有，連玄關上也是一大排高達屋頂的書架。我雖未受過專業訓練，卻也能分門別類將書籍、期刊、雜誌分別上架，以後書愈來愈多，就只有在每格架子以兩層或三層陳列，較不常用的或太久的期刊雜誌，只能放在後面。後來搬家過許多次，整理書架永遠是我的責任。

## 立志外交報國

一九五二年，我自建中高中部畢業，當時正式的大學只有：台北的國立台灣大學、省立師範學院、台中的省立農學院和台南的省立工學院。後三所學院日後陸續改制為國立大學，即師範大學、中興大學、成功大學。我在高二升高三時，面臨分組問題，那時建中高三有八班，A班是文組，B至H班是理組。我想要進文組，但是賀校長和多位老師都告訴我還是進理組好，他們說理組的同學比較用功，老師也要求得嚴。我當然照辦。

我很早就立志從事外交報國，所以報考大學時能投考的科系，只有台大政治系和師院外語系。當時既無各校聯合招生，考生也只許報考一個科系。台大自一九五〇年起新生招考就十分嚴格，有彌封和入闈等制度。一九五二年父親因我要投考，拜託教務長劉崇鋐先生主持考試，父親自己完全不介入，特別是對於試題的選擇。當時是每科請數位教授分別出一套題目，由校長決定用哪些考題，那一年父親也不接觸試題，更不做選題工作。

我參加兩校考試頗順利，成績也不錯，台大乙組數學中有一道幾何題是出錯題，只有三個考生在解題時解出題目有誤，我是其中之一，因此三個考生都得到加分。到了放榜，建中考取政治系的有四人：何毓瑚、我、林明達和施秀岳。當時發榜是依學校報名的次序，後來新生報到，來自中南部的同學都頗失望，因為何施兩君的名字被認為是女性，他們原本猜想這兩名一定是一女中的畢業生。

我進入台大時，學生人數約兩千上下，分六院三十系，尚無研究所，各系大一新生都在羅斯福路校總區進門左邊的綜合教室上課。大一國文是我好友孫政的父親孫雲遐教授講授，大一英文是美國長老會傳教士宋美珠女士（Ms. Margaret Sells），中國通史夏德儀教授、法學緒論梅仲協教授，都是第一流的老師；而最受歡迎的，是法學院薩孟武院長講授的政治學，他一口福州官話有若干同學不太容易懂，但是他講課風趣，深入淺出，到今天同學們還是津津樂道。

台大對課業優異的同學設有書卷獎，在一九五〇年代每學期獎金是新台幣五十元。得獎的同學，學期平均成績必須高於八十分且名列每班前百分之五，我們班上只有三十位同學，勉強有二名。我很幸運自大一第一學期開始，連續拿了七次書卷獎，大四下因已畢業而未頒發。

我在校的學業成績差強人意，但並非讀死書的學生，四年大學期間仍參加了許多課外活動。蔣經國先生主持的中國青年反共救國團，於一九五二年十月三十一日成立，我從一開始就積極參與各項活動，很獲得經國先生嘉許，展開了我追隨他三十多年的序頁。

大一結束後暑假開始不久，台大就舉辦新生入學考試。台大的學生代表聯合會組成了一個龐大的考生服務團，約有二百位同學參加，我被推為新聞組組長，任務是在考試開始後，盡快取得招生委員會所提供的各科試題，由本組三十二位學業成績優秀的同學，分別做正確的解答，再以最迅速的方法刻好鋼版予以油印，以備當天考試結束時提供考生參考。這項服務，對本組同仁形成重大壓力，但是我們的高效率也獲得應考同學的讚賞。

到了大二，所有法學院的同學就離開校總區，到徐州路法學院上課。法學院當時的同學人數大概不超過四、五百人，很多都住在紹興南街的宿舍，走讀的同學是少數。同學每學期要修的學分不多，一週大概只有二十多堂課，因此課外活動的時間更多。

一九五四年一月，我和劉南、黃默、左紀國、王嗣佑、成中英、葉天行等同學創辦了一份綜合性青年月刊《這一代》。這份刊物與過去中學時代的刊物不同，是鉛印的，由新生印刷廠承印。我們也請到校內的名教授撰文，我自己也不揣譾陋，幾乎每期都有一篇拙作。胡適先生曾為這刊物第三期題字：「為者常成，行者常至」。這是《晏子春秋》的一句話，我在往後歲月中奉為座右銘。

大二寒假，韓戰一萬四千位反共義士決心投奔自由，我們應救國團之請組團前往基隆碼頭照料接待。大夥們在光隆商業職業學校教室的水泥地上睡了半個多月，不顧隆冬酷寒，不分晝夜，為決心回歸自由祖國的義士提供各項服務，使他們備感親切溫馨。

大三寒假，我們又應救國團召集去基隆，為從大陳撤退來台的一萬八千多位義胞做抵達時的服務工作，使他（她）們在登台後有回家的感覺。

## 初識饒大衛

我在大三的一年中有許多重要事情發生。首先，政治系的國際政治課程初次聘請一位美籍教授用英文授課，他任教於美國耶魯大學國際關係研究所，是美國亞洲基金會（The Asia Foundation）聘請擔任駐華代表的饒大衛先生（David Nelson Rowe）。饒老師講課認真，對學生的要求也很嚴。我很幸運在他班上成績最佳，他對我印象很好，年終考試結束後，要我到他辦公室詳談，希望我結束台大學業後立即通知他，他將安排我去耶魯進修。那時，我認為去美國留學要花大筆費用，不是我們家所能負擔的，因此儘管十分感謝他的美意，並未寄予過高的期待。

其次，我在大三上學期當選了台大代聯會主席，這是我生命中初次接觸到選舉。台大的各科系都在每一年級選出一位班代表，六個學院的班代表和整個大一新生的班代表，分別組成各學院及大一的班聯會，除選出正副主席，也推派出席全校代聯會的三名代表。有的院的班聯會三位正副主席就是代聯會代表，也有的是另外再選出三位代表。任何人想競選代聯會主席，除本身就是班代表，並當選本院班聯會出席代聯會的代表，更要設法能使支持自己的同學當選為全校代聯會代表。代聯會代表總額是二十一人，要能掌握過半數才能當選主席。一九五四年九月一開學，我就設法在各學院及大一新生中部署可能支持我的班代表，所以在選舉代聯會主席時輕鬆當選。

大三的暑假，救國團首次將很多暑期青年活動整合為暑期青年戰鬥訓練總隊，包括了航空、航海、登山、野營、軍中服務等等活動。總隊長是由各大專及高中高職的學生代表互推，我又很幸運地獲選。可惜一九五五年七月我奉派赴土、希兩國訪問，所以改由台大推派孫福慶同學補任。

到了大四，我逐漸減少課外活動，認真讀書。除選讀沈乃正老師為研究所開的「憲法專題研究」，我還旁聽了剛由法國加拿大深造返國的彭明敏教授所開的「國際法專題研究」。畢業論文也是請彭教授指導，題目是「海洋國際法」。我在政治系八學期平均成績是八十五分。

台大畢業的那年暑假，我參加了全國性公務人員高等考試外交官領事官考試，這是項資格考試，與以後外交領事人員特種考試即考即用不同。一九五六年我們一共有十五位同年通過外交官科的考試，其中進了外交部工作到退休或離職共有七位：彭爾翀、趙誠德、劉棫、黃新壁、陳毓駒、陳維和我。

## 參加青年友好訪問團

一九五五年六月，中國國民黨蔣總裁為加強與土耳其和西班牙（當時最堅決反共的國家）的青年交往，指示中央黨部和救國團籌組一青年友好訪問團前往訪問，指定時任中央黨部副祕書長兼救國團副主任鄧傳楷先生任團長，並由救國團文教組長包遵彭先生為副團長，中央第五組主任（主管社會運動）上官業佑先生為顧問。青年代表三人，除一人為韓戰歸國反共義士，其他兩位為男女大學生各一人。我在六月十五日接到通知去中央黨部考試，很快就獲通知錄取，以及其他兩位分別是台籍反共義士陳永華和台南工學院的蔡美靈女士。團部也告訴我，由於參加訪問團的長官都很忙，其他兩位團員缺乏經驗，所以一切行程、機票、護照、簽證、黃皮書、出入境證等都需要我去辦，啟程日期已定在七月十日。因此後來的二十多天我十分忙碌，奔走於外交部、各國使館、航空公司、區公所、保安司令部、市政府兵役科、省衛生處之間。

行前，中央黨部張厲生祕書長、教育部張其昀部長及救國團蔣經國主任，均分別設宴餞行。其中七月九日張祕書長的宴會，是在台北賓館舉行，同席有西班牙大使及土耳其代辦，大家都是西裝筆挺，只有我因家境拮据，沒有能力購置西裝，而穿了條西褲，襯衫上結了領帶。在筵席開始前，我聽到一位年長的同行者用不屑的口吻向另一位說：「他怎麼連一件西裝也沒有？」我假裝沒聽到，這位前輩實在不瞭解家庭清寒的痛苦。有了這經驗，我在以後日子裡觀察他人，從不以衣著為標準。

總統蔣公、陳誠副總統和張群祕書長也分別召見我們。蔣公是七月九日上午在總統府辦公室召見，他見到我時，點名「錢復」，我恭敬朗聲答：「有！」他笑笑說了兩聲「好、好」，接下來問：「你身體好不好？」大概因為當時我實在頗瘦。我很禮貌地報告：「還好。」離開後，侍從祕書周宏濤先生對我說：「你應該答『非常好』。」蔣公像家長叮囑子弟一樣，要我們細心觀察各國青年活動的狀況，回國後詳細報告，最後說：「你們在外面，要自己多保重，早去早回。」大家都深為感動。陳副總統是八日上午十一時在陽明山召見，我因去了英國領事館辦香港簽證，只能請假。

## 土耳其見聞

訪問團於七月十九日飛抵伊斯坦堡，即至火車站搭火車赴首都安哥拉。途中約十五小時，看到土國土地原為黃土一片，凡經開發者綠蔭連天。土國人民酷愛戶外生活，夏季在野外露營者比比皆是，訪問團返國後特別向總團部建議仿效。

七月二十日抵土京後即展開正式訪問，先後晉謁拜會總統巴雅爾（Celal Bayar）、總理孟德爾斯（Adnan Menderes）、教育部長雅德密西（Celal Yardimci）、安哥拉省省長兼市長等政要，參觀了聯合國教科文組織駐土辦事處、安哥拉大學、伊斯坦堡大學、工藝師範學校、通訊學校、示範鄉村師範學校、裝甲兵學校、凱末耳墓、水庫等地。我們也拜會了土耳其全國學生總會、婦女總會。

土耳其當時確為堅定反共。土國東疆，與舊蘇聯的亞美尼亞共和國接壤，訪問團抵土國兩週前曾破獲一樁間諜案。由於蘇聯中亞地區的語言風俗均與土國相同，這次兩名俄諜服飾裝扮一如土耳其人，經由邊界進入土國東部埃茨輪省（Ezurum Province）投宿旅店，店內工役發現兩人所騎馬的蹄鐵，與土國所製不同，當即報警，兩俄諜因而落網。據說，埃茨輪城內每一家庭平均有一個人是因對蘇聯作戰而陣亡。

在土國訪問期間，我們也發現了土國的大問題乃是當地人口百分之八十是農民，他們生活貧困，而國會議員中絕大多數是地主富人，他們對於政府所提任何增加租稅以改進平民生活品質的議案（如土地改革）一律否決，造成政府與人民之間的關係相當緊張。我們訪問後不到五年，土國發生政變，工作甚為積極的孟德爾斯總理遭吊死，實在是很不幸。

訪問團在土京的一週活動到七月二十七日結束，當晚搭夜車返回伊斯坦堡，利用候機時間由全國學生總會安排，參觀了許多著名觀光景點，也去了兩個大學的夏令營。女生組是由藍月俱樂部主辦的，以休閒為主，活動有球類、游泳、音樂、書畫，為期二十天收費一百土磅（合三十七美元）；男生組則是安哥拉大學醫學院同學組成，大家生活輕鬆悠閒，在激烈學業競爭後，使同學能真正優游自得。他們十分歡迎本團的往訪，紛紛交換紀念品。

## 訪問西班牙

訪問團於八月十三日抵達馬德里。西班牙正值暑假，政府機關均遷往夏都聖薩巴斯汀（San Sabastian）。所以我們一到馬德里，即由大使館安排，由吳祖禹祕書連同留學生張慕飛、曾憲揆、徐斌等陪乘巴士，連夜趕往夏都。一路顛簸，途中因巴士無法發動，修理了四小時，所以花了十六個半小時才抵達，正好是第二天清早七時。這一天是西班牙大學學聯會主辦的第四屆國際大專學生運動會的閉幕典禮，由西班牙元首佛朗哥（Francisco Franco）元帥主持。運動會有三十幾個國家參加，包括日本、韓國，我國卻無人代表。在運動場司令台後面的貴賓室，友好訪問團獲得佛朗哥元帥召見，在座還有馬丁阿達和（Martin Artajo）外交部長、西曼內斯（Jimenez）教育部長及我國駐西大使于焌吉先生，之後我們分別拜會長槍黨運動部腓迪南（Ferdinand）部長（職務類似黨部祕書長）。長槍黨又稱法朗黑（Falange），是西班牙最重要的社會組織，在中央此一組織的負責人為部長之一，各縣市負責人即兼縣市長。

我們也曾拜會西班牙學聯會、法朗黑青年部及婦女部、男女青年的露營區，其夏令營均由法朗黑辦理，但實際運作者則是天主教神父與修女。法朗黑及天主教是西班牙社會的兩大支柱。

八月十八日回到馬德里，參觀了博拉多美術院、艾斯柯理皇宮博物院（Escoril）。我更利用時間參觀西班牙聞名的外交學院（Escuela Diplomatica），這是政府為培育外交人才而辦理的訓練機構，建築精美，設備周全。院長是外長馬丁阿達和兼任，他每週最少有一天在院內。課程安排充實，教授陣容堅強，受訓的準外交官食宿都在院內，生活品質極佳，每位學員都被養成一個標準紳士。參觀該院時，陪同人員告訴我一件令人訝異的事，西班牙從事外交工作的同仁在成親前，必須要將未來的配偶帶來該院，由院長也就是外長親自面試。如果不能通過這一關，這對青年就不得結為夫妻。那時有如此嚴格的規定，主要是因為外交工作夫婦兩人均有責任，如果一位好的外交官娶了不妥的太太，在工作上一定會對先生造成妨害。這種做法和想法，在今日人權觀念高漲的時代幾乎是不可思議的。最近我詢問西國外交官，他告訴我這個制度已經取消了。

訪問西班牙，我也初次看到鬥牛。八月十四日下午法朗黑總部邀請訪問團去觀賞鬥牛，這場鬥牛會的重要性是因為西班牙國寶級的鬥牛士理托立（Litori）已退隱多時，又重出表演，更有當時最負盛名的鬥牛士比耶奴尼達（Bienuenida）及阿帕立西歐（Aparicio）等均將出場。佛朗哥元首及家人蒞臨坐在中央包廂，代表團被安排在其左側。當時這的確是項難得的經驗，而鬥牛士視死如歸的勇敢精神，正是大眾尊敬他們的原因。

八月下旬結束西班牙訪問，經過紐約、明尼阿波利斯、西雅圖、東京，回到台北已是九月中旬。這是我首次到國外訪問，也是一次環球旅行。兩個多月裡學了很多，自己設法應付各地旅行時發生的各種困難問題，真是獲益良多。團內各位長官及團員對我的服務，也大致滿意。

## 預官訓練

政府自一九五二年起舉辦預備軍官訓練，凡大專畢業、體格健康的男生，都要接受一年訓練。預官訓練一開始設在鳳山陸軍官校，一共辦了四期，我台大畢業那年，預訓班改隸陸軍預備訓練司令部，班址也由鳳山遷往台中車籠埔光隆營區，班主任是由曾任台大第一任軍訓總教官的張國疆將軍接任。

我在一九五六年九月底前往班址報到，預訓班第五期共一千四百三十位學員，分為三大隊十二中隊，我被分入第四中隊，中隊長是周成格少校，大隊長是陳琦甫中校。

十月一日正式開訓，前三個月是入伍教育，最為辛苦，接著是兩週的反共抗俄鬥爭教育，再來就分到各專業軍事院校接受四個月的分科教育，最後是赴部隊實習十一個月，但是我和其他擔任編譯官的同學要服務十四個月。

入伍教育主要的目的，是要使「老百姓」變成「軍人」，這是隊職官不斷告誡我們的，在軍中受責備，如果長官罵你「活老百姓」，這是非常大的羞辱。我們從站、坐、行路、聽訓、吃飯，一項項學，要像軍人。這些嚴格訓練很有價值，我到今天仍遵行不渝。

當時入伍教育也有一連串的操練，熟悉基本武器的性能和使用。我因天性怕打架，所以在投擲手榴彈、手槍步槍機槍射擊時，都十分懼怕。受訓的同學喜歡打野外，軍中流行「打野外小禮拜」。有的同學在子彈袋中裝滿了花生、糖果，一路走一路吃，常常沒吃完留在袋中，晚上老鼠來偷吃，就把子彈袋咬破。夜間緊急集合，也是同學們擔心的，因為睡得好好地，突然哨子大作，大家必須在二、三分鐘內著裝完畢，包括打好綁腿。有些體位較大的同學在緊急集合令聲中，常常抓錯鄰兵的衣服，硬套進去變成令人發笑的場面。有些好心的隊職官還是會給些暗示，以免同學不能適應。

我們在入伍訓練後第一個月完全沒有休假，第二個月起每週日上午可以坐台糖小火車去台中休假，傍晚七時收假。第一次休假是十一月三日，我和幾位自建中時期就成為死黨的同學約好，先在台中市找一間浴室好好泡澡，因為營中是用臉盆盛冷水沖，大家都感到洗不乾淨，之後再看兩場電影。午飯大都在「沁園春」吃，晚飯則常到「南夜」吃西餐，中間還可以打幾局彈子。我們一定趕在收假前回營，以免受罰。

入伍教育期間，許多高級長官均來巡視，如參謀總長彭孟緝將軍、陸軍總司令黃杰將軍、陸軍預訓司令劉安祺將軍、救國團蔣經國主任等，因此班內在年底也安排了一個訪問團，由張國疆主任率領，去台北各大專院校訪問。訪問團有展覽品，有表演隊和籃球隊，我被指定為聯絡組長，到每個學校向同學報告預訓班的訓練及生活，提供將來要受訓的同學參考。

## 分發國防部聯絡局

一九五七年一月七日舉行結訓典禮，由黃杰總司令主持，省主席嚴家淦代表貴賓致詞。三個月的入伍教育，同學們是在數饅頭的心情中度過，但在驪歌分別時，卻又是依依不捨。過了兩天，一百四十四位同學離開光隆營區到台北大直軍官外語學校報到，接受四個月的分科教育。這時國軍正大量接受美國軍援，所以聯絡官、編譯官的需求很大，因此自預官第三期開始，分科教育中就包括有外語學校。報到後，校長黃宗石將軍訓示我們，編譯人員必須做到「信達雅」的境界。學校的教官水準很高，有胡旭光將軍、柳鶴圖將軍、吳炳鍾上校、周大利上校、溫哈熊中校等，我們的隊長是葉邦宗中校。

同年五月十二日我們自外語學校畢業，被分到不同的軍事單位服役一年，其中二十八人是去國防部聯絡局，包括顏元叔同學。我們向聯絡局報到後，我分到第一組。當時聯絡局分五組，大致是依聯參的五個廳畫分職掌，但第一組除處理人事業務外，還處理總長的對外聯絡，以及不屬其他各組的綜合業務，是非常忙碌的單位。組長李寧上校是空軍，非常瀟灑，待人寬厚。他對我很器重，有關王叔銘總長交下的函件大都交給我翻譯。此外當時每年有一次軍事會議，美軍顧問團亦列席，所有會議文件均需譯英，我也翻了不少。

我到聯絡局上班不到兩週，就發生了所謂的「五二四事件」，即因劉自然命案，美國軍法庭判決嫌犯雷諾（Robert G. Reynolds）無罪，引起民眾不滿，打進美國駐華大使館及新聞處，損毀設備及文件。國防部擔心居住陽明山的美國官兵眷屬受到不必要的困擾，派遣憲兵連上陽明山巡弋防治動亂，我被胡旭光局長指派隨同憲兵部隊赴陽明山，直至動盪平息再返回工作崗位。事實證明此一事件只是突發事件，民眾並無反美情緒，因此我們在山上各地看到的是一片平靜。

## 赴美三週任翻譯

然而，這次事件在美國引起相當迴響，某些人指出搗毀美使館是有計畫的行動，認為救國團蔣經國主任應該負責。如何化解這個誤會，台北和美國都有不少人士在思考。七月間，何應欽將軍率領了一個相當大的代表團去美國密西根州的麥金諾島（Makinac Island），參加「世界道德重整」（Moral Rearmament）會議。這是由英國牛津大學所發展的社會運動，勸人要日日自省，不斷檢討自己的錯誤缺點，並與眾人分享；這項活動在美國獲得龐大的財務支援。一九五七年七月二十六日道德重整運動的精神領袖，八十高齡的布克曼（Frank Buchman）博士和何將軍、胡軌副主任及謝然之社長會晤，建議我國立即派遣百人青年訪問團到麥島，稍後並分訪美國各大城市，增進美國朝野對我國的瞭解。

救國團被指定籌組這一百人訪問團，團長是新聞局沈錡局長，救國團謝東閔副主任是顧問；

團員來自體育界、藝術界、音樂舞蹈界的菁英，如楊傳廣、郭明橋、梁在平、周歧峰、陳明律、白銀、辜雅琴等。救國團向國防部借調我，擔任翻譯工作。

全團只有三週的準備，一九五七年八月二十日出發，二十二日就到了麥金諾島。沒幾天我國的青年團就為大會做各項表演，特別由鄧禹平先生編導「永恆之島」舞台劇。我的主要任務是在會場後面的小廂內，頭戴耳機聆聽發言者的內容，然後立即譯為中文或英文，當時這種即時翻譯的設備似乎只在聯合國會場裝置，我有此良機運用實習，真是獲益良多。

道德重整會議主要是一個演說會場，出席者有數千人，包括政府官員、國會議員、企業家、勞工領袖、婦女領袖、宗教人士、教育家、神學家、演藝人員、學生，每天清晨要靜心祈禱反省尋求上蒼啟示，到會議時則將自己的啟示分享會眾。發言者對自己的反省愈激烈、懺悔愈深切，會眾就愈報以熱烈的喝采。

我們在島上逗留了三週，眾人都感到有得有失。得是交了許多朋友，失是個人的隱私和尊嚴蕩然無存。但是，總體而言瑕不掩瑜。在這次會議中，我結識了荷蘭菲利浦公司的負責人菲利浦先生（Fritz Phillips），二十年後我國在荷蘭設代表處，他曾設法協助；三十年後我派在華府工作，每年他去底特律探訪他投資的事業，一定專程來華府與我一敘。

九月十六日凌晨，我們由何將軍率領離開麥金諾島，坐渡船過密西根湖，坐巴士赴底特律，一百多位團員分住七十個家庭，次日清晨分乘三輛大巴士駛往華府。我被分配在名律師伊律（Albert Ely）麻省大道的家中。在華府三天除觀光外，在內政部大禮堂舉行音樂舞蹈演出。董顯光大使伉儷也在雙橡園中，接待青訪團。

九月二十一日轉赴紐約，停留四天，做了二次演出。二十五日飛往舊金山，再轉洛杉磯、檀香山、東京，於十月七日返台。

## 決定赴美留學

倦遊歸來，我繼續在聯絡局努力服役，這段時間外島情況日益緊張，局內工作量增加。我開始習慣加班。一九五八年開始，由於退役接近，我正在考慮升學或就業。我已在一九五六年考取外交官領事官，惟因入伍受訓沒能完成實習，所以我託了不少朋友探詢外交部可否准我退役後實習，不久他們逐一答覆說人事處長不同意，沒有辦法。親友們又介紹我在退役後去救國團、省物資局、歷史博物館、新聞局工作，我認為與自己志願從事外交工作不符，也一一辭謝。

一九五八年初，我開始蒐集美國大學研究院的簡介和申請表，大概有四十多所。有若干願意提供獎助學金，但沒有國際關係或外交課程；而幾所設有外交或國際事務研究所的學校，則不能提供獎助學金，但以我家庭經濟狀況，絕不可能自費去進修。

一九五八年七月一日正式退伍，當天胡旭光將軍頒了一份英文嘉獎函，對我的學識品德備加推許。事實上國防部所頒的免職令是六月一日。在九月三十日我收到由國防部俞大維部長及王叔銘總長頒發的預備軍官適任證書，認定我接受了兩年的預官訓練，期限是一九五六年十月一日至一九五八年九月三十日。而我是六月二日完成聯絡局離任手續。

退伍後在家讀書練字，一天晚上在胡祖望先生的家中，胡適先生很認真地對我說，現在閒著無事，應該為外祖父張昭芹先生寫傳。長者諄諄教誨，只可惜我沒有立刻遵辦。六月二十一日晚間，饒大衛教授由美來台，在家中告訴我應立即申請耶魯大學研究院國際關係研究所的入學許可和獎學金，我當即照他的建議辦理。過了一個多月饒教授在菲律賓訪問結束，又來台北約我午餐，問我申請有無結果，我據實報告尚無所悉。他表示一定是獎助學金無法提供，所以連入學許可也沒寄來。接著他就要我去見美國亞洲基金會駐台北代表湯普遜（Thompson）博士。我在八月四日去見湯氏，他明白告訴我亞洲基金會從不補助學生出國研究，但由於饒教授強力推薦，他願意考慮補助旅費及第一年的學費。我喜出望外，回家後即擬妥申請書送往基金會，不久接獲通知照准。至於生活費用，二哥知道後就告訴我每月可補助一百美元，並且寄來簽證所需的保證金一千六百五十美元。

所有的困難一一解決，我就利用八月下旬和九月初，辦理所有的出國手續，這些手續在今天看來繁瑣不堪，經辦人對留學生的心態也頗特別。很多留學生就是因為這樣層層困擾，一離開國門就開始對政府不滿。所以我在一九七〇年代外交部常務次長任內，力主出國手續單一窗口，這是親身經驗的痛苦，不希望後來者再忍受。

一九五八年九月十日中午十二時半，我帶著親朋好友的祝福，搭西北航空公司班機經東京、安克拉治、西雅圖，於十一日上午十一時抵達紐約，展開了留學生涯。

# 第四章
# 負笈美國耶魯

一九五九年九月二十日，
我由紐約返回耶魯開始第二年的學業，比起第一年輕鬆了許多。
我在兩學年選的課程中，包含了國際關係研究所開的六大類課程的每一類。

我在一九五八年九月十九日，由紐約赴紐海文（New Haven）耶魯大學研究院註冊選課，並租得教堂街（Chapel Street）一三三一號房間一間，租金每週八美元。依照學校規定，攻讀碩士學位需在學修畢一年十六學分的課程，通過一項外國語文考試，並呈繳一份能顯示有充分分析及詮釋能力的研究報告。由於我在國內已通過高考，而且家中的經濟能力也不許可再做進修，所以我的願望是在一年內取得國際關係文學碩士學位後，立即返國工作。

## 日夜苦讀

國際關係研究所的課程分為六大類，研究生選的課至少要分布於四大類。我在上學期選了國際政治類由陶意志（Karl W. Deutsch）教授開的「國際政治：政策及權力的分析」，由瓊斯（Stephen B. Jones）教授開的「世界權力地理」；國際經濟類由崔奮（Robert Triffin）教授開的「戰後國際貨幣政策」，統治方式與工具類由魏斯斐德（Bradford Westerfield）教授開的「外交政策的形成與執行」。下學期繼續上陶意志與崔奮教授的課，加上瓊斯教授的「戰略與政治地理」，及比較政府與區域政治類、由巴格亨（Frederick Barghoorn）教授開的「蘇聯外交政策」。

選了這些課後，發現每週只要上八小時課應該是很輕鬆，開始上課才知道一點也不。第一週老師們大多對課程做大體說明，並發給同學應先自行研讀的指定參考書。九月二十二日第一次上課取得參考書目發現，每週要先讀的書籍約五百頁，之後其他課程的書目大致相同。換言之，每週為上課準備必須讀兩千頁書，還不包括每門課都要交研究報告，而每一研究題目必須閱讀許多專著及期刊論文。

上課第一週，我認真地用錶計算在一小時內可讀多少頁書，包括內容的消化並做筆記。統計下來，一小時可讀完二十頁，也就是說讀完一週的指定讀物要花一百小時，平均每天要讀十四小時。我以此為目標，每天早上八時進圖書館，在三一六室苦讀一天，到晚上十時關館時回家，中間只有上課和外出用餐。

這樣的苦讀並不能使我上課時稍感輕鬆，因為一方面老師們的口音有德語系、法語系，剛聽時瞭解不易；另一方面，當時美國社會科學界流行「科際整合」研究（interdisciplinary research）和「行為科學」研究，對我是嶄新的經驗。上課聽老師和同學們侃侃而談，我全無插嘴的機會，唯一可做的是用最快速的方法將他們所講的記錄下來，晚上回家再打字整理，其他同學因此常向我借筆記。

努力總是有結果。一、兩個月後我的閱讀速度增加，慢慢也能參與課堂上的討論。老師們知道我是班上唯一沒有週末或假日的學生，每次我發言英語雖不流利，內容也不突出，他們總對我鼓勵有加。在我選擇研究報告題目時，老師們也很親切地指導我。

到耶魯的最早一項考試，是外籍學生的英文考試，我順利通過。三天後為碩士學位的法文考試，我自覺考得很滿意，卻沒有通過。這項訊息讓我十分沮喪，所內的祕書很同情我，替我向法文系查詢，才知道法文教授認為我英文表達能力不足，所以不是法文沒通過，而是英文沒通過。往後幾個月，我不斷練習法文翻英文，過了三個半月再考，自己雖然感到不如意，卻通過了。

## 錢復升堂了

剛到耶魯的生活也值得一提。研究生可以住在研究院宿舍，但宿費不便宜，而且室內只有一張木床，書桌及椅各一，其他均需住宿者自購。我們班上有兩位日本外務省派來深造的同學：渡邊泰造、尻野景親，他們兩人的宿舍有電視、音響、沙發、冰箱，費用極高。我當時的生活費用，主要是二哥錢煦每月補助一百美元，自然無法住在宿舍內。幸好校內的學生租賃服務處，有許多離校園不遠的民間房舍可供租用，我找到最便宜的地方，月租四十元，設備均由房東供應。

民以食為天，我到學校後，很多朋友勸我不要在研究院包飯，可在法學院包飯，每週價格十一元七角五分，雖比其他餐廳稍昂貴，但伙食極佳，且有人服務而非自助。我接受了這項建議，一連三年都在法學院包伙。

當時我國金馬外島正遭受中共瘋狂砲擊，美國為了《中美共同防禦條約》的協防範圍是否涵括金馬，有了熱烈的辯論。耶魯法學院學生向來是美國青年中的菁英，關心時事，發現我是來自中華民國，每次用餐總有不少美國學生圍著我問這項熱門話題。我也認為這是讓這些優秀青年增加對我國認識最好的方法，對他們所提的問題，來者不拒，一一答覆。慢慢地，用餐時間由半小時增加到一小時、兩小時，美國同學樂此不疲，逐漸將範圍擴大到亞洲問題，乃至非洲、中南美洲。我一到餐廳，美國同學就說：「錢復升堂了。」（Fred will hold court.）三年下來，我發現用餐對我來說，所得的教育效益不亞於研究院的苦讀。對於任何不友好的問題，我都能平靜應付，正如武俠小說中所說，要修練高超的武功，須有高人餵招，我能有三年的時間得到美國最優秀的法學人才為我餵招，真是難得的福氣。

第一學期的期末考，在一九五九年一月底舉行，接著就開始第二學期的課程。學期考的成績發表，四門課中兩門我得到「榮譽」（九十分以上）、兩門是「優異通過」（八十五至八十九分）。這時，所主任饒大衛教授告訴我，一定要繼續讀博士學位，不要急著回去。他說自從十年前中國大陸淪陷，不少我國學生來耶魯讀國際關係，有好幾位是資深外交官，從無一人得到一課「榮譽」成績，他希望我成為最近十年第一個獲博士學位的中國學生。他也知道我的經濟拮据，表示為我安排獎助學金。果然在三月三十一日，我獲悉將有一筆大學獎學金，在四月十日獲知亞洲基金會也將繼續提供一年的獎學金，一項是支付學雜費，一項是生活費用。因此，我決心留在耶魯。

一九五九年五月初，學校的課程漸次結束，我在一日提出碩士論文，題目是「在馬來亞和泰國的華人」。第二學期考試的成績仍是兩個「榮譽」、兩個「優異」通過。五月中旬離開紐海文，回紐約找暑假工作，並先行閱讀下學年擬選讀課目參考書。一九五九年六月八日再返校園參加畢業典禮，穿著碩士袍服從研究院遊行至老校區，由葛利斯武德（Alfred Whitney Griswald）校長主持畢業典禮頒發文憑，當年獲耶魯名譽博士學位有數人，其中包括名導演伊力卡山（Elia Kazan）。

## 「上山下海」打工記

早年赴美進修的同學，絕大多數都要利用暑假打工。紐約市河邊大道有中美聯誼會，是于斌主教在二次大戰後創設的，每年暑期許多我國留學生到此尋覓工作。美國暑假裡，有許多渡假旅館專為一年辛勞工作的朋友舉家前往休閒之用，在紐約市通稱「上山下海」，上山是指去紐約市西北方喀士凱山區（Catskill Mountain），下海則是指去紐約市東方長島的沿海地區。我在美國的第一個暑假，居然能同時經驗了上山和下海。

我參加過畢業典禮後，就去中美聯誼會登記應徵旅館值夜員的工作。值夜員工作很辛苦，每天工作十二小時且倒晝為夜，從晚上八時到早上八時，一週七天沒有假日，待遇也非常之差，大致約二百美元一個月。平常這項工作是沒有人願意去做的，我是盼望利用夜間，先把下學年要選的課程指定參考書讀過。大約六月下旬，我得到新的工作機會，地點位於喀士凱山伏爾斯鎮（Fallsville）的松景旅館（Pineview Hotel）。

我去松景旅館報到，老闆李勃伍茲（Liebowitz）對我非常滿意，因為這項工作過去都是酗酒者來應徵，他一看就知道我不喜喝酒；其次這家旅館的經營者和渡假旅客都是猶太裔，依照教規在星期五日落後，教徒們不得接觸任何可能爆發火花的機件，所以電燈、電梯的開關都不能碰。由於我不是猶太教徒，週五日落到週末結束這段時間，大家都可以找我幫忙。

我在松景旅館的工作說容易很容易，說辛苦也很辛苦。容易是因為值夜員主要的任務是照顧旅館的總機及應付任何突發事件；說辛苦是客人有服務的需要，應盡量予以協助，諸如週末為客人開燈、開電梯及各種不同時間的晨間喚醒工作。

旅館的東主李勃伍茲對我的表現相當滿意，他也知道我每天都是通宵不睡，不是工作就是讀書，所以特別為我安排一間清靜的客房，可供白天充分休息。其實一開始，我是和旅館侍者共同住在一間通艙宿舍內，上午八時我工作完畢返室休息，才剛睡著，侍者們做完早餐在九時許返室，吵吵鬧鬧，我就醒了。到了十一時半他們去做午餐，我才能再次入睡。到了二時他們回來我又醒了，一天睡睡醒醒也不能睡滿五個小時。飲食時間也發生問題，在不工作的白天，除了睡覺，我最多能吃到兩頓飯。

我在松景旅館工作兩週，七月上旬二哥專程由紐約來探訪瞭解我的起居狀況後，力主我隨他回紐約。二哥帶了我去見李勃伍茲先生請求離職，他千方百計要留住我，並且承諾在我上班時特別準備餐點。二哥對他說：「我弟弟每月工作三百六十小時，為何待遇只有兩百元，遠低於最低工資？此事倘為相關方面知道，不僅旅館將受處分，我弟弟也可能被連累。」這時東主只有讓我離開。

## 用心打工

回到紐約不久，二嫂的表弟胡乃介由北卡州來紐約找工作，我們於是一同去長島海邊的雙莊園旅館（Hotel Twin Manor）打工。乃介兄已有工作經驗可擔任侍者，我因全無經驗只能做下手（busboy），兩者的差別是前者有小費收入，後者只有固定的薪水，沒有小費。但旅館的東主貝隆（Baron）夫婦與我非常投緣，他們告訴我，他們的桌子由我服務，使我有學習的機會，也可以多些收入。

打下手的工作雖然勞累，每天仍有不少空閒讓我繼續閱讀參考書。第一星期過去，貝隆夫婦給我二十美元小費，其他侍者為客人家庭服務，一週只有十元。不久東主發現客人不多，就將領班、侍者一個個解僱，最後到八月中旬只剩下我一人打點整個餐廳。東主告訴我，他將其他同事解僱，部分原因是業務不振，更重要的是若干同事不尊重自己，常去調戲客人們十多歲的女孩子，他發現我在休息時只是讀書，絕不閒逛，對我深感同情，認為我一定十分需要經濟支援，所以留我一人下來服侍不到四十位的顧客。

現在回想起來，一個人每天要服侍四十個客人三餐，其實是相當疲累的事，不過當時我並不覺得辛苦，上菜態度也非常恭順，客人都很滿意。一週過去，我收到將近兩百美元的小費，一個月就這樣過去了，回紐約已是九月中旬，我儲蓄近一千美元的酬勞。再遇到很多工作三個月的同學們，發現他們的積蓄並不比我多，更重要的是，我在不到兩個月的時間，學會了點菜、上菜、托盤子各種擔任侍者所需要的經驗。

有了第一個暑假上山下海的經驗，一九六〇年的暑假我留在紐約市，找到東區八十五街和勒辛頓大道（Lexington Avenue）中國餐館荷花樓的侍者工作。這項工作是每天上午十一時到晚間十一時或十二時，主要收入是小費。工作時間雖長，但下午可以休息三小時左右。我在荷花樓做了二個半月，淨收入二千多美元，可說是相當優厚。

我要說打工和讀書有相似之處，就是要用心。一方面對於客人的需求，要特別注意，有的客人初次來對菜單不熟，侍者要參考客人的喜好酌做推薦，如果使客人滿意，小費一定多；另一方面，侍者們會劃分工作區域，每人大概是六、七張桌子，可坐到三十人上下，有的侍者為了一餐可以多做些客人，常會催客人要快，客人就會在小費上剋扣。我的習慣是永遠注意自己工作區域的每位客人，只要一抬手或一點頭，就過去聽候點酒點菜，或是要些未在桌上的佐餐作料，也要盡快而準確地提供。客人若較年長，我常將菜餚分到他（她）們的餐盤中，讓客人便於享用，因此我能得到的小費往往較其他侍者高。

這兩次暑假打工的經驗，對我日後的工作和生活有不少影響：第一，我長期擔任外交和新聞工作，幾乎每天都要宴請外賓，早年此地的餐館服務不像今天周到，用中菜西吃的方式服務，往往是一道一道菜端上桌子，作為主人我習慣性地拿起調羹和叉子，為左右貴賓服務，幾乎每位被我服務過的外賓都很感激，稱讚我有職業水準。他（她）們不知道我的確經過專業訓練。其次，我每次在餐館用餐對侍者的辛苦最是同情，遇到上湯我常用手接過來，他們要做服務時我一定側身讓出空間，要收桌上的器皿也常常遞給他們。更重要的是不論在國內或國外用餐，總多給點小費。這都是我對當年打工所獲經驗和待遇的一種回饋。

## 攻讀博士學位

一九五九年九月二十日，我由紐約返回耶魯開始第二年的學業，比起第一年輕鬆了許多。一是我得了兩個獎學金，還有暑期打工的積蓄，因此搬到離學校很近的公園路二三六號，價格是每週十美元，房子也較新，房東是在物理系工作的技師；再者是經過一年的磨練，英文閱讀和表達能力都有改善，而暑期中我也將第二學年擬選課程先行準備了不少。第二學年，我選了統治方式與工具類的課程，由研究所長夏普（Walter Sharp）教授開的「國際組織與行政」；比較政府與區域政治類，由饒大衛教授開的「東亞太平洋國際關係專題研究」；美國及歐洲外交史與外交政策類，由美國外交史泰斗比默斯（Samuel F. Bemis）教授開的「美國外交政策與外交史」；以及其他地區歷史類，由勞德里蓋慈（Mario Roderiguez）教授開的「拉丁美洲史」。這樣我在兩學年選的課程中，包含了國際關係研究所開的六大類課程的每一類。

這四門課中最難讀的，無疑是美國外交政策與外交史。這門課的老師比默斯長期在耶魯大學任教，他寫的《美國外交史》（*A Diplomatic History of the United States*）一書厚達九百九十多頁，多少年來被視為經典之作。他也是第一位史學家從事跨國國家檔案研究（multi-archival research），成名著作為《美國革命的外交》（*The Diplomacy of the American Revolution*），以法國國家檔案證明美國革命時法國全力援助，主要是當時的法國外相佛強（Vergennes）要報復英法七年戰爭（一七五六至一七六三年），法國戰敗，英國因而獨霸歐洲。比默斯教授著作等身，每有新書問世，學者爭相購閱。這一年是他在耶魯退休前最後一年授課，我們這班成了他的關門弟子。

我上這門課時真是戰戰兢兢，除了利用暑假先讀他的幾本著作外，每堂課的前後一定會和同學詳細研討他在課堂上可能提出的問題，以及同學們的答覆應如何改進。我們有三人在這門課兩個學期的成績都是榮譽。其中一位同學是印度籍，曾在印度駐聯合國代表團任職的巴格特（G. Bhagat），他因不滿尼赫魯（Jawaharlal Nehru）總理和梅農（Shivshankar Menon）外長討好中共的做法憤而辭職，在耶魯取得學位後，一直在美國南部任教；還有一位是天主教修女、原在南部任教的瑪麗曼根（Mary Mangan）修女。

至於選讀饒大衛教授開的「東亞太平洋國際關係專題研究」課程，由於老師要求寫一篇較長的研究報告，我為了選擇適當的題目，在圖書館的書庫內仔細尋覓參考資料，正好遇到台大歷史系的學長周春堤君，討論應做何等題目時，他偶然提出可用十九世紀後期中日兩國在朝鮮的外交作為研究課題。我接受了這項建議，認真地找資料，發現就在耶魯圖書館內的資料就足以完成一篇很長的報告。這篇報告提出後很受教授稱許，以後我再以這篇報告為架構，增加資料寫成博士論文。

## 博士論文以朝鮮為題

第二學年開始兩個月後，學校當局致函錄取我為博士學位候選人，要我準備在學年結束前參加學位考試的筆試。這項考試在一九六〇年五月三日至七日舉行，考試方法與期終考相似，但是答題時不需提出太多的事實，而應著重研究方法。例如關於所考的題目有若干專著，除列舉外，應對每一著作加以評述。我很幸運在五月十一日，就接到所方通知筆試已順利通過，要我利用暑假時間好好準備下學年舉行的口試。

我在一九六〇年九月下旬，結束了紐約市打工生活回到學校，立刻接到通知，口試日期訂在十月十七日下午四時，主試官是研究所所長夏普教授，其他兩位是崔奮教授和饒大衛教授。考試的內容是他們三位所開的課程，但沒有範圍，理論上中外古今一切專著都可能被考到，要準備實在不容易。不過由於有了筆試經驗，我明白答考題時不要死背事實，而要有分析比較的能力。這段時間在圖書館工作，發現了名叫《書評摘要》（*Digest of Book Reviews*）雜誌，蒐集了最近出版新書所有書評。讀者在看完這些書評後，對於原書良窳就有了很明確的認識，我有些相見恨晚之感，如果早兩年知道這種刊物，就不必每週花費一百小時苦讀指定作業。不過老實說，那段苦讀對我幫助很大。

考試當日，先由崔奮教授發問，第一題是美國的國際收支有逆差，因而引起美元與黃金外流，其涵義如何？第二題是崔教授在其所著的《美元與黃金危機》一書中提出對黃金外流的解決方案，受到不少攻擊，孰是孰非？第三題是國際貨幣危機用國際方式處理和用區域方式處理，有無衝突之處？夏普教授問的第一題是國際組織與國家主權觀念之關係？第二題是蘇聯的對外政策是否受到聯合國的影響？饒大衛教授的問題則以當時大韓民國內部動亂為主，一連串詢問動亂的政治意義，對中華民國的影響以及對日本的影響。最後，夏普教授再問了一題關於功能性國際組織的效益。考試進行了八十分鐘，我對每一題都認真解答，到五時二十分我被請出去，過了兩分鐘，所長夏普教授開門要我回去，向我握手道賀並說：「你比你想像的要好得多，你不但及格而且是優異及格。」（You did better than you thought. You not only passed, you passed with distinction.）其他兩位老師亦來致賀。

很多同學告訴我，過去口試時間很少不到兩小時；而我也感到老師們的問題並沒有任何刁鑽古怪，雖非我所預料，但是很明顯地，老師們都對我很好。口試後，所內的一次聯歡會中，一位老師對我說：「你知道嗎？所有的老師都認為應該讓你順利通過，因為過去兩年你用功的情形是史無前例的，任何時間任何一位教授到圖書館，總看到你在研究室內孜孜不倦地讀書；你不知道他們在暗中查考。」這段話讓我領悟到我國的古話「功不唐捐」是事實，一定要努力才能成功。考試次日，饒大衛教授的助理告訴我，教授寫了封長信給父親稱讚我的表現。不過，寫信的教授和收信的父親都沒有對我提到這件事。

口試通過後，校方立即通知我要提出博士論文的題目和寫作計畫。由於我在第二年修東亞太平洋國際關係研究時，撰寫了一篇八十多頁「朝鮮的開放」研究報告，其內容是敘述一八七六至一八八二年，朝鮮先後與日本及美國締結《江華條約》及《濟物浦條約》，使一向被西方國家視為「隱國」的朝鮮成為國際權力競爭的對象，與十餘年後中日甲午戰爭的發生，有重要的連帶關係。我決定以「朝鮮的開放：一八七六至一八八五中國外交的研究」為題作為博士論文。我在一九六一年三月初開始撰寫，九月中旬送往研究院註冊組，結束我在學校的學業，但是已逾畢業典禮，學位的頒授要到一九六二年六月才舉行。

## 在美訂下終身

結束學業返國前，我於一九六一年九月十六日在紐約州波基普西鎮（Poughkeepsie），與相識三年的田玲玲女士完成訂婚手續。

一九五八年八月在我啟程赴耶魯大學前三週，救國團通知我在十九日菲律賓青年友好訪問團來訪舉行中菲青年會議時擔任主席。我因辦理出國手續甚為緊張，不敢答允，只是說如屆時得空，必將前往參加。那天上午十時在救國團鄒容堂舉行會議，好友江岳生兄與我同往，會議開始他就輕聲在我耳邊說：「你看右前方那位女同學好漂亮，和你很配。」不久，中菲雙方青年代表紛紛發言，我才知道那位女生叫田玲玲，但我也想到自己立刻要出國苦讀，不可能有機會交往。會議結束，雙方代表相互交談，我就向她自我介紹，似乎她對我已有相當瞭解。往後數日我們陪伴菲代表團有幾次談話機會，我曾探詢是否可推薦她參加當時救國團要我籌組的「全國青年團體聯合會」，她表示同意，但要邀她的好友王芳子同學一起參加。我於是很順利地提名她們兩位參加了這個團體。

九月七日青年團體聯合會在僑園為我赴美餞行，我們曾一起用餐。九月十日我赴美時，她也隨同該會其他友人一起在機場送行。

到了美國，我在開學前曾分別致函所有為我餞別送行的友人，包括玲玲。當時不敢確定她是否會答覆，如果她不覆信，我也不會冒昧再去函給她。

由於第一學期的功課壓力很大，她未立即覆信，我也沒時間去感覺沮喪。幸運地，正當我的課業壓力與日俱增，她在兩個月後覆信，在精神上給我很大的鼓舞。我立即覆了一封長信，報告在美求學生活的詳情。此後，雙方函件來往就比較頻繁了。

玲玲在一封信中提到她選了一科心理學，因為找不到參考書頗感煩惱，我記得家中書架上有一本蘇薌雨教授所著的《心理學》，就請好友江岳生兄去家中取了，送去供她參考。

一九六〇年六月，玲玲自政大西語系畢業，準備赴美進修，想要進一九六一年春季班，在此之前希望有個短期工作。這時我的功課壓力已逐漸消失，可以用不少時間幫她找尋適當的學校，最後她選擇了田納西州納希維爾市的皮保迪教育學院（George Peabody College for Teachers）圖書館研究所。同時我也致函由救國團第二組組長轉任國立歷史博物館館長的包遵彭先生，由該館安排玲玲擔任短期翻譯和導覽工作。

玲玲於十二月下旬搭招商局的渝勝輪，於一九六一年元旦抵洛杉磯，一月四日傍晚飛抵紐約市，我在機場接她去二哥家休息。紐約住了兩天，我就陪她搭灰狗客車前往納希維爾市，為她安排居住和選課，旅途約二十六小時，一月八日中午到達。皮保迪學院中國同學不少，有七位女同學，很熱心地協助她安置好一切，我於當晚返回校園。

玲玲在第一學期結束後有一週的假期，由南部來耶魯大學參觀，六月五日抵達，我們請了一位陪護人一起來，就是原在肯塔基大學就讀、將轉到普林斯頓大學研究的好友江岳生兄。這時，我也從原先公園路的住處搬到奧蘭治街的一所公寓，與陳澤祥君合租。此公寓有四間臥室、客廳、飯廳、書房，兩個人住十分寬敞，我們自己開伙，每天三餐我主炊，澤祥兄負責清洗。我們曾接待過澤祥兄的二伯父陳立夫先生伉儷，兩位老人家也讚賞我的廚藝。

玲玲和岳生兄到達後，四間臥室均有人住，十分熱鬧。這一週上午我仍在圖書館工作，下午則陪他們到處觀光，一位來自田納西州的美國同學茀萊（Alton Frye）曾開車載我們到康州各處遊覽。

## 胡適夫人主持訂婚儀式

一週結束前，岳生兄對我說我回國前一定要完成訂婚手續。而玲玲在由台北來美前曾去過我家，拜見母親，母親對她甚有好感。所以，我們就分別寫信給家長，請求同意九月玲玲結束第二學期課程時訂婚。

玲玲的第二學期課程中有圖書館實習一門，她選擇到紐海文公立圖書館實習，因此在八月二十日即來，為期兩週，實習的工作是全天，到了晚上她又幫我校對畢業論文的打字。正好我的論文交卷，她的實習結束，我們在九月三日去紐約波基普西城二嫂的弟弟胡匡冀兄的家，那是間大房子，我們於是決定借胡宅作為訂婚場地，請胡適夫人福證，日期就訂在九月十六日星期六。

期間，要選購訂婚戒指、安排食物等工作，所幸我在學校三年均有獎學金，最後多待一個暑假，也得到七百美元獎學金，加上圖書館半天工作的待遇，以及兩個暑假打工收入的儲蓄，經濟上尚可以應付。

訂婚當天來了二、三十位客人，多是二哥二嫂的朋友，大家都很高興。胡老夫人說從小看我長大，現在書讀得好，又訂了婚，她非常高興，對玲玲也讚不絕口。玲玲在訂婚後不久，就回校繼續第三學期的課業。我原應馬上返國，但胡老夫人要我陪她一路回國，她訂於十月中啟程，於是讓我在紐約多住一個月，也是三年來第一次真正的休假。亞洲基金會知道我完成學業要返台北，立即寄來機票，所以我於一九六一年十月十八日中午，與胡老夫人一同抵達松山國際機場。

一九七一年十月，中華民國代表周書楷（中）於聯合國大會中聲明退出聯合國後，步出會場。（中央社提供）

# 第二篇

# 進入外交部

・副總統陳誠傳譯

1962年5月～1965年2月

・總統蔣中正傳譯

1965年12月～1975年4月

・外交部北美司司長

1969年7月7日～1972年6月1日

# 第五章
# 外交啼聲初試

一九六二年三月十六日正式接奉外交部部令，聘為專員，分美洲司服務。我於三月三十日完成體格檢查，去外交部人事處報到。就這樣，我開始了外交部的工作，距離我返回台北正好是五個半月。

自美返國，最先要解決工作問題。

我的志願是外交工作，但是外交部人事處認為我在五年前通過外交官領事官科的高等考試，必須先完成高考實習，再由薦任最低級做起。不過在我之前，所有返國的留學生不論是否有博士或碩士學位，不論是否專修外交或國際關係，依留學生分發任用，一律取得簡任九級的任用資格，再以「高階低用」方式，由薦任一級起敘。一位好心的朋友告訴我，人事處是故意整我，依照它的建議，我要在年資上吃虧十五年，因為當時人事法規有所謂「停年」、「停階」。他勸我一定要爭取比照以往留學生回國服務辦法進部服務。

我依照朋友的建議向外交部陳述，不幸受到人事處處長黃克綸的峻拒，黃表示外交部並不在意是否有新人進入。這種情況下，父母親就勸我不必執意進外交部，也可以考慮其他工作。

我的第二志願是教書，但由於父親當時還是台大校長，我不能去台大教書。這時在台大教過我「行政法」的老師林紀東教授，就向政大推薦我去任教，然而此時新學年已開學一個多月，各系也沒有空缺，只能在一九六二年二月第二學期起聘我為政治學系兼任副教授，在中文系開「憲法」課程。林老師對我的愛護和提攜，是我一生永誌難忘的。

## 初為外交小兵

一九六一年十一月中旬一天晚上，父親回家告訴我那天他遇到沈昌煥部長，沈部長很誠懇地對父親說希望我去外交部工作，因為外交部很需要人；父親也表示我應該去外交部，直接把自己所學貢獻國家。第二天早上，我就去外交部參加為期三個月的高考及格後實習，和我一同實習的還有張慶衍君。

實習自十一月二十七日開始，一九六二年二月二十八日結束，分別在十一個單位見習，每個單位從一週到十天不等。各單位對實習者安排不同，有的單位是完全叫我閱讀檔案做摘要，有的單位叫我辦簡單的公文，有的單位叫我隨同正式的官員做些打雜工作。實習期間，每天要寫心得日記，在一個單位實習結束時彙呈主管評分後轉人事處。實習對我最大的好處是能充分明瞭部內各單位運作情形，更給我與各單位同仁結識、共事的機會。三個月結束，獲益頗多。

在各單位實習的過程中，有三位主管積極爭取我去該單位工作，依實習的順序是亞西司、美洲司、條約司。亞西司楊西崑司長對我說，今日的外交是革命外交，要摒棄過去的舊觀念；他說：「你雖然在美國讀書，不要以為美國是世界的中心，今後我們的革命外交要以非洲為主，你應該來亞西司工作（當時非洲業務屬於亞西司三科）。」楊司長的話不錯，因為非洲在一九六〇年以前只有十個獨立國家，但是那一年大批非洲殖民地紛紛獨立成為新國家，我們在外交部背這些新國家的名字、首都地名、元首和外長的姓名，都是很沉重的功課。

美洲司蔡維屏司長對我說：「你在美國讀了最好的學校，受了極好的教育，應該來美洲司工作，貢獻所學，也比較容易發揮。」條約司劉藎章司長則告訴我，我們國家外交的重點在於聯合國，當年處理中共入會案，使用「不予討論」（亦稱緩議案）的擱置方式已沒有足夠的支持者，所以改用了「重要問題案」，條約司主管法律條約和國際組織需要最優秀的同仁全力投入，使捍衛聯合國代表權的工作能做得好。

這三位長官的垂愛，是我不能忘懷的，但是我只是一個地位最低的小兵，我不可以說要去哪個單位，我只能向三位長官報告：一切都要聽長官的安排和命令。

高考實習在一九六二年二月二十八日結束，外交部派任手續要等考選部頒發高考及格證書後才能進行，因此三月一日起我又無所事事。政大每週兩小時的憲法課程此時開始，因開課稍遲，所以最初數週，每星期多上兩小時課，學期終了才能將課程全部講畢。另外，胡適先生不幸在二月二十四日心臟病去世，胡老夫人一人在台北，我因沒有正式工作，每天都去陪伴老人家。我也利用空閒時間著手把英文博士論文譯成中文。

## 擔任陳誠副總統傳譯

一九六二年三月十六日正式接奉外交部部令，聘為專員，分美洲司服務。我於三月三十日完成體格檢查，去外交部人事處報到，再去美洲司報到。蔡司長要我在第一科（北美科）工作，關鏞科長要我先廣泛閱讀檔案，稍後要我主管對美國的政治軍事事務。關科長表示我國自從與美國簽訂《中美共同防禦條約》後，就不斷要求美國和我國簽訂《在華美軍地位協定》（Status of Forces Agreement），但是七年來沒什麼進展，現在民情輿論已漸不耐，這項工作必須積極推動，希望我先將以往的檔卷詳細研讀。就這樣，我開始了外交部的工作，距離我返回台北正好是五個半月。

正當我在為銓敘不合理、是否要進外交部工作而苦惱時，許多長輩和政府高層首長都明瞭這事，很多人都認為一個年輕人在國外苦學多年，放棄高薪的工作機會返國服務，不應受到無情打壓，時任行政院祕書長的陳雪屏伯伯就曾多次安慰我，要我忍耐不要失望。正好在這時候，原先擔任副總統兼行政院長陳誠先生的英文祕書、行政院祕書處第二組組長魏濟民將軍奉派擔任我國駐聯合國代表團顧問，要赴紐約上任，陳兼院長經常要接見外賓，必須找繼任人選，陳伯伯就向副總統推薦了我，副總統也覺得很恰當，希望我能去為他服務。陳雪屏伯伯在一九六二年四月十一日晚，叫我到寓所告訴我這狀況，我當時就向他報告，這是很大的光榮，但是學驗不足，不知是否能勝任？而且剛到外交部工作未滿半個月，若見異思遷，是不是不太妥當？陳伯伯很明確表示，學驗部分他有信心，至於外交部方面他會和沈部長及朱撫松次長（也曾任陳兼院長英文祕書）商量。

四月二十八日下午四時，陳副總統在信義路官邸召見我，在一個小時裡，他詳細詢問我的求學過程、回國工作的困難，對於外交部人事處的不合理做法有強烈不滿。接著，他將在台灣省推動土地改革的經過向我詳細說明。副總統表示推動之初，內有行政院閻錫山院長及「土地國有派」的阻撓，外有地主的強烈反對，但是他秉持一貫的理念，就是土地問題不好好處理，將是共產黨奪取台灣最有利的條件。副總統也以他手著的《台灣土地改革》一書中英文本交給我，要我好好研讀。談話結束時，他親自走到客廳門外，看我上車駛離，再回到官邸正房（官邸的客飯廳是加蓋的）。

過了幾天，陳雪屏伯伯要我去，告訴我副總統對於那天的談話很滿意，希望我盡早開始工作，至於外交部方面，他和幾位長官研究，都認為我應該繼續在部內工作，將安排我每天上午在院工作，下午在部工作。在院內的工作，主要是為兼院長做英文傳譯、撰寫英文稿件、處理各方送給兼院長的機密電報，以及撰寫奉交辦的文件。在體制上，我將在第二組辦公，當時第二組沒有專任組長，由第六組組長袁觀賢先生兼任。

五月十七日朱撫松次長召見我，要我盡快去行政院報到。我在二十一日向行政院人事室報到後就正式上班。次日下午，副總統在官邸接見各國出席亞洲人民反共聯盟會議的代表，開始了我為副總統做傳譯的工作。

## 持續精進英文傳譯工作

為陳副總統傳譯不是件輕鬆的事，他的浙江青田鄉音頗重，為他服務將近三年，對於他說的「外交」和「華僑」兩個名詞始終不易分辨，因為發音上完全一樣。此外，副總統接見的外賓很多，只要賓客略諳英語，都是由我傳譯，但是很多外賓英語能力有限，有些發音很難聽懂，因此我必須學習聽懂「各國的英文」。

我自從開始傳譯工作，就堅持必須要充分瞭解訪賓的背景，如此我可以在傳譯之前，先做好必要的準備。例如外賓是財經人士，我一定在前晚將外文報紙及雜誌中有關財經的專文，逐一閱讀，遇到不認識的英文字，立刻查字典。這項準備工作是持之以恆，所以雖然我的字彙不很多，但在傳譯過程中，卻少有聽不懂的情況。此外，傳譯時一定要集中精神，不能有絲毫分心，所以，傳譯的前一天要有充分的休息。事實上，長久以來我都是每晚十時就寢，早上七時起身，縱使是博士學位的考試前夕，我仍是維持正常作息時間，絕不熬夜。

到行政院服務一個月後，陳兼院長在六月十八日到士林外雙溪主持故宮暨中央博物院台北陳列館奠基典禮，由於建館經費有美援的挹注，所以請了不少美國貴賓參加。兼院長做了約二十分鐘的講話，事先沒有講稿，我即席翻譯，鉅細無遺將長官的發言依序翻成英文，時間也是二十分鐘。在場許多英文素養很好的首長，對於一個年輕人能有這麼好的記憶力，都感到訝異，也有向兼院長打聽是什麼人在翻譯。辭修先生（編注：陳誠字辭修）非常開心，也增加了對我的信心。

## 「千里鏡」和「地理圖」

這段時間副總統健康甚佳，見的外賓也很多，大多是在下午，於是外交部認為我的上班時間改為上午為宜。因此自七月下旬起，我上午去外交部，下午在行政院，事實上副總統在週末或晚間還是經常約晤或邀宴外賓，我必須全天候待命。

陳副總統接見外賓時，常常請客人提出我們國家有哪些做得不對、需要改進的地方，多數外賓都是客套地說我們建設迅速，成果斐然。陳副總統一定不厭其煩地要求對方提出哪些仍待改進之處。他虛懷若谷的態度，往往使訪賓提出誠懇的改革建議，而他一定用紙筆記錄，賓客走後交代有關部門去做。

我也時常有機會隨侍副總統赴各地走訪民間，每次與他同車，總會看到他一定帶有「千里鏡」和「地理圖」。這兩樣東西是他取名的，事實上就是望遠鏡和地圖。作為一個長期指揮大部隊作戰的將領，這兩項物品是必須隨身攜帶的。他最喜歡去農村，深愛台灣各地純樸的農民，民眾們喜歡稱呼他為「陳誠伯」，對於他推動三七五減租、公地放領和耕者有其田，使農民收入增加，生活改善，多表感激。而副總統則說，實施土地改革完全是以國父的土地政策，和一九二九年蔣公所頒的土地法為張本，他不能掠美。

一九六四年四月二日石門水庫落成，陳副總統前往主持，我目睹當地民眾，特別是男性青年對他的敬愛。過去山地居民沒有飲用水，由女性下山抬水，因此很多女性成人後，都不願嫁給居住在山地的青年。石門水庫完工後解決了給水問題，山地青年就可以娶得新娘了。

## 初窺中美角力關係

一九六三年元旦，美國國際開發總署（U. S. Agency for International Development）貝爾署長（Director Bell）訪華，主要目的是通知我國，美國對我經援將於一九六五年六月底結束。副總統接見貝爾署長的第一句話是：「窮人怕過年。」這是一句幽默話，也說明了我們對經援的需求。當時我國對外貿易及整體國際收支都是逆差，外匯存底嚴重欠缺，需仰賴美援挹注。副總統指出，在美援結束前必須使我國外匯存底增加；更指出美援各項計畫中，以我國各項基礎建設及「以工代賑」最為重要，我國輸美產品中以紡織品為主，盼美能增加對我配額。這次談話及稍後數次談話，使我國結束美國經援的過程很順利，而經援結束後我國貿易轉為順差，預算的執行結果也有了歲計剩餘。

不過中美之間的交談，並不都是這樣具有建設性。在前一天，一九六二年十二月三十一日柯爾克（Alan Kirk）大使請見副總統，非常嚴厲地指責我國將特別預算用於購買比利時和日本的軍品，以及我國將美國軍援物資移作他用，態度甚為惡劣。副總統說明我國如此做法，主要是維持國軍應戰能力，過去曾擬以一個空降團的軍品以及一百艘登陸艇（LCM）裝備，多次洽請美方提供，均未獲准，因而只能在不影響經濟及外匯的前提下，向其他國家購取。副總統對柯爾克大使表示，中美雙方應有互信，我國沒有任何不可告知美國的事。這次談話結束後副總統留我下來，告訴我柯爾克數月前亦曾對蔣公有一次極不禮貌的談話，此次蔣公不願見他，才有今日之會。副總統說今日我國無法自立，必須仰仗美國的支助，必須忍耐。我對背景不完全明瞭，但是對副總統忍辱負重的精神，留下深刻印象。

柯爾克大使在台北極不受歡迎，他年齡甚大，倚老賣老，對任何我國官員都極不禮貌。當時我的長官外交部美洲司長蔡維屏博士，時常在公開場合被大聲喊作「蔡維，我的孩子」（Tsai Wei, my boy），蔡司長當時已是五十二歲的資深外交官。所幸第二年柯爾克由於心臟病發就離任了，在任不滿十三個月。

多年後，我獲知當時我政府正認真地思考和研究如何實施軍事反攻，而美國政府對此是不認同的，因此甘迺迪總統（John F. Kennedy）派柯爾克使華，主要因為他有兩棲作戰的經驗，希望他能切實監視我國不致採取任何軍事行動。（參閱《採訪歷史——從華府檔案看台灣》，王景弘著，遠流出版社，二〇〇一年一月二十日，第一九三至二二二頁；《一九六一至一九六三年美國外交關係文件》，第二十二冊，第三〇六至三三六頁。）

## 隨侍副總統出訪越南

一九六三年初副總統告訴我，越南吳廷琰總統擬邀請蔣公訪問越南（主要是答聘吳總統一九六〇年一月訪華），蔣公批示由他代表，副總統要我隨行。這一訪問須保密，以「孔孟計畫」為代號，我也奉命與外交部朱次長和禮賓司顧毓瑞司長密切聯繫訪越的一應細節。由於越南處於戰爭狀況，故訪問團無女賓參加。重要團員有外交部沈昌煥部長、教育部黃季陸部長、國防部賴名湯副總長、陸軍胡璉副總司令、美援會李國鼎祕書長及農復會蔣彥士委員（李、蔣兩位三月六日始抵越南）一行共十九人，並有四位記者隨行。越南處於熱帶，正式服裝是白色西裝、白襯衫、黑領帶，我們一團人也都準備了白色上衣、黑色長褲的夏季小晚禮服。由於越南以法文為主要外語，訪問團有三位法語傳譯是王季徵大使、國防部樂彬漢少將及外交部徐家裴專員，但所有會談我都奉命參加。

一九六三年三月五日起，陳副總統與吳廷琰總統曾有三次長時間的談話，並且應吳總統的請求，延長訪越一天，同赴北部大叻市再做長談。談話中，吳總統一再表示對蔣公的尊敬，他曾將蔣公致他的函件裱好配框，掛在辦公室作為座右銘。他對副總統來訪甚為重視，在本團抵達前他曾以五天時間赴各地視察，發掘問題，準備與副總統談。他認為我國派往越南服務的技術專家，對越南甚有貢獻，因此他對中越加強經濟技術合作有深厚的期待。當時中越兩國都接受美國四百八十號公法所提供的美國剩餘農產品，由於有些農產品我國無需求，越南有，亦有相反情形，所以這方面配合，對雙方都有利。吳總統也強調他對孔學的尊崇，已在順化成立漢學院，並準備在西貢興建孔廟。

## 交換剿共經驗

吳總統也費了不少時間向副總統說明「戰略邑」（Strategic Helmet）的觀念。簡單地說，越共在農村活躍，政府將散居各地的農民集中，每邑約有一千四百人有耕種的土地，白天出邑耕作，晚上返回邑內集中居住，每一邑都有自衛能力，所有青壯少年都實施軍事訓練配發武器，白日為良民，晚間為良兵。理論上，戰略邑是一個軍民聯合的總體戰形態，如越共攻擊，能抵抗三至四小時，使機動突擊部隊能及時應援，其真正目的是使越共不能在農村生存潛伏。越南政府計畫建立一萬一千三百一十個戰略邑，已完成三千二百二十五個，容納五百餘萬人。副總統提醒吳總統越共亦可能在城市滲透，做好保密防諜工作極為重要，並且提供越方以相關資料。副總統也告訴吳總統，此次晤及越南各部長，感覺年輕有活力，建議多派他們赴國外訪問，拓寬視野，總統亦宜充分授權，勿過於操勞。

吳總統認為，亞洲國家仍需依賴美國，但美政策多受專家學者所掌控，建議中越兩國多拉攏美國學者做正確研究，另外亦應注意美國民間組織。副總統表示，美國的政策主要取決於輿論民意、行政部門、立法部門，彼此又相互牽制沒有協調，所以形成的政策常是消極的、被動的、保守的，我們應努力的方向還是行政部門的重要人員。

副總統向吳總統提出共產黨對付自由世界的一項主要策略，就是「打弱強亦弱，打強弱亦強」。它真正的涵意是一個強國要以弱國為對象加以打擊，這個強國的力量會逐漸減弱；反之一個弱的力量或政權若決心以強國為目標加以打擊，這個弱的力量或政權就會增強力量。副總統也把他多年剿共的經驗及心得，與吳總統分享。吳總統希望我國派遣財政專家赴越協助其增加歲入，另外由於美不肯協助越南訓練防砲部隊，吳總統亦盼我能協助訓練防空人員。

一九六三年三月七日，副總統一行由內政部長裴文良陪同，赴西貢北部二十八公里參觀戰略邑，沿途每一百公尺均有兩名越南士兵戒護，他們荷槍實彈，面向外邊，而非面向車隊，戰事氣氛濃厚。戰略邑周邊都有障礙物設置，副總統看到後，向越方建議應在障礙物旁增種植物，增強工事強度並可做隱蔽偽裝。副總統也注意到越人房屋均為木板作牆，茅草蓋頂，極易損壞，建議由我提供製造磚瓦技術，成本低而堅固耐用。

越南五天訪問行程於三月九日結束，當天上午十時十五分離越，送行者達五萬人，於下午三時二十分抵達台北。這是一次相當成功的訪問，唯一美中不足的是，雙方軍事人員有兩次會晤，但越方似乎無意和我們討論任何問題。三月五日下午賴副總長及胡副總司令去拜訪越南國防部周玉崔次長（部長為吳總統兼），只談了十多分鐘就結束了。第二天中午越南參謀總長黎文已邀宴我方兩位軍方團員，一開始，黎就說今天中越雙方將領能歡聚一堂，至為難得，因之今天宴會中不談公事。當時我們很詫異，越南正處於戰事中，所以我們訪問團包括了重要將領，但是越方卻無意洽談。八個月後才獲得答案，原來越南軍人在同年十一月一日發動軍事政變，吳總統的參軍長楊文明、代理參謀總長陳文敦，綁架了吳總統及其弟吳廷瑈並加以殺害。

## 訪問菲律賓

副總統由越南返國後不久，又於一九六三年三月二十日赴菲律賓訪問，這次也是代表蔣公答聘馬嘉柏皋（Diosado Macapalgal）總統於一九六〇年十二月的訪華。陳夫人與副總統同行，整個訪問團成員有二十二位，重要團員包括外交部沈昌煥部長伉儷、財政部嚴家淦部長伉儷、國防部梁序昭副部長、新聞局沈劍虹局長伉儷、農復會沈宗瀚委員、美援會李國鼎祕書長等。由於菲國使用英文，我的責任加重，要擔任各個場合的傳譯工作。

訪問團於三月二十日中午出發，仍乘坐中美號專機。由於菲方以元首級接待陳副總統，馬嘉柏皋總統伉儷將親自至機場迎接，因此訪問團成員全體都穿了晨禮服登機。副總統一行下機後，由一位芳齡十五歲的小姐上前獻花，她是馬總統的愛女葛羅麗亞（Gloria Macapalgal）。三十五年後（一九九八年九月十二日），我應菲律賓中華協會之邀，在馬尼拉世貿中心參加第六屆台灣產品及技術展覽揭幕典禮，與我共同剪綵的就是這位小姐，這時艾若育夫人（Mrs. Gloria Arroyo）貴為副總統，兩年多後又晉任菲律賓總統。

當晚，馬嘉柏皋總統伉儷在府內舉行盛大國宴，有三位前總統的遺孀和前總統賈西亞（Carlos P. Garcia）伉儷，所有賓客中最受注目的卻是一位女性，她是當時參議院少數黨領袖馬可仕（Ferdinand Edralin Marcos）參議員的夫人伊美黛（Imelda Marcos）女士。國宴中賓主相互贈勳，宴席進行間並有歌舞表演。主人與主賓間的談話由我傳譯，主要是土地改革問題，這也是副總統訪菲三天的主題。

## 關心土改問題

次日一早先後是忠烈祠獻花，禮貌拜會菲副總統兼外交部長白萊士（Emmanuel Pelaez）。這位先生在二十三年後由菲律賓艾奎諾（Corazon Aquino）總統派任駐美大使，在華府任內常與我相互邀宴或球敘。當天的主要節目是在國家科學發展會舉行的土地改革座談會。副總統指出，土地改革工作中很重要的一點，是要說服地主支持這項計畫，同時教育地主使他們確信土地改革是對他們有利的。

晚上駐菲段茂瀾大使舉行盛大酒會，約有兩千位賓客參加，酒會後是各僑團盛大歡宴，在中正中學舉行。僑胞們關心大陸情形，副總統說大陸同胞是求生不得、求死不能，我們要拯救大陸同胞，責無旁貸。他也以大陸流行的一首打油詩告訴僑胞：「昔日田為富字足，今日田為累字頭；田在心上思不已，田在胸中慮不休；田中插木束家園，最怕有田列甲等；田旁有人佃戶愁，祇望翻身得自由。」

一九六三年三月二十三日晨，菲總統伉儷再以早餐款待副總統伉儷，稍後兩位領袖簽署聯合公報指出，中共政權的存在是亞洲禍亂主要根源。副總統在舉行記者會後，於十一時三十分乘中美號專機飛返台北，二時二十分抵達。這次赴菲訪問最難能可貴的是，使菲國兩大政黨——執政的自由黨、在野的國民黨——史無前例地攜手合作、熱烈歡迎陳副總統。在任何歡迎或歡宴的場合，兩黨的領導人士都暫時擱下政治上的歧見，歡聚一堂。

兩次訪問後不久，一九六三年六月初又有一位重量級貴賓泰國蒲美蓬（King Bhumibol Adulyadej）國王和詩麗吉（Sirikit）王后來華訪問，六月七日我隨侍副總統陪同貴賓南下台中，在公館機場參觀雷虎小組特技表演、空軍儀隊操槍。稍後赴省府聽取簡報並參觀省政建設。泰王對農業極為重視，對於興建水壩充分利用水資源，頻頻詢問，兩位貴賓對我的傳譯，一再表示滿意。

## 陳誠病逝

副總統由於操勞過度，一九六三年十二月四日懇辭兼任行政院長職務，經執政黨中常會通過，蔣公提名財政部長嚴家淦繼任。十六日新舊任院長交接，自該日起，我就不再半天去行政院工作，恢復在外交部全天工作，一個月後就奉派代理科長（因我的銓敘不夠）。

副總統於一九六四年均在官邸養病，在上半年仍不時接見訪華外賓，並曾二度驅車去石門水庫關心興建進度。由於沒有例行公事，副總統有時間可以閱讀或思考問題。我記得大概每天我在上班時，總會接到電話要我去官邸，多數時間是詢問我有關國際事務的看法，也有幾次他拿了俞大維先生請他閱讀的《科學人》（*Scientific American*）雜誌的文章，要我邊看邊為他口譯，他閉目聆聽，不時發問，好學態度實在令後輩感動。

可惜下半年以後，情況就不同了，大約有半年時間我未曾見到副總統，直到一九六五年二月二十六日王詩琤兄電話告訴我說，美聯社電訊報導辭公病危，我立即前往仁愛路三段的新官邸，履安兄接待我並討論如何發布病況。我曾到副總統休息的房間去探望，發現他十分清瘦，臉部呈黑色，當時已不能講話。過了一天，副總統的醫療小組即對外發布了病況公報。

過了五天，三月五日傍晚我得到通知，立即趕往官邸，此時辭公已彌留，到晚間七時五分逝世，以後五日我全力投入治喪事務。三月十日在新建的台北市殯儀館為一位公忠體國的副元首舉行莊嚴肅穆的飾終典禮，也結束了我為這位長官不到三年的服務。

# 第六章
# 《在華美軍地位協定》

沈昌煥部長和美國駐華大使館臨時代辦高立夫（Ralph Clough）簽署的《在華美軍地位協定》，對於協防台灣的美軍有許多規範，我們協定的內容和美國與其他國家簽訂協定的規定，大致相仿。

一九五四年十二月二日，中美兩國政府代表在華府簽訂《中美共同防禦條約》，執行協防任務的美軍人員在次年二月陸續來華。當時中美兩國政府曾有一項臨時協議，規定在雙方談判簽訂《在華美軍地位協定》生效前，所有執行協防任務之美軍單位及其人員待遇都比照美軍援顧問團及其人員，而顧問團視同美駐華大使館的一部分，其人員享受完全的外交待遇。這項安排和其他接受美國軍援國家相同。

但是，所有的協防美軍都享受外交待遇只是暫時性的，雙方仍要就《地位協定》進行談判。當時台灣海峽情勢甚為緊張，先有一江山淪陷，再有大陳島撤退，美方認為其他訂有《地位協定》的國家，遇戰爭發生，協定仍要停止適用，因此建議我方暫緩談判。

## 催生協定

一九五七年台北發生美軍士官長雷諾槍殺劉自然的命案，由於美軍方有管轄權，美軍法庭審判結果認為，雷諾在家槍殺侵入者是正當防衛行為，判決無罪。國人不能接受這項判決，在北門的美國大使館前抗議示威，最後群眾失控搗毀美使館，造成「五二四事件」。

事件發生後，我政府再促請美方積極研訂地位協定，然次年「八二三砲戰」發生，台灣海峽形勢緊張，美方向我建議簽訂一項簡單協議，對所有在華美軍一律給予外交待遇，此建議遭我方拒絕。

外交部也曾參考美國與其他訂有協防條約的國家所簽訂的《地位協定》，草擬草案提交美方，但美方未接受。

一九五九年二月二十三日，立法委員馬曉軍遭美軍駕車輾斃，國人群情激昂，要求政府從速簽訂《地位協定》。美方在外交部一再催促下，自一九五九年六月起分三次將美方對案次第提出，但其內容我方無法接受，特別是第十四條有關美軍在華犯罪管轄權歸屬問題，美方對案中若干根據《美國憲法》規定的人權保障條款，和我國當時的刑事相關法律規定直接牴觸，我方不能接受。

美方所提的人權保障條款，在與其他國家簽訂《地位協定》時均有列入，諸如與北大西洋公約組織國家所簽訂之協定（簡稱《北協》），與日本所簽訂《日協》，與西德所簽訂《德協》，均有相同保障。

外交部考量此一現實，要簽協定必須有突破性的做法，因此與國防部、司法行政部等機關會商，並奉行政院核可，以制定特別條例方式，透過立法化解困難。我恰在這個時間進入外交部美洲司工作，由蔡維屏司長指示辦理地位協定工作。

中美雙方由一九六三年一月開始，到一九六五年八月三十一日簽訂協定，期間總共在台北舉行三十九次談判；一九六三年七月蔡司長因公赴美，在華府與美國國務院及國防部高層又有數小時談判。在台北政府相關機關同時成立專案小組及工作小組，不斷就談判事項預作準備。這段時間的公文裝訂成卷，大約有二十冊，多數是我擬的稿子。

我方談判的主要負責人是蔡維屏司長，他是極有經驗的外交前輩，語文、學驗、反應、機智都是非常卓越，我每次隨侍他參加談判，除了記錄外，也私下學習長官的談判技巧，使我受用不盡。

## 琉球美軍集體強暴案

正在中美為《地位協定》積極進行談判，一九六四年十一月初又發生琉球美軍來華參加「中美天兵六號演習」，數名黑人士兵在彰化縣埤頭鄉和豐村集體強暴並毆傷我農村女子的嚴重案件。外交部在事發第三天才由美國大使館獲悉，同仁均認為事態嚴重，除與國內主管機關聯繫、充分掌握資訊外，積極向美方交涉將嫌犯留置台灣（其餘美軍在演習結束，均需返回琉球駐地），並且催促美方要加緊《地位協定》的進行。

一九六四年十一月九日外交部沈昌煥部長約見美國賴特（Jerauld Wright）大使，美使告知嫌犯已認定為美軍一七三空降旅五十三團第三連士兵慕屈利（Moultry）、波許（Bush）、英格瑞（Engram）三人，根據美國軍法法典，必須在部隊駐地，也就是琉球，舉行軍事法庭審判。美使請求我國准許三嫌犯離台返琉。沈部長指出此案至為嚴重，美軍事法庭審理時我政府應派觀察員全程觀審，並為被害人聘法律顧問，同時此事不能不予公開，將於十日發布簡單新聞稿。

十一月下旬，行政院嚴家淦院長指示此案必須妥慎處理，在政策階層應成立專案小組，由行政院謝耿民祕書長召集，外交部、國防部、司法行政部及省政府主要官員參加；另成立工作小組由蔡維屏司長召集，各機關階層主管參加。兩小組在嗣後兩個半月，均曾多次集會。

各次會議重要的決定為替被害人聘請端木愷大律師為法律顧問，政府觀察員派定為外交部北美司科長錢復、國防部計畫次長室四處處長陳清生海軍上校、司法行政部參事李模。此外，為滿足國人知的權利，由中央社記者楊允達一同前往。

我們三位政府觀察員和美軍事法庭要傳詢的證人台中地區美軍翻譯官路長宏，於一九六五年二月七日下午二時半乘美軍專機赴琉球，端木愷律師及楊允達則乘民航機前往。

我們在下午四時半抵達琉球美軍基地，一七三旅派了海瑟（Hiser）上尉為聯絡官，把我們送往勃克納堡（Fort Buckner）基地的單身軍官宿舍。當晚路長宏來告，美嫌犯的辯護律師柯恩

（Robert E. Cohen）曾與他長談三小時，暗示將設法使我政府觀察員無法出席審判庭。所以我在第一晚不斷思考如何化解此一問題，幾乎通宵未眠。

## 專案小組全程觀審

一九六五年二月八日清早，我們由聯絡官陪同前往奎裕營（Camp Kue）的軍事法庭，觀察審理首名被告慕屈利。審判庭由上校庭長主持，共選定十名陪審員，軍階由上校至上尉，均為白人。十人中一人出差，一人曾來華參加演習被檢察官要求退出，另一人則由辯護律師行使其要求迴避權而退出，實際執行陪審任務者共七人。被告一開始就向庭上認罪，此時被告律師即要求「庭外陳述」（out of court hearing），所有庭員（陪審員）及旁聽席人員均退席約三小時，到中午十二時重行開庭，庭員一致投票認定被告兩項罪名均為有罪：一、強姦：最高可處無期徒刑。二、強暴：最高可處三年徒刑。兩罪合判，最高可處無期徒刑。此時，辯護律師要求暫停進行至九日晨，因他要傳訊對被告有利證人，俾庭上可從寬量刑。

我利用下午不開庭的時間，分別拜訪琉球美軍最高長官第九軍代軍長狄歐賽（Charles S. D'Orsa）、一七三旅長威廉遜（Ellis Williamson）准將、琉球美軍總部政治顧問馬丁（James Victor Martin）。當晚馬丁邀宴，我表示上午開庭時辯護律師小動作頗多，對於被告是否將判重刑表示關切。威廉遜旅長表示，軍事法庭必將秉公審查，還被害人公道，請我釋念。

二月九日上午辯方傳訊七名證人，五名為被告同僚，另兩位為台北美軍憲兵組長及路長宏。

在後二名被詢問時，辯方律師又要求我們退席，庭長裁示同意，我們因不宜阻撓庭訊進行即離席，但是我立即請聯絡官通知一七三旅軍法組長雷農（Daniel A Lennon）上校來晤。我說明剛才的離席是使庭訊能順利進行，但是當初沈部長向賴特大使所要求的是政府觀察員應能觀察一切審訊的進行，現在美方做法與當初協議是牴觸的。雷農上校一再致歉並表示這是美國法律的規定，他也無能為力。我即提出雖然我們為配合軍事法庭的運作離席，美方有責任提供我國全部庭訊的紀錄，我當場寫了一封信給他，正式要求全部記錄。雷農上校表示一定轉陳華府軍法總監對此項要求優予考慮，也備了一信答覆我。

此時法庭又請我們返回，十二時十分庭上宣布庭員四分之三贊成對被告處以：一、不光榮退伍。二、所有可以領取的薪俸、津貼全部取消。三、判處五十年監禁並服苦役。至此，我們鬆了一口氣，對於政府和被害人可有所交代。當晚美國駐那霸領事芬治款宴我們。

一九六五年二月十日及十一日分別審理波許和英格瑞，他們的前兩項判決與首名被告相同，但是刑期各為二十年及十年，原因是他們兩人為附從，也沒有毆打襲擊被害人。而英格瑞在審訊時有兩名黑人庭員，依《美國統一軍律程序條例》第五十二條判處十年以上的徒刑，必須庭員四分之三的同意。由於兩位黑人庭員不贊成判超過十年刑期，因此庭員是以三分之二的多數通過判刑十年。此外，英格瑞在犯案時，因緊張未深入，亦無高潮，且犯案後即在台中找軍中牧師懺悔，因此處刑最輕。

## 在不同觀點中尋找中間點

二月十日及十一日晚間分別由威廉遜旅長及狄歐賽將軍款宴。狄將軍伉儷飼養一條狗，在席間令牠表演，狄將軍用叉子叉了一塊肉對愛犬說：「這是海軍伙食。」它會搖頭不願取食。狄將軍再說：「這是陸軍伙食。」它會用兩前腳作揖拜拜，然後以右掌抓下肉取食。狄將軍為我們表演了數次，愛犬十分合作從未有誤，事隔數十年，此景歷歷在目。

一九六五年二月十二日上午，我向威廉遜旅長辭行，他對此一不幸事件深感內疚，希望我政府對審理結果能滿意。我答稱，此一不幸事件非任何人所預料，美方審理公正嚴明使我們印象深刻。一七三旅曾多次來華演習，給人良好觀感，應不致因此事件損及聲譽。威廉遜旅長並為我做了半小時的簡報，將該旅的歷史、組織、人員、武器裝備及任務詳細說明。接著我去狄歐賽代軍長處辭行，他表示在台時向我政府所做保證均已兌現，內心甚感安慰，他認為我政府觀察員在審判現場，對於判決的理想結果極有關連。我表示在琉期間，對於第九軍努力不懈的工作精神留有深刻印象，美方軍事檢察官克利柯莫上尉表現極為稱職。

二月十二日十二時三刻，我們三個觀察員和路長宏翻譯官仍搭來琉時狄歐賽將軍座機飛返台北。兩小時的飛行航程，因氣候惡劣，起飛後約一小時無線電失聯，我們在暴風雨中飛行，看不到地面，十分可怕，同行者心中都感覺大概要出大問題。駕駛員雖無法和地面聯絡，所幸憑其經驗和高超技術，在四個半小時後降落松山機場。我向他致謝時，他滿頭大汗說：「還好到了，汽油已經用完。」

又過了三個月，我方依軍事法庭的判決提出民事賠償要求，經美國國防部海外賠償委員會核定給予被害人新台幣十萬元。

此案在一九六五年間，對中美雙方關於《在華美軍地位協定》的簽訂無疑具有催化作用。美國《華盛頓郵報》在當年八月六日的社論中指出：「若干年來國務院屢次嘗試使外國地主國有權審理在當地犯罪的美軍人員，但均受到五角大廈的阻撓。」冷靜地看問題，五角大廈也不是完全沒有理由：主張國家主權必須完整無缺，對犯罪美軍必須做嚴酷處罰的人，可能沒想到這些美軍遠涉重洋，到海外服役，並非滿心願意；他們的父母對自家子弟為協防其他國家，身處異國，在全然不同文化背景的地方工作生活，倘因不慎犯罪而需遭受外國法庭較重的刑罰，會有怎樣的感受？所以，我們訂定《在華美軍地位協定》時，一定要使這兩種全然不同的觀點，找到一個中間點；使地主國能審理重大犯罪，但訴訟進行及刑罰的尺度又不要與美國司法體制相差太遠。整個《地位協定》的談判過程，與任何外交談判相同，也就是雙方都要有所堅持、有所讓步。

## 美軍在華犯罪管轄權的歸屬

一九六五年八月三十一日在台北賓館，由我國外交部沈昌煥部長和美國駐華大使館臨時代辦高立夫（Ralph Clough）簽署的《在華美軍地位協定》，對於協防台灣的美軍有許多規範，其中一般性的規定如：駐在國對美軍的行政支援、美軍剩餘物資處理辦法、美軍人員出入境之管理、美軍人員私用物品進出口之免稅與限制、美軍單位所僱用的特約承辦（契約商）待遇、民事損害賠償規定，以及設置中美聯合委員會等，我們協定的內容和美國與其他國家簽訂協定的規定，大致相仿。

在《地位協定》中，最重要、也談判費時最久的，是美軍在華犯罪管轄權的問題。協定第十四條第三項規定，中美雙方對美軍在華犯罪共同行使管轄權。第三項第三款規定，倘有權行使的一方，經另一方的請求，可以同意捨棄管轄權的行使；但是，駐在國政府對於與行使司法權有特殊利害關係的案件，可以撤回已捨棄的管轄權。這一款所提的「捨棄」和「捨棄之撤回」，是美國與所有盟邦簽訂地位協定的普遍原則。但是，哪些案件地主國要「捨棄」，哪些案件地主國要保留管轄，則無明文規定，美方告訴我們是以祕密換文方式處理。我們認為，如採祕密方式，民意和輿論大概很難接受，因此多年的交涉事實是設法擴大「捨棄之撤回」範圍。美方最初僅同意「國家安全」罪行，以後勉強接受「強姦」、「謀殺」；經過兩年多的談判，我們終於獲得「國家安全」、「致人死亡」、「強姦」、「搶劫」、「縱火」、「販毒」六項重要犯罪行為，可由我國行使管轄權。此外，對於其他重要性相同的犯罪案件，不在六項列舉範圍以內，仍可由雙方協議交由我方管轄。

有關司法權的另一項問題是人權保障，當時我國《刑法》和《刑事訴訟法》關於人權保障採大陸法系規定，較諸歐美法系為嚴格，美方認為許多人權保障是其《憲法》所保障，不能放棄。事實上，若干年後我們自己也確認人權保障的重要。

美方在地位協定談判中，堅持有關《美國憲法》增補條款第六條對所謂「正當法律程序」的確認，也就是被告應有權獲取對其有利證人作證之權；但我國《刑事訴訟法》第十三章「人證」各條則無此規定。再有《美國憲法》增補條款第五條規定，對同一罪行不能予以兩次處罰，即所謂無「雙重刑責」，並延伸為對被告宣判無罪之判決，檢察官非以判決有法律的錯誤，不得提出上訴；此與我國《刑法》第八、九條，《刑訴法》第三三六、三三九條的規定不一致。此外，《美國憲法》增補條款第六條規定，被告隨時得有辯護人的協助，並可與辯護人單獨會晤；此與我當時的《刑事訴訟法》二十七條牴觸，《羈押法》第二十三條亦規定律師接見被告應監視之。又如《美國憲法》增補條款第六條規定被告有權與對其不利證人對質，而我《刑訴法》第一七一條則被告無與證人對質之權利。

對於這些，美方盼望受我國法院審理的美軍仍能享受其《憲法》上的保障，我們草擬了《戡亂時期處理在華美軍人員刑事案件條例》，同時在協定第十四條內各項同意紀錄中有所規範。《地位協定》是有批准條款的，同時《處理在華美軍人員刑事案件條例》也需要立法。立法院在次年二月三日完成批准及立法手續。中美雙方於一九六六年四月十二日完成互換批准手續，《地位協定》正式生效。

根據《地位協定》第十八條的規定，為了執行《地位協定》可能衍生若干問題，將由中美雙方組織聯合委員會處理。美方在聯合委員會的首席代表是美軍協防司令部參謀長，我方是北美司司長。在開始四年，我受命擔任我方代表團的執行祕書，自一九六九年七月七日起，我擔任我方首席代表，直到一九七二年六月一日。地位協定是我外交生涯最初十年中，很重要的一部分。

## 結婚成家生子

我由美返國工作後，玲玲繼續在皮保迪學院讀書，直到一九六二年五月讀畢五學季，獲得圖書館學碩士學位。為了得到圖書館實務經驗，她去紐約市布魯克林區公立圖書館（Brooklyn Public Library）的兒童部門工作，住在附近天主教會辦理的女子寄宿舍，叫作「伊凡綺蘭」（Evangeline House）。週末常到我二哥二嫂家中小住，兩個姪女美儀、美恩都喜歡她，叫她「地（田）阿姨」。

母親在當年九月去紐約探視二哥二嫂和兩個小孫女，玲玲週末去曼哈頓時也常陪老人家到各地觀光。最後母親決定，等玲玲結束她在圖書館工作時結伴返國，返國途中她們曾在西岸、東京和香港等地逗留，返回台北已是一九六三年二月二十七日。

玲玲回國後第一件事是找工作，她比我幸運，由於舅父張茲闓先生的安排，她很順利進入中央銀行經濟研究處擔任專員，主要任務是管理央行的圖書館。當時她的待遇是我在外交部收入的兩倍。她在央行工作前後十九年多，由專員升副主任，再升文書科主任，期間央行很多單位都爭取她去服務，但是她因自己不是「金融人」，且很喜歡經濟研究處的同仁，所以始終沒有離開。稍後她和我去華府工作，每次返國，經研處同仁都要和她餐敘。她在經研處近二十年工作期間，最早的處長是李榦兼副總裁，他是令人尊敬的長者。稍後曾任處長的有央行現任總裁彭淮南先生，彭處長治事以勤，認真負責，在二十多年前我們都認定他是「明日之星」。

玲玲返國後第二件大事就是擇日成婚，當時我們訂婚將屆兩年，我們循傳統方式由大哥錢純帶我去田府下聘，商定九月二十二日在三軍軍官俱樂部舉行典禮，由於政府呼籲節約，所以只有茶會招待。二十八年後我們的女兒美端在台北結婚，也是用相同的方式。

證婚人請王雲五先生擔任，他是我在行政院工作的長官，對我一向關愛。男方介紹人，父親請了好友閻振興伯伯；女方介紹人，岳父請了他的長官空軍總部唐副參謀長勛治。伴郎我找了剛和我同時完成外交部實習的張慶衍兄，他的妹妹慕儀是玲玲非常親密的同學；伴娘是玲玲的妹妹琍琍。

婚禮和茶會結束後，福州街家中還有不少親戚在，所以還有幾桌酒席。新房就是父親原先的書房。婚禮的第二天，玲玲和我就動身到中部歡度蜜月，先去日月潭，因我在政大有教職，可下榻價廉物美的教師會館，到了那裡才知道，主任是我在建中初三的同班同學姚雙兄，他招呼我們無微不至。住了兩天，我們再到竹山鎮溪頭台大實驗林的竹屋。當時溪頭毫無商業汙染，真是世外桃源。可惜我在那裡腸胃發生問題，玲玲忙於照顧我，沒機會充分享受實驗林的風光湖色。

## 初為人父

我們在中部待了五天就回台北，因為我的工作壓力實在很大，即使婚假也不能請足。回到家中，除了忙碌的工作，還有許多人情債要還，所以新婚最初的生活是相當緊張。

大約在我們結婚半年後，一天在辦公室接到玲玲電話，建議中午一起吃飯，這時她告訴我將有個小寶寶了。晚上回家馬上把這個好消息報告父母，他們都為我們高興，即刻安排了台大醫院邱仕榮院長為玲玲檢查，證實的確是有喜了。邱院長是非常著名的婦產科醫師，他指點了玲玲許多妊娠時應注意的事項，玲玲完全照辦。一九六四年十二月二十日中午，我們的長子國維在台大醫院順利誕生，出生時重達九磅，是個大娃娃，玲玲相當辛苦，但復原得很快。

國維的誕生，母親是家中最高興的一位，因他是第一個男孫，生日又與母親同一天，後來她常叫國維「小同」。國維出生後將近一年，我們又有了第二個寶寶，美端。她是一九六五年十二月八日清晨出生，和哥哥不同的是她只有六磅多，但有著大眼睛和黑濃的頭髮，而哥哥到一歲還只有疏疏落落的幾根絨毛。

由於兩個小孩接連出生，玲玲和我都相當辛苦，所幸我們住在父母親家中，白天我們上班，母親可以指揮家中幫忙的人帶兩個娃娃，我們回家後就接手，我因而學會為嬰兒洗澡、換尿布、沖奶、餵奶等各項工作。我們夫妻倆相互支援，看誰需要休息，另外一人就會接手。

## 獲選十大傑出青年

一九六三年婚後不久，我參加中華民國青商總會初次辦理「十大傑出青年」選拔。這一屆當選的十位傑出青年，除了筆名「馮馮」的馮士雄和我同齡外，其他都較我年長且有更大成就，包括我的老師彭明敏教授。現在回頭看我當時寫的自傳，能膺選首屆十傑實在是僥倖。

一九六三年十二月十五日，評審委員會主任委員王雲五先生在中山堂把沉甸甸的「金手獎」

獎座頒給我，我感覺這項榮銜不單是一種榮譽，更是一項責任，壓在我肩頭上的「十大傑出青年」名義，將使我在為人處事方面更認真、更謹慎，不容許走錯一步。四十多年來我換了不少工作，也有不同的辦公室，這座「金手獎」永遠在我的辦公室裡目光能見之處陳列著，時時提醒我要努力奮鬥，不能做使我害羞的事，否則將無法面對這獎座。

在往後的三十八屆「十傑」選拔裡，我曾擔任三次評審委員，四次評審主任委員，我總是兢兢業業、小心謹慎地選拔每一屆「十傑」，我的口頭禪是「寧缺勿濫」。每次「十傑」當選人來看我，我總是不厭其煩向他（她）們講述當選後的沉重責任，希望當選人能真正擇善固執。

母親約五十多歲時，就有肺氣腫毛病，呼吸困難，時常需用氧氣，體重也慢慢下降。

父親也在一九六九年健康有了警訊，曾因高血壓和糖尿病住院。他出院後就設法請辭台大校長職務，同時國維已能照顧自己，就由他陪伴祖父，祖孫二人共用臥室長達十三年，這是父親最高興的事。

一九七〇年五月中央研究院王世杰院長辭職照准，蔣公在中研院評議會推薦的三位候選人中，圈定由父親接任，因此父親擔任台大校長十九年後，終於得卸仔肩。中研院院長的職務，當時由於研究所數目不多，所以比較清閒。

台大師生很捨不得父親的離去，送了一塊大匾額，寫著「化雨勤濡」四個字，並且聘請父親擔任前所未有的「名譽教授」。也因此，我們搬出福州街二十號校長宿舍，搬進了隔壁福州街二十六號。我和內人與兩個孩子陪著父親，在那裡住了十二年。

# 第七章 蔣公與我

我初次為蔣公傳譯是在士林官邸，客人是美國海外退伍軍人協會正副會長。為蔣公服務期間，我曾參與許多重要談話，蔣公對國家利益的執著、對問題分析的透徹，令我印象深刻。

一九六五年我在外交部擔任北美司科長，五月二十五日下午一時半突接獲通知要我去救國團總團部，蔣經國主任約見，我立即趕往。當時蔣公有兩位英文祕書，一位是新聞局沈劍虹局長，擔任一般傳譯工作，另一位是國防部聯絡局胡旭光局長，擔任軍事傳譯工作；由於胡局長將外調美國負責軍事採購事務，有意要我接替他的傳譯工作。我聽到經國主任的諭示，深感惶恐，這兩位為蔣公服務的前輩，都是一時之選，我只是後生小子，實在不敢承擔重任。經國主任勉勵我說，因為之前我曾為陳故副總統擔任英文祕書三年，蔣公已有印象，所以叫我去。（二十多年後，俞濟時將軍赴華府訪問，見到我時也說，當時他雖不在官邸擔任侍衛長工作，但是仍幫蔣公照料許多事務，他記得曾為軍方何人接胡局長傳譯工作請示，蔣公即指示去找那個替副總統翻譯、姓錢的年輕人。）

過了半個月，一九六五年六月十日上午十時蔣公在總統辦公室召見，對我求學和工作垂詢甚詳，在我一一稟報後，他慈祥地對我說：「以後要常常麻煩你了。」對於一個年齡與孫輩相若的基層公務員，國家元首的垂愛，使我永生難忘。

## 成為蔣公舌人

我為蔣公服務，與過去官邸的英文祕書不同，我始終在本機關擔任全天職務，支領待遇，到府內或官邸工作算是臨時差遣任務，但官邸逢年過節蔣公伉儷所發的犒賞，如服裝和皮鞋，我都能領到。到第二年（一九六六）九月，沈劍虹局長外放駐澳洲大使，他的那部分傳譯工作也交給我，我成為蔣公的正式「舌人」。事實上，早在半年前三月三日，總統府三局交際科李筱堯科長已傳蔣公口諭，今後接見操英語的外賓，我均應在座，擔任口譯或記錄。

我初次為蔣公傳譯是在士林官邸，客人是美國海外退伍軍人協會正副會長。過去雖然已有了近十年的翻譯經驗，但是真正為這位我自幼崇敬的歷史人物服務，心中不免忐忑。但是蔣公祥和的態度、平靜的語氣，使我逐漸克服了緊張不安。現在追憶那一天清晨，女兒美端正好在台大醫院出生，母親和內人都知道這天對我的重要，不許我去醫院。母親陪伴玲玲，到凌晨美端出生後，才打電話告訴我，我雖未去醫院，在家中仍不易安然入睡。

開始為蔣公服務不久，我就時常被安排去為非軍方人員擔任傳譯。我忖測，大概是測驗我能否承擔這項沉重而光榮的任務。就我而言，要做好傳譯工作，最重要的是要有充分準備，這包括深入瞭解訪賓背景，對可能觸及的課題做完整的研究。當時，我曾逐頁細讀美國的三種週刊：《時代》（*Time*）、《新聞周刊》（*Newsweek*）、《美國新聞與世界報導》（*US News and World Report*），因為這些刊物包羅萬象，各種課題、新的詞彙多有涉及，對自我充實很有助益。傳譯的前一晚必須有充分的睡眠，這在當時確有困難，因為新生嬰兒晚上要吃奶，而我每晚一定要起來溫熱已沖好的奶瓶，所幸那時年紀輕，起床後很快又可熟睡。

## 喜愛閱讀的蔣公

蔣公一開始就時常找機會指導我閱讀有價值的書籍，很多都是他親自讀過，有批注和圈點。我還記得的有梁啟超所著《論李鴻章》、《戊戌政變記》，帝俄時代內閣總理維特伯爵所記、由王光祈教授翻譯的《李鴻章遊俄紀事》。

我特別記得有一本影印書籍，田村維則所著《勝海舟傳》，是蔣公飭當時駐日大使館去東京大學圖書館將原書影印，寄回國內。勝海舟是日本幕府末年有名的武士，一八六〇年曾奉派率日本船艦答聘美國培里提督的「黑船」訪問日本。當時日本的艦艇無遠洋航行設備，在海中遇到大風浪，同行者均建議折返日本。只有勝海舟認定此行奉天皇諭令，必須不顧險阻完成使命。最後，他們一行狼狽抵達舊金山，勝海舟卻能忠實地完成使命。

這本書蔣公交給我閱讀，因全書不長，我先後讀了三遍，稍後蔣公曾垂詢閱讀心得，我的報告是：公職人員接到命令，必須盡一切努力完成任務，個人的榮辱得失不應考量。蔣公聽了非常嘉許。

一九六七年十月二十一日是週末，官邸通知下午四時半蔣公召見，我當即趕往。蔣公交給我一本甫由國防研究院印妥、由日本明治初年外相陸奧宗光所著、龔德柏翻譯的《蹇蹇錄》，要我細讀，指示外交部科長以上同仁均應詳細研讀。這本書是十九世紀末日本對我國侵略的種種計畫，在該年十一月十二日至二十三日舉行的中國國民黨第九屆第五次中全會，蔣公主持時曾多次引用書上資料，現在可見於〈十九世紀以來亞洲的形勢和我們復國建國的要道〉訓詞。這是我第一次奉准列席黨的中全會，每天恭聆蔣公訓示，參照平日對我的教誨，使我深感蔣公對於幹部要「身體力行」、「不斷革新」的期許。以後三十多年我服公職，時刻都奉蔣公訓示為圭臬。

蔣公是一位很會安排生活的長者，早年政府沒有真正的休假制度，但是蔣公每年二或三次會到角板山、日月潭、梨山、西子灣等地短暫休憩，不受每天公文或見客的限制，可以有充足的時間思考國家大政方針。蔣公離開台北時，官邸隨侍同仁均需同行，我由於本身有固定職務，在官邸是義務職，所以無需同往。不過在我開始為蔣公服務後不久，他時常要武官通知我趕往駐蹕地，奉示陪同進餐、乘車、散步或談話。

一九六七年十月二十八日，蔣公主持三軍四校畢業典禮後到西子灣，於七時半召見我，示以做人的道理以及如何修養的至理。八時用餐，由經國先生、孝勇兄和我陪侍，菜餚簡單，用餐時間甚短，飯後要我隨侍由西子灣散步到海濱，來回兩公里，垂詢的是當時駐韓梁序昭大使提報韓國外交人員訓練所（後改為外交安保研究院）有關資料。我即報告美國外交人員研究所、日本外交研習所、西班牙外交學院對外交人員訓練情形，如日本新進外交人員考取後先在研習所受訓，再送到國外第一流大學進修兩年，以後在附近的日本使領館工作三年，才正式進入外務省。蔣公當即指示外交部應在一年內成立訓練所，後來魏道明部長遵諭完成此項工作。

## 預見美軍敗於越戰

為蔣公服務期間，我曾參與許多重要談話，蔣公對國家利益的執著、對問題分析的透徹，令我印象深刻。

一九六六年元旦美國韓福瑞（Hubert H. Humphrey）副總統來訪，傳達詹森總統（Lyndon B. Johnson）擬升高越戰，派遣大批美軍投入。韓福瑞該次旅行訪問不少亞洲國家，美方以為在往訪國家中，我國應是對此一訊息最為歡迎的。韓福瑞向蔣公簡報完畢後，蔣公第一句話卻是：「我不贊成美國再派軍隊去越南。」我聽了有些訝異，將蔣公的答覆用中文重複一次，他聽了笑笑，揮著手說：「你照樣翻。」我翻完後，韓福瑞和在座其他美方人士均感意外，臉上充滿疑問。這時蔣公緩緩地說：「美軍去越南，敵人一看就知道，但是美軍看北越、越共和南越的士兵卻不能分辨，除非他們穿軍裝。打仗最怕敵我不分、敵暗我明。所以我說我不贊成美國再派軍隊去越南。越戰的處理應由美國提供武器，由亞洲人對共黨作戰。」語畢，在座的美方人士均點頭稱是。可惜後來美軍仍大量投入越南，三年多來師老兵疲、徒勞無功，國內反戰聲浪日盛，不得不進行巴黎和談，推出「越戰越南化」的政策。

一九六六年十二月八日魯斯克（Dean Rusk）國務卿訪華，當時中蘇共已有歧見。魯卿向蔣公表示不久前與蘇柯錫金總理（Aleksei Kosygin）會晤，柯氏表示禁止核子武器試驗條約有漏洞，該條約對於非締約國舉行核武試驗無法予以制裁，柯氏雖未明指何國，心中實指中共。蔣公指出中、蘇共間雖有矛盾，但其赤化世界立場一致。中共當時正進行文化大革命，此乃毛、林為清除異己的做法。果能成功，則必將注意力轉向台灣，其方式或為空襲或為空降。那時中共已進行四次核武試驗，有二十至三十個核子彈頭的導向飛彈，因此我國空防能力必須強化。

一九六八年八月二日，蔣公在中山樓接見美國防部軍援局長華倫（Gerald Warren）中將，提出中共已有能力自行拼裝米格二十一型戰機，不久將能掌握台灣海峽空中優勢，要求美方提供F-4C型戰鬥機一中隊，使我能持續保有制空權。華倫中將表示F-4C型戰機，性能極佳，惟價格高昂，一中隊需五千萬美元，其構造極為精密，不易維護，損耗率高，每年維修費用一中隊需五百萬美元。美當時生產只能勉強供應越戰需求，要提供我國並不容易。蔣公在嗣後數年，每次接見美國重要訪賓或馬康衛（Walter P. McConaughy）大使，均鍥而不捨提出此項需求，可惜美方無正面回應。

## 關切加、義外交意向

一九六九年一月二十五日，蔣公在官邸招待參加自由日活動的美國國會議員，談話結束後，馬康衛大使留下來報告美政府關切當時義大利及加拿大承認中共的決定，盼望我政府在此二政府宣布承認或擬與中共建交未付諸實現時，我駐在該國的大使館勿即行關閉。蔣公覆告，五年前法宣布承認中共，我駐法大使館未立即關閉，就是尊重美方的建議，但我在法繼續逗留，飽受侮辱，最後被迫撤退。當時我雖做若干犧牲，仍是有代價，因為第一、法國是大國；第二、我們也顧及美國與法國的關係；第三、我國與法國也有長久的邦誼；第四、我與甚多法語非洲國家有外交關係；第五、戴高樂（Charles de Gaulle）派了貝奇柯甫（Betchakopf）將軍專程來台北，向蔣公說明其不得已出此下策的原因。但目前加、義的情況完全不同，中共是利用美國政權交替之際，尤其尼克森（Richard M. Nixon）總統就職演說予人有趨向模糊之感，因此美方當今最重要應做的事，是發表一項對中共的嚴正聲明，勿使美國的友邦有任何誤會。

同年四月十日，蔣公在官邸接見美國務院遠東助卿葛林（Marshall Green），葛是奉尼克森之命來請教蔣公有關中共動向以及中蘇共的關係。蔣公說明，中共即將舉行「九全大會」，但其內部仍是分裂的，分裂的衝突愈厲害，對外的做法會愈強硬，毛某與反毛派間的鬥爭不可能停止，將持續發展。中蘇共間的邊境衝突不致擴大，因蘇聯深知不能陷入中國太深。有人認為中蘇共發生邊界衝突，中共將調動東南地區的部隊到中蘇邊界，此乃幻想。

## 蔣公與羅卿意見衝突

一九六九年八月二、三日，蔣公在日月潭涵碧樓行館與羅吉斯（William P. Rogers）國務卿有段頗長的談話。這次談話不太順利，羅卿在以後任期中未再訪華。蔣公在談話中一再告訴羅卿，切勿認為中蘇共的衝突會有助於解決越戰，此二方雖有衝突，但基本上都希望利用越戰消耗美國實力，所以兩方都不願美國自越南脫身，而用非正規戰方式阻撓美軍自越撤退。蔣公指出，美軍自越南撤軍不能太多太快，否則「欲速則不達」，因為美軍撤得太快，南越方面無法填補空隙，而當時越軍已號稱有百萬，如再增兵，則與其人口不成比例，且徵調兵員太多，越共亦可乘機滲入。羅卿一再堅稱中蘇共糾紛已根深柢固，無妥協的可能。而美國軍人已陷入越戰五年，人民已不耐，不可能慢慢撤。

蔣公表示早在杜勒斯（John Foster Dulles）擔任國務卿時已告知美國不宜介入亞洲戰事，亞洲問題的癥結在於中國大陸有一共產政權，解決此問題是我們的責任，美國只需提供武器後勤支援，所以一九五八年外島八二三砲戰後，美派有核子彈頭的屠牛士飛彈進駐台灣，可惜甘迺迪總統將屠牛士飛彈撤走。羅卿立即覆以客觀情勢改變，美無法重行採取杜勒斯的政策。美認為現在是以談判替代對抗的時代，美政府最近決定對中共在貿易及旅行方面做若干放鬆，以向世界顯示將朝此方向努力。

蔣公很坦率地表示，今天台灣的問題是生存和自衛，我們為求維持制空權向美方請求幽靈式戰機（Phantom Fighters）一中隊，美方未予置理，但已售予以色列及南韓；我雖有勝利女神及蒼鷹飛彈，卻僅供防空之用，且每組只配發六枚彈頭，何能有效防空？數年來多次要求增加彈頭，美方均無反應。

這次不愉快的會晤五個月後，安格紐（Spiro Agnew）副總統來訪。一九七〇年一月三日上午在官邸談話，安格紐表示，尼克森深知我國對美放寬中共限制措施甚為不安，此為美全球戰略的一部分，是與中蘇共衝突有關，且今後將不會有進一步的舉動。蔣公則表示，美的舉措對我民心士氣有影響。

蔣公進一步指出，由敵後情報獲悉一九六八年四、五月間，美曾在華沙及香港二地向中共提出四項示好建議：一、使中共入聯合國；二、助中共取得安理會常任理事國席位；三、迫我撤出外島；四、將台灣問題暫時作為懸案。此項內容在美國前任駐聯合國大使高德柏（Arthur Goldberg）於離任後撰文曾提及。安格紐稱，國務院中的確有人主張要使中共進入聯合國，但尼克森絕不同意，並將履行對我國的一切承諾。嗣後安格紐在與蔣公單獨談話時說明，尼克森不信任職業外交官，因為他們常將高度機密的文件提供尼氏政敵，他向蔣公建議，今後有真正機密的事可通知他或白宮安全助理季辛吉（Henry A. Kissinger）。

一九七〇年八月二十六日安格紐再度來訪，與蔣公在日月潭曾有三度談話，此次來訪主要目的是說明美對華軍援將有削減。蔣公表示，此舉應是對中共一項暗示，安格紐強調純為預算原因，因美國防預算需削減一百二十億美元。蔣公表示一九六九年度美對華軍援僅二千五百萬美元，究竟還能如何刪？安格紐稱，將來若干修護工作可能在台灣進行。蔣公又提到幽靈式戰機及潛艇問題，美國眾議院已通過售我幽靈式戰機，但參院由於傅爾布萊特（J. William Fulbright）及馬賽伊斯（Charles McCurdy "Mac" Mathias, Jr.）等的反對未能通過。最好美能以一中隊部署於台灣；至於潛艇，盼美能以三艘租借予我。

## 甲種特考解決銓敘問題

我進入外交部後，工作十分沉重，每天平均工作時間總在十二小時，週末假日很少休息。長官都對我愛護有加，幾乎每次有機會都要擢升我。一九六二年三月我以專員名義進部，不到兩年就升科長，一九六七年三月又升為薦任副司長兼科長，這時我的敘階只有薦任八級。

最早要解決這項問題的長官是陳副總統，他兼行政院長時的副院長是王雲五先生，王副院長由考試院副院長轉任行政院。副總統問他有什麼方法解決我的問題，王副院長指出一九四八年七月二十一日公布施行的《考試法》第七條第一項規定：「特種考試高於高等考試者，其考試法另定之。」換言之，只要考試院制定高於高等考試的特種考試法，銓敘問題可以解決。

以後蔣公、沈昌煥部長也曾多次問我有什麼方法可解決銓敘問題，我都以王雲五副院長的意見報告。到一九六七年下半年，魏道明部長指示外交部人事處致函考選部表示，因用人需求，請求舉辦高於高等考試之甲等特種考試，擬取二名額。因特種考試是即考即用，考試院要配合用人機關的需求辦理，而每年的高普考是資格考試，及格後只是取得任用資格，並不能要求任官。

我得到這項消息後，立刻取出在美國所撰的博士論文，草擬「撰寫說明書」和「全文提要」，並將全文節譯為中文，這些工作都是我在每天整日工作之餘犧牲睡眠時間所做。事實上，國家舉辦考試是莊嚴的大事，為了考試需要，個人也該盡量配合。

一九六七年十一月十二日至二十三日舉行執政黨第九屆五中全會，我奉指定列席，每天清晨到陽明山中山樓。早上讀訓後，蔣公必有相當長時間的講話，其中多次很明白要求各級首長應該舉薦人才，他嘆惜考核訓練都是虛應故事，首長見他時，從不提起部下中有何可用之才，因此要求各級領導者「舉才第一」，必須將有智慧、學識、魄力的人才予以舉薦。

一九六八年四月，考試院公布「民國五十七年特種考試公務人員甲等考試規則」，共分二十二種不同科目，總計錄取九十名，其中外交領事人員有兩名。我在四月二十五日將一切資料準備齊全，去考選部報名。

這項考試分二部分，著作發明審查占百分之六十，口試占百分之四十，口試包括應考人著作發明內容相關問題、專業學識及實際經驗、外國語言能力及應考人的才識氣度言辭及儀態。我在報名時已將著作、中譯文、「撰寫說明書」和「全文提要」各三份備齊送審，報名後就靜候審查結果。

三個月後，考選部在七月二十五日正式通知著作審查已通過，另有同仁好意告知在此次著作發明審查中，我得八十七分，是全部考生中分數最高的。不到兩週，八月七日上午我接到通知，去當時的台北工專參加口試。主試官是葉公超政務委員和魏道明部長，口試委員是沈覲鼎大使和胡慶育大使，監察委員主持監試的是張維貞委員。整個口試歷時一個多小時就結束了，比起八年前在耶魯的學位口試彷彿來得輕鬆些。

## 甲等特考的有效功能

八月二十五日放榜，我倖獲最優等第一名，取得簡任任用資格，外交部核定我擔任簡任九級副司長。多年以後，有人批評這項考試，認為不公平，製造特權，我也常被問及。不錯，如果沒有當年我進外交部受到不必要的委屈，各級長官均不以為然，是不會促成舉辦這項考試。但是，舉辦甲種特考的法源是《考試法》第七條，是於法有據的，可以檢討的是應考資格和考試的方法與技術。

以美國為例，一九五四年以前，美國外交人員必須參加外交官考試，及格後由初階起用，那一年杜勒斯國務卿認為，許多優秀人才或者不願擔任初階人員或者不願參加考試，應有變通的辦法吸收這類優秀人才。他找了美國萬國商業機器公司（IBM）總裁雷斯頓（Henry Wriston）組成專案檢討委員會，提出「雷斯頓報告」，完全同意杜卿的看法，認為任用應具彈性，毋需由初階開始，可以在中階以上「平行進入」。甲等特考，實際上是打破「齊頭平等」的一項好做法。

我剛通過甲等特考不久，就得到人事行政局通知，蔣公指定我參加國防研究院第十期受訓。那年外交部原來已有王之珍大使、江錫麐大使、田寶岱司長、胡世勳司長四位獲選受訓，再加上我，在六十位受訓學員中占了十二分之一，在文職人員占了六分之一。不過，江大使上山後因不適應高山潮濕，申請退訓，由台北地院焦沛樹院長遞補。

## 國防研究院受訓

從我得到通知到開訓，只有不到兩週的準備時間，對研究院也沒有太多認識。

國防研究院設置的目的為「適應復國建國的需要，甄選文武優秀幹部，研究有關國家政略戰略以及國家建設，培養總體戰人材，俾能勝任政府各部門重要業務，從事國家政策的研究與執行」。選訓的對象稱研究員，現任主要實職或將賦予重要職務者，文官簡任職次長、司長、廳處局長、大使、公使、祕書長；武官需將級，各占半數。依照我當時副司長的工作是不符合選訓條件，院方告訴我是蔣公親自手諭調訓的。

受訓期間達四十二週半，從一九六八年十月二十五日開始到次年八月十八日結束，其中有二週是分組前往東北亞及東南亞參訪。第十期的同學來自各方，平均年齡不到五十二歲，都是各方俊彥。

開學日，我們帶了行李衣物去陽明山院部報到，先領資料、服裝、用品，然後分配到梨州樓宿舍二樓三十七室，安頓好床鋪書桌書架。有的同學是一家老小都來送。午飯後，張其昀主任在圓型教室主持座談會，介紹院內講座及職員，以後同學互選陸軍訓練作戰發展司令部中將副司令黃毓峻學長為隊長，外交部歐洲司胡世勳司長、澎湖防衛司令部副司令耿繼文中將為副隊長。

在院受訓除聽課外，要不停找資料，不停寫報告。到院之初，要寫自傳和自我介紹，以後每次課程要寫發言要點，討論時分配擔任引言，要寫幾千字的引言報告，分組討論和綜合討論結束時要寫討論報告。同時院方規定同學要以「中國與世界」為主旨，以地區國家為對象撰寫畢業論文，以一萬字為基礎，另需附五百字的提要。

同學間很快就形成幾個不同的交遊組合，也產生了「地下講座」，尤其是晚間泡溫泉浴時，常有學長開講各種不同的題目，由政壇祕辛到黃色笑話，都受到同學歡迎。課外活動有太極拳、籃球、排球、網球、羽毛球、乒乓球和高爾夫球，我自己選的是太極拳，但喜愛各種不同球類的學長們都拉著我去和他們一同練習，所以我雖然隨鄺允征老師認真學了幾週，到今天仍不會以太極拳健身；倒是原先我頗為抗拒的高爾夫球，在受訓期間得到田志飛教練指導，在以後的歲月中始終熱中這項運動。

院中功課和生活雖然十分有意義和興趣，但我卻是一個時常缺席的學生，每週我總要離院三至五次，因為當時蔣公的健康好，常接見外賓，我時常在上課時被叫到總統府、士林官邸或中山樓負責傳譯工作，我缺課紀錄因此在同學中是最高的。

## 老童生山中苦讀

研究院最後一項課程是赴國外參訪，分為東北亞及東南亞二區，前者訪問日、韓、琉三地，後者訪問泰、星、菲三國。當時我國與相關國家都有邦交，因此交通工具是國防部派專機支援。訪問時間是七月九日至二十六日，共十七天。我被指定參加南組，還領了四百三十二美元的訪問費用，但臨時得到通知這段期間蔣公仍有訪賓，因此我將領得的費用繳還。兩組學長啟程和返國時我都去機場送迎，學長們很可憐我不能同行，帶了不少紀念品補償我。

這段時間，我的直屬長官外交部北美司湯武司長在一九六九年六月三日奉派出使厄瓜多爾，上級長官考量究竟由一位次長兼任本司司長，還是由我以副司長代理司長。直到七月七日我接到代理司長的命令，部內長官也告訴我在出國訪問課程結束後，剩下的課程也盡量請假，好讓湯大使能及早赴任，司務不致青黃不接。所以，最後數週的課程，我就無法全程參與。我揣度受訓成績一定很差，不料院方友人告知我居然名列第六，評語極佳。我們這班榜首是宋達學長，他的勤學、為人、修養都是同學所稱道的。

結束十個月的研究員生活，同學都依依不捨，相約不時聚會。喜歡高爾夫的同學立刻組成了一個「十全」隊，每個月固定打球一次，多是在南機場，日後高球場改為青年公園，就沒有聚敘場地。有些同學還能經常餐敘，經過三十多年，有一次我發起聚餐，能到的只有十餘位。

結業時，詩翁王之珍學長曾寫了一首〈山中記歷〉，原文抄錄如下：

萍水相逢，相見恨晚。十月修行，功德圓滿。初到嫌長，臨去苦短。情景依稀，雲煙過眼。逝者如斯，前事歷歷。俯仰之間，已成陳跡。山中生活，別有天地。鴻爪雪泥，長留回憶。

的確，研究院十個月老童生苦讀生活的經歷，時常在我的回憶中出現。

# 第八章
# 接任北美司司長

這些年外交部頭痛的案件很多，如中美關係的逐漸變化、聯合國會籍的保衛，遇到夜間或週末假日發生問題，長官常召我去襄助，因為我與其他機關來往較多，接洽公務比較方便。

我在一九六九年七月七日奉命代理北美司司長，但本職是副司長，因此我仍在外面的大辦公室工作，司長室空著，只有接見外賓時使用。很多同仁認為我應該搬進去，有的還好心替我把辦公用品和公文搬到裡間，我自己又搬回原放的座位，我的邏輯是「代理」只是暫時照料這項工作，不一定能勝任愉快，若長官認為我能力不足，另派司長，我要再搬回到大辦公室，那將是非常尷尬的事，所以一動不如一靜。

長官對我考驗了十個月，到一九七〇年五月二十九日我接到司長派令，也搬動了辦公室。我在外交部北美司服務到一九七二年五月，代理和擔任司長將近三年，在我人生中是很重要的里程碑，因為在我任期內中加斷交，中美關係也不斷惡化，三年中雖然不斷努力，想盡各種辦法，卻不能挽回國際姑息的狂瀾。

## 北美司精兵

北美司的同仁不多，但都是精兵，他（她）們夜以繼日地工作，少有週末假日，然而都無怨無悔。我在那段時間充分明瞭到什麼是領導，簡單地說，自己辦不到的事，不能要求同仁去做；你要同仁加班，自己先要加班且時間要更長；工作要合理性，不要為了滿足自己。我做小職員時曾看到一位長官，如果今天你的英文稿用主動式寫，他一定改為被動式，而明天你用被動式寫，他又改回主動式。這裡面沒別的意義，不過是他有權而已。其實，同仁們用心寫的稿，除非有事實或文法錯誤，只要收件的對方能明白看懂，不致產生誤會，做長官的不應該因為有權就任意去改，表示自己偉大。這種長官被同仁看穿以後，就很難再去領導同仁了。

我負責司務三年，司內同仁維持在十到十一位。副司長先後是雷愛玲和王肇元，科長則有劉伯倫、張慶衍、王飛，專員有劉自宜、戴瑞明、周旋華、烏元彥，薦任科員有洪鳳藻、楊榮藻、蔡顯榮、蕭曦清、譚國衡、蔡桂軍、陳紫薇、陳榮隆、陳國璜、鄧申生，書記官是董莞華、金毓駿，尚有一位參事回部，辦事余先榮在司內約一年後，派往駐韓大使館任公使，他是單身赴任，住在旅舍中遇大火不幸喪生。司內每位同仁認真負責，勇於任事，由於他（她）們的全力奉獻，使我在外務羈身之際，司務並未鬆懈。

談到外務，確實是百事叢集。除了為蔣公翻譯，這段期間遇有重大涉外問題，常是蔣公邀集嚴兼院長、蔣經國副院長、總統府張群祕書長、國安會黃少谷祕書長、本部魏道明部長（最後一年是周書楷部長）會商，召我列席並將會商結論整理好，由主管機關執行；如果任何一位不克出席，我也要負責在會後去報告會商經過。有時蔣公僅召外交部長會談，也要我列席，會後我要逐一向其他諸位長官報告。此外，本部的三位次長，我也要一一去報告。

此時國內正值民智大開，但資訊不足，每逢重大國際事件發生，政府、本部乃至執政黨經常派我去各大專院校、社會團體、軍事機構報告。有時每週可能五、六次，還要到中南部，來回一次就是一天。

這些年外交部頭痛的案件很多，如中美關係的逐漸變化、中加斷交、聯合國會籍的保衛、釣魚台列嶼問題，以及許多國家紛紛與中共建交。除了前兩項是本司的業務，其他都是部內不同單位的業務，遇到夜間或週末假日發生問題，長官常召我去襄助，一方面我下筆較快，一方面也因為我與其他機關來往較多，接洽公務比較方便。

## 中加關係暗潮洶湧

一九六七年，政府調常駐聯合國副常任代表薛毓麒出使加拿大，積極展開對加國關係，若干加國重要官員亦曾來華訪問。不過次年執政的保守黨宣布訂於一九六九年初舉行大選，反對的自由黨由左翼的杜魯道（Pierre Trudeau）領導投入選舉，他在一九六八年三月宣布競選黨魁，以與中共建交作為政綱，但表示縱使中共堅持，加國也不與我國斷交。杜氏尚未從政前，在中共政權成立之初，和一位好友同遊大陸，返國後以法文寫了一本《兩個天真的加拿大人在中國》，在加拿大甚為暢銷，反共人士都認為是在為中共宣傳。

一九六八年五月，美國韓福瑞副總統主張與中共搭橋，紐約州洛克斐勒（Nelson A. Rockefeller）州長主張與中共「密切接觸」的言論，都在加國媒體被大幅刊載。我政府對此極為警惕，要駐美周書楷大使洽促魯斯克國務卿，請美當局對大陸問題慎言，並婉告加方勿與中共急促進行談判，因為當時大陸與蘇聯關係正開始交惡，而大陸內部文革亦方興未艾。魯卿的答覆是很樂觀，他曾和加國夏普（W. Mitchell Sharp）外長晤談，後者向他保證在做任何政策變更前必先與美諮商。

當年六月加國新民主黨領袖曾告薛大使，蘇聯駐加大使館參事也告知鄭健生公使，如果美國反對加與中共建交，杜魯道必不會貿然行事。六月十七日馬康衛大使派丁大衛（David Dean）參事來司見我，告知國務院亞太事務助理國務卿彭岱（William Bundy）與加駐美大使雷契（A. E. Ritchie）談話內容。彭氏表示，加拿大此舉無論從法理、道德或遠東情勢的角度看，都將造成對自由世界的傷害，加希望與中共建交後仍能與我維持關係，當年法國亦有同樣企盼，但中共方面以種種伎倆使法無法如願。彭岱向加駐美大使嚴正指出，加於此時與中共建交，時機上極為不宜，因越戰之巴黎和談正在進行，此時加國給予中共外交承認，無疑是鼓勵中共及北越的侵略。

一九六八年六月二十六日加國舉行國會選舉，杜魯道領導的自由黨大獲全勝，我們判斷他一定會很快進行選前的主張，因此司內同仁將斷交撤館的文件充分準備，請鄭健生公使專程回台北二天，向他詳細說明一應細節，由他轉告薛大使。

此後半年，加國新政府表面上沒有任何舉動，各有關首長亦未就與中共建交問題發言，但根據實際參與加國與中共建交談判的資深外交官艾德蒙斯（Edmonds）回憶，他在當年擔任駐瑞典大使館參事，已獲得加外部的指示，先與中共駐瑞典大使館官員建立溝通管道，十月間以觀賞加國攝製關於白求恩（Bethune）醫師的紀錄片為由，邀請兩位中共使館官員至其寓所餐敘，為日後接觸埋下伏筆。

## 長達二十個月的談判

一九六九年一月二十三日，加外長夏普在國會宣布將就雙方承認問題，開始與中共接觸。兩天後馬康衛大使請見蔣公，因此時義大利和加拿大一樣，都想與中共商談建交，馬氏建議這兩國倘僅與中共商談建交，未涉及我國，企盼我政府切勿輕言斷交撤館。蔣公在談話結束前表示，加國地位重要與義大利不同，在加與中共建交工作正式完成之前，我暫不做決裂的決定；但他也提醒美方，五年前法國與中共建交，在中共外交人員抵達前，我未做任何斷交表示，然而法方在中共脅迫下，限令我駐法外交人員限期離境，使我備受羞辱。一月三十一日薛毓麒大使會晤加國夏普外長，獲悉加國將在全球各地與中共均設有使館之地點，設法展開建交談判，加國與我國的關係將不構成與中共建交的障礙。本部根據夏普外長所述，擬妥了抗議的照會，由薛大使提出。

根據艾德蒙斯的回憶，加駐瑞典大使館是在一九六九年二月四日接到加外部訓令，要與中共駐瑞典大使館展開接觸，並且決定在二月二十一日起舉行建交談判，這項談判共舉行了二十一次，前後約二十個月。

事實上二月二十一日的接觸，只是探討今後要在何時何地舉行談判，中共方面明確表示五月下旬在瑞典首都進行。此時中共正進行文化大革命，所有駐外使節返回北京，延後三個月進行，主要是等其駐瑞典大使王棟能返回任所。

在此同時，美國也有新政府，尼克森總統於一月二十日就職，羅吉斯國務卿在二月六日曾約見加國雷契大使，對夏普外長一月二十三日的國會講話有所反應，希望加國能維持與我國的邦交，並在聯大支持「重要問題案」。他也指出尼克森重視此事，擔心一旦加與中共建交可能發生連鎖反應。但是，羅卿與彭岱不同，沒有正面勸阻加國勿進行建交談判。

夏普外長對羅卿的建議完全不予理會，二月十四日他正式宣布無法同時承認兩個中國，如果加國和中共建交而不能保持與中華民國的邦交，也在所不計。加國這項重大的轉變，據說是因為杜魯道總理在一月初，受邀與周恩來總理共同友人林達光教授去了一趟大陸的結果。

## 中加斷交原因

這裡應該討論一下，加國何以堅持要和中共建交，不計任何後果。大致上，有兩項主要的因素：一是自由黨政府，甚至若干人民和媒體，認為中共在大陸已存在了二十一年，且將繼續存在，因此對於「事實上的統治者」應予承認，不能繼續忽視大陸上的七億五千萬人口，所以要與中共談判建交；一是加國民眾在心理上對於依附美國、遵循美國政策有排斥心理，每一個加國人民均認為應維持加國的「國格」，自由黨執政後迎合此一心理，藉以中共談判建交，顯示加國有獨立的外交政策。

至於杜魯道政府執政後立即積極推動這項政策，還有三個原因：一、加國魁北克省七百萬人口中絕大多數是法裔，他們重視法國文化及政治走向，杜氏及其重要幹部都出自魁省，法國於一九六四年與中共建交，對他們影響相當大。二、加拿大西部阿爾伯大、沙士卡川、曼尼托巴三省，盛產小麥，有草原三省之稱，年產量達十二億斛，本國消費量六分之一，其他必須外銷，中共為加麥最佳市場。三、杜氏本人在加政壇多采多姿，具強烈親共色彩，曾為美國聯邦調查局列入黑名單，禁止進入美國；杜氏在競選時提出的外交主張只有兩項，就是退出北大西洋公約組織和與中共建交。

根據加外交部歷次向我駐加大使館的簡報，加國與中共在瑞典首都曾舉行過十三次正式的建交談判。談判初期，加國採取「兩個中國」政策，但是中共堅持加國必須立即與我國斷交、承認中共對台灣主權的主張，以及支持中共進入聯合國三點。加國基於本身有所謂「魁北克問題」，一向反對一國對另一國的領土問題表達意見，不能接受中共第二點的堅持。我政府也不斷向加政府及友邦表示，此點加國無理由接受。

加國與中共長達二十個月的談判，一九七〇年三月至八月間曾停頓五個月，外界有種種揣測。七月初，外交部魏道明部長曾赴澳洲出席亞太理事會年會，返國後告訴我，澳洲政府認為這項談判已經完成，只是中共在等待最有利的時機公布。事實上，這段停頓時間是雙方在調整談判立場，八月一日恢復談判，雙方立場逐漸接近，再互作讓步，於十月十日達成協議。加外長於同日深夜告知薛大使，此時台北已是十一日中午正逢週日，司內同仁和我整天都在辦公室內等候消息。大約傍晚時刻收到大使館的急電，知道加方與中共預定在十月十三日正式公布建交，我們將這項訊息擬成新聞稿，當晚發表。

## 中共首次提及「台灣問題」

一九七〇年十月十二日各報刊登了中加關係即將生變的消息後，全天不斷有立委和記者來司內探詢詳情，我一次又一次把可以告知他們的，特別是上面提到加國為何要和中共建交之遠近因素，向他們說明。接近中午，蔣公指示告知駐加同仁及早撤離，我當即電告薛大使並請他體念時艱，督同全體駐加同仁全力做好撤館工作，特別要妥為安排照料各地僑胞。

十二日中午薛大使在加京和夏普外長餐敘，當面遞交了斷交照會。照會中提到：「加拿大政府之承認北平政權，不僅損及中加間悠久關係，並侵犯中華民國之基本權利。處此情形下，中華民國政府唯有認為其與加拿大政府之外交關係自加拿大正式承認北平政權之時起終止。中華民國政府並嚴正聲明，凡由加拿大此項決定所引起之任何後果均應由加拿大政府負責。最後，中華民國大使館奉命說明，雖然有此不幸發展，中國人民仍將繼續保持其對加拿大人民之友情，並奉命表示，希望加拿大政府對仍需繼續留於加國境內之中國國民給予合法保障及公平待遇。」

十月十三日全天我們在司內等待加方與中共建交公報的正式公布，但是一直等到晚間十一時仍無消息，沒有看到公報，外交部無法發布斷交聲明。這期間曾多次與渥太華的大使館聯絡，均不得要領，將近午夜，國防部情報局收聽中共方面的廣播，才正式宣布了建交。公報中指出「中國政府重申台灣為中華人民共和國政府領土之不可分割的一部分」，而加國政府對中共的立場「承認」，這是中共首次與外國建交時提到「台灣問題」。我們在午夜後，即發表了斷交聲明。

中加斷交後，立法院外交委員會於十月十九日下午邀沈劍虹代部長前往報告並答詢，新聞界於二十一日下午邀我前往「婦女之家」報告並答詢。在兩個場合中，我感受到民意機關和輿論界充分瞭解這案件中，我們已竭盡所能做妥適處理，所以對外交部是勉勵多於指責、建議多於批評。

我國與加拿大斷交後，有二十一年的時間雙方未互設單位，直到一九九一年我擔任外交部長時，才開始互設代表處。

# 第九章
# 釣魚台事件

美國政府於一九七二年五月十五日將琉球歸還日本，
歸還者僅為行政權而非主權，
有關主權的爭議，應由當事國自行處理，美國不擬介入。

釣魚台列嶼（日人稱尖閣群島）位於台灣東北約一百二十浬，琉球本島西南約二百三十浬。釣魚台原是無人島，過去無人注意，二十世紀六〇年代後期，因傳聞附近海域蘊藏石油，突然成為眾人注視的焦點。

一九六九年十一月，美國總統尼克森與日本總理佐藤榮作會晤，決定將美軍管理的琉球群島歸還日本。日本政府於一九七〇年七月表示，釣魚台列嶼為日本南西群島的一部分，並謂一八九六年明治天皇有第十三號敕令，將釣魚台畫入沖繩縣，故從該年至一九四五年，五十年間釣魚台都是日本的一部分，將來琉球歸還日本，釣魚台也要隨同歸還。日方指出，有日本國民古賀辰四郎曾於一八九七年向日本政府申請租借釣魚台列嶼，經獲同意後在該地設伐木工廠及鰹魚工廠，此後其子古賀善次繼續經營。一九四五年美軍接管琉球後，每年均付給古賀家族兩萬美元為租金。

美國方面則公開表示，視釣魚台列嶼為琉球的一部分，美將琉球交還日本時，釣魚台亦將一併交還。至於中日兩國對該地發生主權的爭執，美國不介入，應由爭端國自行解決。美方的主要理由是二次大戰美軍攻下琉球後，駐琉美陸軍第九軍所下的第三號行政命令，將北緯二十九度以南、東經一二三度以東，過去屬於沖繩縣範圍，由美國行使軍事占領，包括釣魚台列嶼。

## 全力維護釣魚台主權

我國政府的立場是，東中國海的大陸礁層，包括釣魚台列嶼附近海底的大陸礁層，與我國海岸相鄰接，都是我國陸地領土的自然延伸，以琉球海溝為其自然界線。在我國海岸鄰近大陸礁層界線之內突出海面的礁嶼，依現行國際法原則及大陸礁層公約，不能作為主張開發權的基點。我政府對於該海域大陸礁層的開發，具有完全的權利。

除地理上的理由，我政府自明代開始接受琉球朝貢，冊封歷代琉球君主，每次派出冊封使臣都有詳細紀錄，明、清實錄均予列入。根據這些使臣記載，由福州出海，向東航行，先經過澎湖，再經過基隆、彭佳嶼、釣魚台、黃尾嶼、赤尾嶼，最後達姑米山才是琉球疆界，換言之，赤尾嶼以東才是琉球的一部分，釣魚台不是琉球的一部分。再加以約一百年來，釣魚台是基隆與宜蘭漁民作業的範圍，釣魚台附近漁量不豐，但遇有天候不佳，漁民都去那裡避風，平時也作為修船、曬網或補網之場所。

行政院曾在一九六九年七月十七日的院會中，發表「我對沿海大陸礁層資源之探勘及開發，得行使主權上權利」聲明。同年十一月六日，行政院會議也通過《大陸礁層公約》，函請立法院審議。立法院在一九七〇年八月二十一日通過批准，並在二十五日通過《海域石油礦探採條例》。

一九七〇年九月二日，我國記者搭乘海洋探測船「海憲號」登陸釣魚台，豎立我國旗並在岩石上刻字。同月十五日美在琉球的民政府（Civil Government），令琉球警察乘船取下我國旗，攜返石垣市，視為「拾得物」加以保管。我即約見美使館政治參事唐偉廉（William Thomas）表示關切，要求美方約束琉球政府不得再有類似行動。唐參事於第二年（一九七一）四月二十七日，將該面國旗送還我方。

中國石油公司也基於政府政策指示，將經濟部核定的海域大陸礁層所畫分的五個探勘區，分別與外國公司簽訂海域探採合約，釣魚台屬第二區。中油公司於一九七〇年七月二十八日，與中國海灣石油公司簽訂探採合約。日本方面經由外交途徑向我表示關切，同時我政府亦認定釣魚台問題之交涉對象為美國，而非日本，因此對日方之關切表明我國不能同意，聲明我政府在該海域有探勘開採之權。

一九七〇年九月十五日上午，沈劍虹次長召美國大使館安士德（Oscar Armstrong）代辦來部，詳細說明我國在歷史、地理、條約上均有權對釣魚台做主權主張的理由，並將「口頭聲明」

遞交，要求美國政府不能將該列嶼交予日本。九月二十五日行政院嚴家淦院長，藉立法院總質詢的機會，將我國全力維護在釣魚台列嶼的正當權益做明確說明。

十月二十八日，美國國務院遠東司中國科科長修斯密（Thomas Shoesmith）來華訪問，上午曾來北美司和我就雙方有關問題談了八十分鐘。我告訴他，我國對釣魚台擁有主權是極為明確的，我朝野各界對此一問題有很強烈的表示，希望美國政府重視，處理本案時切勿偏袒日本。我也指出該列嶼現由美軍管理，我因基於區域安全及重視中美邦交的考慮，過去對美軍管理未表示異議，但絕非默認，他日美國在該項管理結束時，應將該列嶼交還我國。

中共方面以往對釣魚台問題未表示意見，在一九七〇年十二月三日首次在北京電台廣播指稱，「尖閣群島」並非琉球群島的一部分，係屬中國大陸的中國領土。

## 進入校園溝通

過了三個星期，留學美國紐約、紐澤西、康乃狄克和威斯康辛的中國留學生在一九七〇年十二月二十三日組成了「保衛中國領土釣魚台行動委員會」，發起簽名運動，要求我政府採取具體行動保護我國對釣魚台列嶼的主權，也在普林斯頓銀行開設專戶接受捐款。此一青年學生自動自發的保釣愛國行動，不數日就風起雲湧，在海內外發展成澎湃的學生運動。

當時政府處於戒嚴狀態，對於學生運動尤其是示威遊行，是絕對不允許的。在海外無法禁止，只有請教育部國際文教處姚舜處長和中央第三組曾廣順副主任去美與留學生溝通，希望這項行動不要為中共利用。

國內部分最初對於示威遊行是絕對禁止，但不久發覺無法限制，於是主政者採取疏導方式，執政黨張寶樹祕書長和青年救國團蔣經國主任要我盡可能到各學校就這個問題講演，和同學們討論。我統計一下，到一九七二年五月底，一共講了七十二次，雖然非常辛苦，但是能為國家化解了一項可能導致社會危亂的難題，我感到十分安慰。二、三十年後，我在全球許多地方都會遇到一些中年的國人向我致意並說：「錢先生，我當年在某大學讀書，聽過你講釣魚台，至今記憶猶新。」這是非常美好的感覺。

釣魚台事件發展中，外交部長換了人，魏道明部長應聘為總統府資政，周書楷大使於一九七一年四月十四日接任，四月二十二日帶我去台大參加學生保釣大會，部長簡單開場白後離開，我繼續向同學詳細報告，答覆許多問題。一九七一年十月出版的《大學雜誌》四十六期刊有當時就讀台大的王曉波先生所寫的〈釣魚台問題對話錄〉，是救國團宋時選執行長建議他在那年六月十四日下午二時，在外交部和我談了兩小時的紀錄。王先生在後記中有兩段話很重要：「想到國難當頭，和一百多年來中國人所受的壓迫和屈辱，而現在政府與青年之間的差距又是如此的大。……今天總算找到了政府中的負責人，將我對釣魚台事件的意見做了一次暢談。我寫下了這個談話紀錄，希望政府能消除對青年的疑慮，也希望青年朋友能消除對政府的誤解。現在，只有政府與青年人齊心合力才能挽救這個國家。」這兩段話給予我許多啟示，也說明溝通、化解誤會的重要。

美國政府於一九七二年五月十五日將琉球歸還日本，我政府曾數次洽請美方將釣魚台列嶼歸還我國，或仍維持為美軍使用靶場，但美方以為歸還日本者僅為行政權而非主權，美方在管理琉球時，釣魚台為其之一部分，故同時歸還，但並非表示美政府認定釣魚台或琉球的主權應屬日本，有關主權的爭議，應由當事國自行處理，美國不擬介入。

# 第十章 退出聯合國

我方眼見所有可以抵制阿案的方法均已用盡，乃依程序問題要求發言，周部長朗讀我國退出聯合國的聲明稿，全場空前靜默無聲。宣讀完畢後，即率領我代表團全體同仁莊嚴地步出大會會場。

二次世界大戰期間，協約國於一九四五年四至六月間，在舊金山舉行聯合國國際組織會議（United Nations Conference on International Organizations, U. N. C. I. O.），有五十一國參加，制訂聯合國憲章，成立聯合國以維持國際和平及安全，並促進國際合作以解決國際經濟社會文化等問題。憲章於同年十月二十四日生效，並於次年一月十日在倫敦舉行第一屆大會。

我國是聯合國創始會員國，中華民國在憲章第二十三條第一項明列為安全理事會常任理事國，自肇始就積極參加聯合國的各項活動。

可惜聯合國成立後，由於國際冷戰關係，常任理事國中的美國和蘇聯在議事上常有不同立場，在安理會中行使否決權，導致聯合國不能順利運作。而聯合國祕書處組織龐大，人員甚多，行政經費甚巨，需各會員國分擔。因此，一開始各會員國的國會和輿論就經常批評這個組織功能不彰。

一九四九年大陸淪陷，中共政權成立，其支持者就要將我國在聯合國的席位畀予中共。從一九五〇年第五屆聯合國大會起，每年都有這類提案。時值韓戰伊始，聯合國會員國中反共的多、親共的少，所以每年在大會的總務委員會中以不列入議程方式處理，一般稱為「緩議」案（Moratorium）。最初幾年，緩議案的支持票都在百分之六十五到八十；到了一九六〇年，會員國已增加到九十八個，緩議案的表決是四十二票贊成、三十四票反對、二十二票棄權。

## 形勢比人強

一九六一年第十六屆大會開始，支持我國的友邦改變了策略，不再使用緩議案，而是依憲章第十八條第二項的規定，提出一項「重要問題」案（Important Question Resolution），也就是說，任何有關代表權爭執的議案應視為重要問題，要以到會投票的會員國三分之二的多數決定之；不過重要問題案本身是一項程序問題，因此只是以簡單多數決定。

一九六一年的重要問題案順利通過，以後兩年並未使用，只是正面擊敗親中共的提案。一九六四年的聯合國大會，則根本沒有和代表權有關的議案提出。一九六五年和一九六六年又使用重要問題案，作為保護代表權的策略。到一九六七年和一九六八年策略仍同，但義大利、比利時、加拿大等五國提出了研究委員會案，此案主旨是中共在大陸有數億人口，被排斥在聯合國之外並非合宜，聯合國應設立一個研究委員會，來探討如何使其加入又不妨害中華民國的會籍。

這項提案，當時我政府是堅決反對的，因此兩年都只有三十幾國支持，只是全體會員國的四分之一；到一九六九年就未再提出。一九七〇年十一月二十日大會處理重要問題案時，是以六十六票對五十二票優勢通過；但在阿爾及利亞所提「排我納中共」案時贊成的五十一票，反對的四十九票，棄權的二十五票，倘若事先沒有重要問題案的保障，當年我們的代表權就要發生問題。無論如何，情勢已非常明顯，支持我們的國家在大會中已成少數。正如前所提，重要問題案本身是以簡單多數決定，支持我國的票數不到半數，第二年的重要問題案能否通過，將是嚴重考驗。

## 尋找可行的出路

一九七〇年，聯大表決對我不利的原因很多：

第一、當年九月八日至十日在桑比亞（Zambia）首都魯沙卡（Lusaka）舉行第三屆不結盟國家高峰會，有五十四國參加，會議宣言重申聯合國應早日實現會籍普遍化（Universality of U. N. membership），要使中共在該組織中有合法地位。會後，赤道幾內亞（Equatorial Guinea）和衣索比亞（Ethiopia）先後與中共建交。

第二、聯合國大會處理代表權問題前，加拿大和義大利先後於一九七〇年十月十三日、十一月六日宣布與中共建交，發生所謂連鎖效應。

第三、聯合國於一九七〇年十月十四日至二十四日期間舉行二十五週年慶，有八十六國的元首、副元首或重要首長在大會中發表政策演說，提到代表權問題者有四十七國，其中專提會籍普遍化者有十三國，包括與我有邦交的七國；而積極為中共捧場者有三十三國，包括與我有邦交的九國。

第四、重要問題案的提出通過固然對我有益，但也因為有了這層保障，支持我們的國家有恃無恐，沒有積極爭取游離票；當「排我納中共案」表決結果後，有十一國代表發言解釋其投票並非贊成排我，而是由於重要問題案已通過，我們的會籍不會發生問題，他們才會根據其他政治考量，投棄權票或贊成「排我納中共」案。

美國駐華大使馬康衛多年來，每逢聯大對代表權案表決結束後，都在中山北路官舍舉行小型酒會慶祝，這年並未辦理。一九七〇年十一月二十三日上午他來外交部，對於投票結果表示「失望、悲痛、煩惱、憤怒」，並和我們針對每一變更投票立場的國家，檢討其改變的原因。

外交部由魏部長召集了三位次長、劉鍇大使、陳質平大使、許紹昌大使、薛毓麒大使、鄭寶南大使及相關單位主管，於一九七〇年十二月二十二日舉行檢討會，研究來年除使用過去的策略外，還有何新策略可採用。我們必須有了可採用的新策略，才能洽請友邦支助。

在以後的兩個月間，外交部也訓令相關駐外使館探詢有無適當方案，經國際組織司於一九七一年二月底整理成許多方案，其中較具可行性的有以下數案：

一、「兩個中國」案，認定中國有兩個政治實體，各有主權及領土，聯合國視為兩個國家，而使其均為會員（美、日兩國均有此擬議）。二、分別代表個體方案，為比利時於一九七〇年草擬但未提出，由大會決定雙方分別代表其管轄領土，均為聯合國之會員國，但安理會由中共取代。三、分裂國家整批入會案，在提案中聲明聯合國依照會籍普遍化原則，廣納所有國家，一個國家即使分裂為兩個或數個，只要具有國家形式，就應獲准加入聯合國，這是日本外務省思考的案子。四、突尼西亞政府建議，請聯合國祕書長將中共入會案列入大會下屆常會臨時議程，負責探求如何解決此項問題，並向大會提出。五、荷蘭政府建議將我代表權案改由安理會討論，由安理會先通過我為新會員國代表台灣，再通過中共入會代表中國。

一九七一年二月初，外交部請最嫻熟聯合國業務的薛毓麒大使赴東京一行，與日本外務省重要幹部討論如何處理代表權案。二月十一日晨，薛大使約我在「小欣欣」早餐，談到訪日觀感。他將訪日觀感做透徹分析，表示日方對運用重要問題案仍擬維持，並未放棄，外務省國連局西崛局長態度相當積極，但地域單位亞洲局須之部量三局長的立場則甚為悲觀。外務省主持本案的審議官法眼晉作，則未明確表示其觀點。

## 美密使提「雙重代表案」

一九七一年三月中旬，魏部長曾對我密示有關代表權案，美方認為單以重要問題案，本年難以過關，必須配合「雙重代表案」（Dual Representation Resolution），我方不以為然，建議美政府派重要人士來華討論。魏部長告知他已辭職獲准，但不知何人將接替。稍後由周書楷大使繼任，他於四月十四日返國接事。在此前一週，我曾奉召赴日月潭，於七日上午十時半晉見蔣公。他對代表權問題明白指示勿需過度介意，萬一中共被接受加入聯合國，我宜停止出席，並聲明中共為聯合國宣布的侵略者，依「聯合國憲章」，我國的地位不容更動。回台北後，我曾將這項指示分別報告了魏部長和三位次長。

美國政府在四月下旬派退休資深大使墨菲（Robert Murphy）專程來華與我政府洽商代表權案，他是以尼克森總統私人代表身分來訪，蔣公於一九七一年四月二十三日下午四時在陽明山中山樓接見，談話一個半小時，在座只有周部長，馬康衛大使沒有參加。墨菲大使表示，此項談話內容只能讓最少數人知悉，因此他將不會利用美國駐華大使館的電報做書面報告，而是擬於回華府後，以書面報告面呈尼克森。

墨菲首先表示，由於國際情勢急速變化，如仍堅持使用過去保護我代表權的方案，兩年之內必遭全面失敗，美方在與蔣公諮商前尚無新方案，但一般看法為以「雙重代表」方式替代重要問題案，以雙重代表方式代表中國，而不明確規定何方為中國之唯一代表。此一方式將避免觸及安理會席位，俾使我國仍能維持原有的席位。

蔣公指出此實為法律問題，重要問題案應為阻止中共進入聯合國的主要工具，因中共業經聯合國裁定為聯合國的敵人，所以任何試圖使其入會之舉，自應視為一項重要問題。蔣公認為此一議案必須再予提出，如需另提新案，則該案必須確保我國在大會及安理會的席位。

墨菲大使透露根據美方最新估票，如僅提重要問題案，該案可能以四十八票對五十六票遭受擊敗。

蔣公會晤中亦坦誠表示，他認為華府對中共所做之示好姿態已達其最大極限，如再進一步示好，將引起災禍；他又聞尼克森總統建議女公子翠西亞（Tricia Nixon）及其夫婿赴中國大陸度蜜月，並謂尼氏本人亦有意訪大陸，實不勝詫異。美國如不中止對中共的讓步，則中共必將進入聯合國。

最後，蔣公告訴墨菲大使，美方可依其建議草擬新案，俟有結果再與我駐聯合國的劉鍇大使及駐美沈劍虹大使聯繫。

## 尼克森宣布訪問大陸

但是墨菲大使返美後一個月，美方無任何舉動。一九七一年五月二十六日周部長指示我擬一電報給沈劍虹大使，請他向美方催洽。我們研判美國的拖延有三個可能：一、尼克森總統過於忙碌，無暇研究此問題；二、美方在此一時間，一再向我方建議，在土耳其、伊朗與中共建交時切勿輕言撤退，美方似期待我能接受「兩個中國」的安排，因此對代表權的處理方案也要我方自行提出雙重代表案的建議；三、美方可能靜待中、蘇共關係的變化，以決定對中共做何種程度的讓步。

一九七一年七月一日，駐聯合國代表團副常任代表張純明大使返國述職，周部長邀了他及國際組織司翟因壽司長和我研商代表權問題。張大使表示對於雙重代表案，如不將安理會席位給予中共，通過的可能性不大。周部長則認為美方始終不採取行動，其態度至為可慮。我提供了三點看法：一、我國不宜輕言自行退出；二、我不宜接受美、日提出較雙重代表案對我國更不利的提案；三、美、日要求我方讓步的程度，一定較實際所需要為多，我們宜步步為營。

同一天在華府，美國主管國家安全事務總統助理季辛吉會晤沈劍虹大使說，美方對代表權的立場與我國相當接近，仍擬依照四月下旬墨菲大使來華所洽商的方式。

過了二天，馬康衛大使由美述職返回台北，在七月三日上午與周部長會晤。他說曾在六月三十日晉謁尼克森總統，所得訊息與季辛吉告知沈大使內容相同，但是馬大使表示，我方對於聯合國萬一通過將安理會席位畀予中共，應有所準備。美方盼我屆時要固守聯合國陣地，切勿輕言退出。周部長對這點未予置評，只是指出現在距大會開議已為時不多，吾人必須及早致力。

一九七一年七月中旬，尼克森在華府宣布將於一九七二年五月前訪問大陸，並謂季辛吉已於七月十一日訪問北平返美。此時周部長正在漢城參加亞太理事會，乃由代理部務的楊西崑次長約見馬康衛大使，提出嚴重抗議，指此為最不友好的行為。我亦對馬大使表示，此舉將使我維護代表權的努力遭受重大損害。

果然，一九七一年七月二十日沈大使見了羅吉斯國務卿，他對季辛吉去大陸事，完全未做說明，只是說我如擬保全安理會席位，本屆聯大必將失敗；倘我願放棄該席位，美方或可助我一臂之力。至此，我們明瞭過去三個月美方完全沒動作，主要是迫使我們將安理會席位讓給中共。墨菲四月的來訪和季辛吉七月一日與沈大使的談話，完全是敷衍我們；季氏和沈大使談話時，美方早已安排了密訪大陸。

## 我方態度趨於緩和

政府受到尼克森將訪大陸以及美將不支持我保留安理會席位兩項衝擊，經過多次會商，逐漸改變過去態度，採取較和緩的立場。我依照各位大員多次會商結論草擬了一份致沈大使電報，一九七一年七月二十五日由蔣公親自核定，主要內容是：一、政府已修正過去若干年使用重要問題案保護代表權的主張；二、同意美國與日本以「一半的重要問題案」，亦即任何排除一個創始會員國的提案是聯合國憲章的重要問題；三、美國應運用一切可以動用的力量擊敗阿爾巴尼亞的提案。

這項電報中另有以下三點供沈大使個人密參：一、如為使「一半的重要問題案」得以通過而必須配以雙重代表案時，務期不涉及安理會席位；二、如有其他國家提雙重代表案之修正意見，將安理會席位畀予中共，盼美、日兩國勿連署修正案；三、我方對任何形式的雙重代表案，必須發言並投票反對。蔣公在核定時將上句「並投票」三字刪除。

次日（一九七一年七月二十六日），羅吉斯國務卿約見沈大使及劉鍇大使，對於我方上述電報的內容有較正面的反應。羅氏問道，倘若聯大通過「複雜的雙重代表案」（Dual Representation Complex, D. R. C.）（即將安理會席位畀予中共），我方立場將如何？劉大使答覆：「我方將奮鬥不懈，只要環境許可。」（We shall fight on as long as the circumstances permit.）以後日方也有同樣的問題，我方以相同的答案回覆。

八月二日，羅吉斯國務卿正式宣布美方對我代表權的立場：一、將提「變化的重要問題案」（Important Question Variation, I. Q.V.，即排除我國為重要問題，關於中共入會則不在案中）；二、另提雙重代表案，使中共得以入會；三、至於安理會席位將由何方擔任，由大會多數意見決定。

## 美國人的真面目

一九七一年八月六日，外交部召集駐亞太地區的使節舉行半天會議，將代表權案詳細告知，並盼各使節返任後能全力推動。當日午後，蔣公及夫人在陽明山舉行茶會款待各使節，聽取大家對代表權的意見，勉勵大家努力奮鬥捍衛國家權益。在茶會即將結束時，蔣夫人突然發言，表示我們處理外交事務，立場不能過於軟弱，「國有國格，人有人格」，這八個字一講出來，我的心頭有如受到錘擊，以後問到其他與會同仁，也均感日後工作上似乎不易有彈性了。

關於「雙重代表案」，美方最初計畫不包含安理會問題，但是八月三十一日馬康衛大使請見周部長，報告美國務院曾徵詢九十三個可能支助的國家，過半數以上均認為應在提案中敘明安理會席位將畀予中共。馬大使辭出後，我曾向周部長報告，美方態度是有跡可循的。前不久義大利、土耳其、伊朗與中共建交時，美均力主我不能撤退，但最後仍被迫離開，現在聯大又是逐步要我國退讓，這實在是為美國未來與中共交往開路。

一九七一年九月十一日上午，蔣經國副院長召我去談代表權案，談話中他有三點指示：一、應探明美方是否有助我誠意；二、對於蘇俄動向要密切注意；三、我方的立場是，如美方提案通過，中共因我在聯合國而拒絕前來，我應堅守陣地；但倘阿爾巴尼亞提案有通過跡象時，應先主動退會。蔣副院長明確指示，我應盡量爭取留於聯合國內，因國際情勢多變，一年之內中蘇共關係可能有劇烈變化，吾人必須充分利用留在聯合國內的機會。

一九七一年九月十五日上午，周部長率我及黃傳禮、張炳南兩位祕書搭日航班機，由東京轉舊金山，再換環球班機飛華府，下榻修翰旅館（Shoreham Hotel）。

九月十六日上午十一時半，我們去國務院會晤羅吉斯國務卿，羅氏態度甚為惡劣。周部長提到美國常告訴我方：「本案勝負關鍵在於日本的態度。」有人認為這是美國推卸責任，羅卿立即惱羞成怒，談話盛氣凌人，幾乎失去外交禮儀應有的風度。

當日午後我們轉往紐約，我和翟因壽司長住進了喬治王子旅館（Prince George Hotel）。這家旅館現已被拆了，在我們住的時候已老舊不堪，房間裡老鼠蟑螂横行，我們會選擇住在那裡，是因為價格便宜。當時我們出差，每天日支二十四美元，其中十三元是旅館費，十一元是膳什費。這家旅館給我代表團特別優惠折扣，每日只要十一元二角。大家為了省錢，每晚回旅館都帶些麵包飲料，以備第二天早餐食用，食品必須放在房頂燈上吊著的一個小籃子裡面，防止老鼠和蟑螂先行享用。一個星期後，翟司長夫人在東三十九街一四九號十一樓B座找到了有兩間臥室的公寓，清潔又安靜，於是我們搬過去，直到十月底離開紐約。

一九七一年九月十七日上午舉行團務會議，我被指定為本團發言人，並且負責與主要友邦代表團聯繫。九月二十一日下午，第二十六屆大會開始集會，選舉印尼馬立克外長（Adam Malik）為大會主席。次日上午續選委員會主席及大會副主席，我國獲七十三票當選副主席。二十二日晚總務委員會集會，其成員為大會主席，十七位副主席及七位主要委員會主席，共二十五席。有關我代表權的提案有兩個：一是阿爾巴尼亞提案，以十七比二、四票棄權，通過列入議程；一是美國提案，以十一比九、四票棄權，亦通過列入議程。美國布希大使（George H. W. Bush）臨時動議，將上述兩案合併為一大項下之兩小項，即一、「恢復中華人民共和國在聯合國之合法權利」，二、「中國在聯合國之代表權」，表決結果九比十二、三票棄權，未獲通過。這次表決，英、法兩國均投反對票。以後在大會審議代表權案，每次投票均對我不利。

九月二十四日上午，大會審議總務委員會議程項目報告，阿案未有異議，美案則遭受阿爾巴尼亞反對，最後唱名表決，以六十五對四十七、十五票棄權，通過列入議程。

## 羅吉斯國務卿言不由衷

稍後兩週大會進行總辯論，我們代表團利用時間與各友邦聯繫固票，並不斷估票，最初尚稱樂觀，一九七一年十月二日初估「變化的重要問題案」投票情形是六十三比六十一、三票棄權，而新入會的四國因代表剛到，動向不明。這一年新入會的國家有三個中東國家：阿曼、卡達和阿拉伯聯合大公國，另有不丹。我政府代表團中，陳質平代表、田寶岱副代表、王世明顧問三位專責和這三個代表團聯絡。其中王世明顧問是駐科威特大使，信奉伊斯蘭教，熟諳阿拉伯語，短期內與三國建立極好的關係。

在總辯論過程中，十月四日美國羅吉斯國務卿發言指出：「美國認為不應將世界一大部分人口及重要強權久摒會外，處於孤立，故尼克森總統在兩年前即圖以改變美國對華政策，尋求改善與中共之關係以期正常化……至最近始有眉目，乃決定接受中共邀請在明年五月一日前訪問北平，並決定支持中共進入聯合國取得安理會之常任理事國席位，深盼中共入席之後，即負擔此席位之一切責任與權利義務。」

接著十月五日，墨西哥艾契伐利亞（Luis Echevarria）總統發言，此時墨仍與我國維持外交關係，他卻表示墨國自一九四五年以來，即主張本組織普遍化，盼本屆聯大可歡迎世界四分之一人口的中共入會，並取得其在本組織，尤其是安理會應有的地位。墨國認為，中國的主權及領土完整，在法理上不可分割。當天的上午十時，白宮宣布季辛吉將於十月中旬訪問中共，此時我們仍在大會會場，獲悉後立即趕返代表團，由我替周部長緊急約見羅吉斯國務卿。

下午五時，周部長率我去美國代表團見羅卿，指出十月中旬正是代表權案將開始審議之時，季辛吉選擇這個時間點去大陸訪問，必然會傷害我們的共同努力，不知美國政府為何要在此時做此一宣布？羅卿答覆他也認為這是重要的事，也想先向我們告知，但不知是什麼原因未於事先告知，他保證季氏此行對我國代表權案不會有任何影響。他因事忙無法多談，整個談話只有二十五分鐘。任何人聽到這段談話，一定會同意他是「言不由衷」，而他所保證的此行與代表權案不會有任何影響，事後證明完全相反。羅卿的說詞若不是確證他被排斥在美國決策核心之外，就是他蓄意做極不高明的欺騙。

這一連串的發展，我代表團十月八日上午估票發生逆轉，贊成「變化的重要問題案」的變成六十票，反對的增為六十三票、六票棄權。

## 廢寢忘食爭取支持

期間，我奉命每天都到美國代表團，與美、日、澳、泰、紐等國重要幹部會商。每次會商，美國代表團的估票都較我們樂觀。直到十月九日，美方的估計也變為五十八比六十、九票棄權，四票動向不明。美方要求我們檢查正反逆轉是何時發生，我回到團部與同仁檢討確定是十月四日，也就是羅吉斯國務卿做總辯論演說以後。美方對於這項說法無任何反應，卻反過來安慰我不要太擔心，因為聯合國內有走廊上普遍口語相傳的謠言，說由於中蘇共間的衝突矛盾日益升高，華沙公約集團在表決時可能棄權或不出席，使反對票大幅下降。我很嚴正告訴他們，共產國家內部是會有爭議，但是他們對付首要敵人資本主義的自由世界，仍是一致的，美國與其把希望寄託在謠言的幻想上，不如以具體行動來證明對我代表權的堅定支持。

一九七一年十月十四日中午，周部長、劉鍇代表和我再度與羅吉斯國務卿會晤，建議由尼克森總統出面發表談話，表示積極支持我國在聯合國席位，羅卿表示同意。雙方又討論萬一美方的提案票數不夠，美方有沒有退一步的方案，羅卿表示最高層正在研究中。

大會於十八日展開審議代表權案，由七十四國代表先後就本案表示意見，持續進行到二十五日。期間，二十日上午十一時半，我去美國代表團與紐林（Michael Newlin）參事、日本代表團大鷹正（Tadachi Otaka）參事（李香蘭夫婿，後曾任日駐緬甸大使）對票。美方最樂觀，認為是五十八比五十七、十五票棄權；日方認為是五十七比六十、七票棄權，七票動向不明；我方是五十八比六十、十二票棄權。這三者之間，日本的估算比我們多出一票是馬爾地夫，因為這年馬國始終沒有派員參加大會，因此當時聯合國雖有一百三十一個會員國，我們的計票都是一百三十國。

一九七一年十月二十二日，羅吉斯國務卿在華府約見沈劍虹大使，告以尼克森總統將於下午令白宮新聞祕書齊格勒（Ron Zeigler）代表尼氏發言，表示對我代表權維護的關心。沈大使指出，季辛吉此時赴大陸訪問對本案可能有不利影響，羅卿答以季氏返美時為星期一（二十五日）晚間，屆時代表權案已投票有所決定。沈大使又問美方對「變化的重要問題案」倘無法通過，是否有任何補救方案，羅卿表示無法找到完善的補救方案。

次日為週末，一連二日代表團同仁為爭取支持票，幾乎已到了廢寢忘食。二十四日是週日，上午在團部獲悉阿根廷可能支持我們，如此則估票為五十八比五十八平票，大會主席馬立克將做決定，而本團馬樹禮顧問已與他有默契，屆時將助我。

## 最長的一天

一九七一年十月二十五日是最長的一天，一早消息不斷，或稱比利時將由助我改為棄權，或稱葡萄牙經美國聯繫已同意改為助我。團內則分配同仁分區，在會場內固票。大會於下午三時四十分開始，在各代表發言結束後，沙烏地阿拉伯代表巴羅蒂（Baroody）提程序問題發言，引議事規則八十條規定，要求大會暫停處理本案二十四小時，以便會員國考慮沙國另一項新提案，即我國保持在聯合國的席位，直至我國人民能在聯合國主持下舉行複決或公民投票，以決定未來將為一中立的獨立國家，或與中共形成邦聯，或與中共組成聯邦。

巴羅蒂受沙國國王指示全力助我，他是多年在聯合國工作的資深外交人員，對議事規則相當熟悉，不斷要求上台發言。據說當年沙國國王用他，主要是因為他也是投資理財專家，為沙國皇室財產在紐約投資擔任管理工作；他在代表團內始終是副代表代理常任代表，而他的待遇則依照在聯合國內發言時間的多寡做決定。各國代表團傳說他每天遊走於聯合國大廈各會議室間，進門後即登記發言，隨即靜聽先登記各代表發言內容，他不需準備，輪到他時即席演說，最少三十分鐘，隨即到次一會議室照樣發言，一天可多次發言。第二天將有關速記紀錄中他的發言輯錄起來，月底向沙國政府報銷，根據發言數量由政府核發薪資。因此，他的演說如天馬行空。

十月二十五日下午，大會中他將這項技術發揮盡致，多次依照議事規則相關條文要求發言，每次發言必長，引起與會代表極度反感。他的原意是遵奉國王諭旨全力助我，其結果卻適得其反。到了下午六時許，大會主席將他的程序提案先付諸表決，本來這是依議事規則相關規定所提，理應順利通過，但由於各國代表對巴羅蒂的反感極強，這項程序提案竟以五十三比五十六、十九票棄權被否決了。此時支持阿案的代表知道勝利在望，大聲鼓掌慶祝；以後有許多代表發言解釋他們投票的原因。

稍後，阿爾巴尼亞代表要求先表決阿案，美代表也要求先表決「變化的重要問題案」。巴羅蒂又做冗長發言，認為應該先表決他的提案。經過一輪的發言，近八時主席裁定先就美國建議付諸表決，結果六十一比五十三、十五票棄權，獲得通過。此時又有數位代表程序發言，到九時四十八分經主席宣布表決「變化的重要問題案」，會場極為緊張，結果五十五比五十九、十五票棄權、二票缺席，未能過關。大會席上支持中共的代表，在會場中跳起熱舞，高聲歡呼，但會議仍在進行中。

等到歡呼與慶祝稍停，美國布希大使取得發言權，要求將阿案的執行部分最後一段予以刪除，隨即引起另一波冗長的辯論；沙烏地阿拉伯又提出對阿案的修正案，經主席裁示逐段唱名表決，均經否決。此時為晚間十一時十五分，我方眼見所有可以抵制阿案的方法均已用盡，乃依程序問題要求發言，周部長朗讀我國退出聯合國的聲明稿，全場空前靜默無聲。周部長於宣讀完畢後，即率領我代表團全體同仁莊嚴地步出大會會場，美國布希大使坐在會場另一方，跑步經過主席台前，趕過來陪同全團步出。

## 駐外使節傷心大哭

周部長及部分團員到另一房間舉行記者會，宣讀另一項詳細的退會聲明。我們離開會場後，大會主席即將阿案全文交付表決，結果是七十六比三十五、十七票棄權，獲得通過，成為二十六屆大會二七五八號決議案。主席也宣布美國所提「雙重代表權案」不再付諸表決。此次會議於十一時二十五分散會。

我和數位同仁返回代表團時，已是次日凌晨零時三十分。剛到團部，附近中國餐館的東主繆太太帶了很多同事，拿了許多菜餚來慰問我們，大家都沒有胃口，但她表現的同胞愛是我們難以忘懷的。

王世明大使年逾六十，一足微跛，奔波了一整天，到了團部無法忍住淚水的暢流，不久變成放聲大哭。我過去安慰，他為阿曼代表團的缺席傷心自責，表示早已得到該團承諾助我。我勸他不能過於自責，每個人都已充分盡責了，我也請他設法瞭解該團為何未參加會議。過了二天，他告訴我當天中午蘇俄代表團的人向該團的三位官員說，再過幾天大會要結束了，應該準備買些禮物回國，就帶了全團三人去紐約市北郊白色平原鎮購物，到傍晚該團人員表示要返紐約參加代表權的投票，蘇俄代表團官員騙他們說明天才投票不要擔心，他們用完晚餐回紐約時已近午夜。由這則案例可知，蘇俄在這一問題上仍是全力支持中共，而過去美代表團告知我們的「走廊謠言」，是絕對不正確的。

次日上午我仍赴團部，來的同仁不多，但電話來慰問或鼓勵的很多，最感人的是一個美國小男孩來電，聽他父親說我們不能留在聯合國，怕我們沒地方去，他家有兩間多餘的臥室，歡迎我們去。我謝了他的好意，告訴他，我們有自己的家，也有和他一樣可愛的小孩，我將回到自己家中，但將永遠牢記他的好意。

周部長稍後到團部轉達蔣公對全團慰勉的德意，並討論代表團善後問題，稍後我就奉命去美國代表團與負責官員討論，如何使我們在聯合國各專門機構的代表權獲得保障。此外，亦提到我國代表團的財產，美方應助我轉移至我駐紐約總領事館名下。我代表團內華籍僱員（當地聘僱）倘無法安排至其他我政府駐紐約單位工作，盼美方能協助其取得居留身分。

一九七一年十月二十八日晚，我隨周部長飛往華府，下榻溫莎公園旅館（Hotel Windsor Park，以後中共在美設立聯絡辦事處，將這旅館買下作為辦公室和宿舍，現仍是中共在華府的使館）。次日上午十時半，隨周部長去會晤羅吉斯國務卿。羅卿在二十六日的記者會中曾表明，中共進入聯合國是符合美國政策的，對剝奪我國代表權表示遺憾，但是美國無意對此一發展發言反對。周部長和他談到如何維護我國在專門機構的會籍、中美雙邊關係，並提及馬康衛大使二十八日晉謁蔣公，曾提出美堅定支持我國立場不變，但不同意我政府公布此項保證。周部長認為在當前情勢下，有公布的必要，羅卿的回應並不積極。

## 季辛吉致歉

十月二十九日下午四時三刻，我們應約去白宮的地下室與季辛吉會晤，不知是他公忙還是有意，我們在走廊上等了二十多分鐘。周部長甚為焦急，不斷踱來踱去，我為了使氣氛輕鬆些，就向部長報告，季君是以僱用美麗年輕女性為他工作聞名，這些小姐不斷在走廊上快步通過，都是身著迷你裙或熱褲。我建議部長不妨欣賞一下，鬆弛緊繃的情緒。他對我的建議彷彿相當同意，就坐在走廊上的沙發慢慢欣賞，冗長的等候好像短了很多。

我們進入季氏辦公室，他第一句話就是以三字經稱呼布希大使，認為不應該讓投票在二十五日舉行，並表示他原先的瞭解是，投票將在他返回美國後再進行。他和尼克森總統對表決結果都深感痛心並表示歉意：「我最初瞭解，投票日期將不致早於十月二十九日，我要求布希設法拖延至十一月二日或三日。我的構想為，倘能於投票前自中國大陸返美，則我可告訴一般游移不定的代表，我們美國人投票支持維持貴國席位，而我仍能自北平完成任務回來，可見投票支持美案將不致激怒中共。

「誰知道我仍在北平時竟獲悉投票將提前舉行，此中關鍵現今反省，實在是我沒有介入實際戰術的運用。布希大使應有辦法使投票拖延，例如使第一委員會先集會討論（大會即可停開），或使總辯論延長，或利用劫機事件之發生，要求召開安理會以分散大會之注意力等，均屬可行策略。總之，我赴中國大陸這件事，卻使貴國被排除於聯合國之外，實在是我及美國政府所最不願發生的事。實際上，我第一次（即七月間在巴基斯坦稱病潛赴北平）赴中國大陸之行早已決定。……當我們變更對中共政策時，我個人認為貴國在聯合國的地位最少尚可維持五年。為使貴國仍能保全聯合國席位，美方的戰略必須變更，如拉票活動就不宜公開進行，而宜暗中進行。……如今痛定思痛，美國此次維護貴國地位失敗主要在於戰術錯誤，我細閱投票紀錄，不能瞭解為什麼蓋亞那這類國家未予爭取，此等國家的票根本可以用金錢購得，如果只是派大使對其說明則無效果。為爭取票助，除外交方式外還有其他辦法可以運用。李光耀責備美國變更政策未與其諮商，李是我的學生，深信如果美方在變更政策前數週告訴新加坡，他仍會支持我們。我事後檢討深自慚愧，沒能親自督導戰術之採用。」

季氏在檢討失敗原因後，周部長問他今後做法如何？季氏保證：「美國絕不背棄貴國，必將尊重條約承諾，在任何情況下美國絕不背棄條約義務，美國亦將繼續與貴國維持正常友好關係。」周部長指出，這種保證美國政府應該公開聲明，以安定我國人心；此時季氏卻顧左右而言他。當周部長再度提出，盼尼克森總統能做公開有力的聲明表示美繼續支持我國，季氏答稱下週記者會將做聲明，澄清不必要的誤會。

到下午六時，祕書進入報告尼克森總統在找季氏，談話遂告結束。這次談話一共五人，美方是季氏、國安會亞洲地區主任何志立（John Holdridge），我方是周部長、沈大使和我，因為是重要談話，我的談話紀錄幾乎是逐字記錄。在談話結束後，周、沈二位都感到季氏態度誠懇，較羅吉斯友好得多。

一九七一年十一月一日我隨周部長返國，啟程前夕，曾任蔣公侍從武官的陸軍武官孫鑑林和海軍武官汪希苓陪我在喬治城一帶散步，此時正值美國的嬉皮熱流行，校園動亂頻仍，走在喬治城街上看到許多不堪入目的景象，與我過去對華府的印象完全不同。

周部長在返國飛行途中一再表示，此次聯大失利他的責任最大，將向層峰堅辭以示負責，我勸他說目前國家多難，言退最易，但退後有誰能接替？外交工作需要有作為、有擔當的人領導，對國家有利。他聽了非常感動，流淚不已。

## 蔣經國親自接機

第二天晚十時我們飛抵台北，蔣經國副院長、黃少谷等大老都到機場迎接，對受到挫敗的我們仍給予溫馨慰勉。返國後次日，日本駐華大使板垣修來部見周部長，談話中提到這次聯大的挫折，主要是因投票時季辛吉在北平，導致各國懷疑美國對我國的支持，日方情報顯示，季氏的訪問是出於中共方面的主動邀約。

十一月五日晚十時，蔣經國副院長曾召我去寓所長談一百分鐘，要我詳細報告聯合國大會的情形及我們的努力，他在結束時指示：一、我退出聯合國在國際的處境將更不可樂觀；二、今後對美國的關係必須設法加強，對於國會議員要多做聯繫；三、由代表權保衛戰的奮鬥過程，可知我國外交人事必須徹底檢討全面加強。

蔣公則自十月底即赴高雄西子灣避壽，我曾應召於十一月二十九日下午三時前往做四十分鐘的報告。他表示大家都已盡力，在全團未出發前，他已預做退會的心理準備，所以在二十五日表決失敗後，立即發表〈國家命運操之在己，堅忍奮鬥不惑不搖〉對全國同胞文告，這篇文告中指出，吾人「在風平浪靜時，不鬆懈、不苟安、不驕惰；在暴風雨來襲時，不畏怯、不失望、不自欺。」

如今我國退出聯合國已逾三十年，期間國人有兩種極端的看法：一是聯合國不值得我們留戀，退出了對我們毫無損失；一是我們應繼續留在聯合國奮鬥，不應退出，以致今日欲回無門。

事實上，國際事務要考量時空因素。以一九七一年的情況，如有可能留在聯合國，我們絕不會退出，雖然當時聯合國被眾人批評為只是一個供大家發表演說的論壇，此外全無用途，所繳的大量會費徒供一批國際公務員任意揮霍。

聯合國的一切取決於票數，縱使那年「變化的重要問題案」、「雙重代表案」獲通過，而阿爾巴尼亞案失敗，我們能繼續留在聯合國內多久，仍不容樂觀。因為中共明確聲明只要我國在聯合國內，即使中共取得會籍及安理會常任席位，它也絕不會來參加，而要透過其友好會員國持續提案排我，年復一年，直到通過這一案，才會罷休。

至於今日，政府持續致力於參與聯合國，則是由於聯合國的功能已有變化，自一九九〇年波斯灣戰爭以後，她已在維持和平安全方面有了貢獻；加上國際議題日益複雜，聯合國主導討論，我國在這一體系之外，實在是極為不利。因此，我們要設法重返，但不可諱言，這是一項極端困難的任務。

退出聯合國，對於我國外交有很大的衝擊。一年內，先後有比利時、祕魯、黎巴嫩、盧安達、塞內加爾、賽普勒斯、馬爾他、墨西哥、阿根廷、希臘、多哥、日本、馬爾地夫、馬達加斯加、盧森堡等十五國與我斷交，而與中共建交。

# 第十一章
# 美國對華政策的轉變

美國改善與中共關係最重要的措施，是直接談判。

在雙方洽談過程中，主要是要談美軍撤離「名叫台灣的中國領土」；

美方則表示，盼望不要限制洽談的課題。

政府遷台後不久韓戰發生，美國逐漸關注我國，開始軍經援助，兩國關係大致融洽。一九五〇年至一九六〇年代的前半，中美主要爭議點在於蔣公積極準備軍事反攻，而美國政府竭盡一切可能阻止。

美國對華政策，當時基本上仍是反共的，對中共設法圍堵，對反共的中華民國則協助建立自衛力量，支持經濟發展，鼓勵推行民主政治，甚至在全球各地設法助我爭取僑胞向心力。但是到了一九六〇年代中期，美國國會因學術界和新聞界不斷鼓吹敦促，開始檢討對海峽兩岸的政策。特別是美國參議院在外交委員會主席傅爾布萊特的領導下，對美行政部門施加壓力，要求變更對華政策。當時美國國會兩院議員中，支持我國的是少數，主張與中共接近者則為數甚眾。

一九六八年十一月尼克森贏得美國總統選舉，於次年一月二十日就職。我們對他都有相當期許，因為他在一九五三年至一九六一年擔任副總統期間，立場極為反共。為了使海外華僑對我有向心力，他主導使美國經援能用於我們的高等學府，為華僑青年提供受教機會。一九六〇年他與甘迺迪競選美國總統，曾在電視上積極主張美國應協防金馬外島。

## 尼克森的三角外交

不過，尼克森於一九六七年十月在美國《外交季刊》發表專文指出：「我們由長遠觀點來看，絕不能將中國永遠摒棄於國際社會以外，而使其不斷自我幻想，培育仇恨並威脅鄰國。在我們所處的小地球中，不能使具有深度潛在能力的十億人民生活於憤怒的孤立。」

我的老師饒大衛教授在尼氏競選總統時，曾擔任「全美教授支持尼克森聯盟」的共同主席，尼氏當選後不久，饒老師在一九六八年十二月二十四日給我寫了一封長信，詳述尼氏當選後即與共和黨的保守派乖離，背棄該黨以往由杜勒斯主導的外交政策。尼氏積極與共和黨的自由派，也就是洛克斐勒兄弟接近，重用洛克斐勒州長的親信季辛吉，擔任其外交顧問。饒老師斷言，以尼氏「為達到目的不擇手段」的政治立場，在外交上他極有可能接受中共的種種無理要求，而與我國斷絕關係。這封信寫得很急促，也有不少錯字，想必寫的時候，老師的情緒一定十分激動。對我而言，老師的長信實在是極有價值的預警。

二十五年後，季辛吉出版了一本九百頁的巨著《外交》（*Diplomacy*），在這本書第二十八章〈地緣政治的外交政策——尼克森的三角外交〉中，季氏指出，他擔任洛克斐勒州長爭取共和黨總統提名的外交顧問時，曾表示倘若將中國這樣大的國家排除在美國的外交選擇方案之外，美國在處理國際事務時就是把一隻手綁在背後。季氏認為，美國外交政策能有更多的選擇方案，將軟化蘇聯的立場。所以，他為洛氏準備的政策演說，開宗明義提出：「我將開始與中共對話。在一個華府、北京、莫斯科的微妙三角關係中，我們有較佳的機會與兩方相處，並增加我們對雙方的選擇。」洛氏敗陣後，季氏投入尼克森競選陣營，深受尼氏重用，勝選後獲任白宮國家安全助理。

## 美國態度轉變的關鍵

根據季氏敘述，尼克森在就任後做了兩項重要決定：一是將當時美國與中共正在進行的華沙會談所有洽商議題予以擱置，集中全力促成美國與中共高層的直接對話。其次，當時中蘇共由於邊界糾紛發生珍寶島衝突，尼克森警告蘇聯，倘其攻擊中共，美國絕不坐視。尼克森在一九六九、一九七〇兩年發表的世情咨文中，明白揭示將要改進與中共關係的意向。

在此同時，中共對美國的態度也有軟化。美國放寬對中共的旅運後，史諾（Edgar Snow）夫婦在一九七〇年九月去了大陸，當年十月一日慶典，毛澤東請他們在大閱台上就座，坐在毛的右手。其後毛和史諾長談，表示歡迎尼克森以遊客或以美國總統身分，訪問大陸。

這些變化，我們都有很明顯感覺。一九六九年二月十四日，駐美周書楷大使在一封給我的私函中說：「華府改朝換代後，彼我關係漸趨惡化，……尼氏本人認為，欲博大多數選民支持，必須採取中間路線。」

一九七〇年三月五日，周大使來函又提出：「此間……對我政策之轉變，固然在執行上為國務院自由份子……所乘，發生巨幅偏差，但弟個人以為主要關鍵係白宮最高當局之基本態度，不如吾人所想像之友好堅定。彼及其幕僚曾對俄人寄予甚大希望，近半年來因失望而羞惱成怒，加以匪蘇關係惡化，故此間決定向匪獻媚，作為報復及威脅手段。至於彼輩對我之『承諾』、『保證』種種乃對付窮親戚之敷衍，我不可自作多情，而需隨時警惕。」

導致美國與中共接近並改善關係的兩個主要原因，是越戰和中蘇共的衝突。美國自一九六〇年代中期大量派軍隊投入越戰，引起國內民眾強烈反對。詹森總統因此失去連任機會，尼克森贏得總統職位後就全力設法自越南脫身。季辛吉也積極探求和北平解決越戰的可能性；一般認為，越共獲得中共的支持，倘能改善與中共的關係，自然有助於越戰結束。

中蘇共在一九五〇年代是最親密的夥伴，六〇年代卻開始有路線之爭，相互指責對方是走修正主義路線，以後中共進行「文化大革命」，顯示自己是純正的共產主義實行者。一九六九年三月，就在尼克森就職不久，中蘇共在烏蘇里江的珍寶島發生武力衝突，規模不大，卻使白宮主政者確認雙方爭執已到不可挽回的地步，美國可加以運用。

## 美國拉攏中共的方法

美國設法改善與中共關係有多種做法：

**第一、放寬對大陸的貿易**。自中共政權成立後二十年間，美國對其實施全面禁運。尼氏就任總統後首先檢討全面禁運的放寬。一九六九年七月二十一日，美國大使館政治參事丁大衛來訪，說明美國政府已修改《國外資產管理條例》（Foreign Assets Control Regulation），准許美國公民赴海外旅行，可攜返價值不逾一百美元的中共產品入境，不需提出產地證明。

一九六九年十二月十九日，美國政府又宣布美國公司的海外分公司可與中共從事非戰略性物資貿易，以改進美商人的貿易競爭力；同時准許學校、博物館蒐集家進口大陸產品，不受一百美元限制。

一九七〇年三月六日，美國政府再宣布若干美國公司在海外所生產的物資，可自第三國輸往中國大陸。同年七月，美國政府內部經過激烈辯論，准許義大利公司將裝配美商通用動力公司生產的引擎之大型傾斜卡車八十輛輸往大陸。同年八月二十九日，美政府又准許美國各石油公司的海外分公司提供燃料油，給載有非戰略物資開往大陸各港口的船隻使用。第二年（一九七一年）四月十五日，香港的美僑商會初次獲准至廣州參加年度的商展。至此，尼克森政府在短短二年的時間內，改變了過去對中共的全面禁運政策，使中共對美貿易和蘇俄站在同一基礎上。

**第二項美國對中共改善關係的做法是，准許美國人民前往大陸旅行**。一九六九年七月二十一日，美國政府宣布於該月二十四日起，有限度放寬對中共的旅行限制，將准許國會議員、記者、教師、獲有碩士學位或以上的學者與研究生、科學家、醫生、紅十字會人員自由前往中國大陸。第二年三月十六日又進一步放寬，任何美國公民只要有合法原因或人道理由，都可以前往中國大陸。

一九七一年初，美國對中共多方示好。二月二十五日，尼克森總統向國會發表世情咨文，多次以中共正式國號稱呼，這是過去未有的。稍後他又對記者表示盼望女兒翠西亞與其即將結為連理的夫婿，能去中國大陸歡度蜜月；更露骨地說他本人也切盼能去中國大陸訪問。到了三月十五日，美國政府更宣布將實施二十多年、有關美國公民赴大陸旅行的一切限制，予以取消，並且說明這符合尼克森總統公開聲明願與大陸人民增進交往的願望。

同年四月七日，第三十一屆國際桌球大賽在日本名古屋舉行，一位十九歲的美國選手柯文（Corwin）向中共乒乓球隊隊員示好，邀請去參觀當地養珠工廠。中共代表隊祕書宋中就邀請美國全隊到大陸訪問，受到優渥款待，周恩來亦親自接見。美國務院乘機大事渲染，稱之為「乒乓外交」，符合尼克森的主張，同時邀請大陸選手來美訪問。

**第三項美國對中共改善關係的做法是，降低與我國的軍事合作**。一九六八年底，美國國會討論援外授權法案，眾議院通過增列五千四百萬美元供我購F-4C戰鬥機一中隊；但此案到參議院時經美行政部門運作，引起爭議，最後未獲通過，稍後我請求美售我潛艇，亦被拒絕。

一九六九年十一月九日是週末，美方突然通知我政府：自十一月十五日起第七艦隊將停止巡弋台灣海峽。我政府高層緊急會商後，告知美方：中美依據共同防禦條約訂有「樂成計畫」（Rochester Plan），規定第七艦隊艦艇在海峽巡弋，美方不能未經諮商片面終止，此舉對我國在政治、經濟、軍事各方面均有不利影響，盼美方能打消或另謀替代方案。一週後，蔣公親函尼克森要求勿予終止巡弋，並對 F-4C 戰機及潛艇提出需求。

這封信過了一百三十天，經蔣公向美方來訪高層官員多次催促，才獲答覆。回信中，尼克森明白指出：「余瞭解閣下對中共之動機極不信任。余對中共之看法為：余不忽視過去之事跡，亦不忽視中共政權將來可能構成之威脅。……同時……如余不試圖發現減輕美國與中共間發生衝突危險之基礎是否可能存在，以及美國與中共間之若干問題是否現在可能以談判解決，則余將怠忽對美國人民之職守。」

美國太平洋總司令馬侃上將（John McCain）訪華，於五月二十一日面告蔣公，巡弋將予恢復。但是，一九七〇年最後一季，美國又採取了一連串降低軍事合作的措施。十月二日美使館通知外交部，原駐清泉崗基地的美軍 KC-135 空中加油機將撤離。十一月二日，美方通知我們隔年的軍援額度將大量削減，特別是作業維護費。

不僅美國政府不斷採取措施傷害我們，以圖改善與中共的關係，美國國會特別是參議院，也完全配合其政府。一九六九年十一月間，美國民主黨參議員馬賽伊斯為了收回國會的交戰權，在參院提案廢止一九五五年國會通過畀予總統在外島發生軍事衝突時，授權總統使用武力的「金馬決議案」、一九五七年的「中東決議案」、一九六一年的「古巴決議案」，以及一九六四年的「東京灣決議案」。馬氏主要用意，是防制尼克森總統利用這些決議案在海外使用美國軍事力量，避免美國陷入另一次越戰的泥淖。美國行政部門最初對馬氏此舉表示反對，但是到了一九七〇年三月卻致函國會，表示對廢止四項授權決議案「無一定意見」。

我外交部於馬氏提案之初，即向美方表示嚴重關切，認為此項提案一旦通過，等於邀請中共進襲金馬。美國馬康衛大使則表示此一決議案縱使廢止，美政府仍可依據共同防禦條約之規定，採取必要的協防措施。該年四月十日，美參院外交委員會處理馬賽伊斯參議員的提案，通過了廢止中東及東京灣決議案，對金馬及古巴決議案則未採取行動。

## 美國會傾向承認中共

一九六九年五月二十七日，加州選出的民主黨參議員克蘭斯頓（Alan Cranston）又提案認定「外交承認並不表示贊同被承認國家的政府形態」，其用意在於促使美政府打開承認中共之門。當時全美各地僑社反應甚強，紛紛致函當地國會議員表示反對，要求國會擱置該案。

一九七一年一月二十八日，阿拉斯加州選出的民主黨參議員葛維爾（Mike Gravel）在參議院提出一項「對中國新政策」的決議案，主張承認中共，支持中共進入聯合國，由海峽兩岸自行解決統一問題。數日後，紐約州選出的共和黨參議員賈維茨（Jacob Javits）於二月二日在參議院提出「中國問題解決方案」決議案，連署者多為重量級參議員，如小甘迺迪（Edward Kennedy）、井上（Dan Inouye）、賽明頓（Stuart Symington）、孟戴爾（Fritz Mondale）、史蒂文生（Adlai

Stevenson）等。決議案要點有三項：一是放寬與中共旅行、貿易限制，降低雙方緊張情勢，以建立外交關係為最終目標。二是聯合國會籍普遍化，所有國家均應加入聯合國，只要中共進入聯合國，不以犧牲中華民國會籍為代價，美國政府應予支持。三是台灣未來地位應由國際監督的公民投票決定之。

三週後，馬賽伊斯參議員又夥同參議院外交委員會資深委員邱池參議員（Frank Church）連署，於二月二十三日重新提案要求廢止金馬決議案。他們說明美國政府對中共可能侵略台灣的關切已不復存在；中蘇共雙方關係持續惡化，兩岸間的緊張情勢降低；中共已獲許多國家承認，並且即將進入聯合國；同時美國與台灣之間已有共同防禦條約，此項決議案已無需要。

一個月後，已宣布在明年將問鼎白宮寶座的麥高文參議員（George McGovern）公開宣布贊成美國承認中共為唯一合法政府，在下屆聯合國大會開會時，美應支持中共進入聯合國並取代我國安理會席位，有關台灣未來地位問題應由兩岸自行協商解決。

## 美國與中共密集會談

當然美國改善與中共關係最重要的措施，是直接談判。美國與中共之間自一九五五年起就有所謂「日內瓦會談」，以後會談地點改到華沙，稱為「華沙會談」。在十四年期間共舉行了一百三十四次。美方在每次會談後，都會在華府向我國大使館做詳盡簡報。會談頻率最初是相當密集，在艾森豪（Dwight D. Eisenhower）總統四年多任內舉行了一百零二次，而甘迺迪和詹森總統八年間僅有三十二次。

雙方會談的主要議題是：一、美國人民在大陸被囚禁者要恢復自由。二、中共放棄在台灣海峽使用武力。三、中共要求美國解除對大陸的禁運。四、中共要求美國放棄在遠東的軍事基地。五、中共要求美國軍隊退出台灣。六、美國與中共舉行外長會談。七、越戰、文化交流與互相訪問。會談內容大致相同，很少有進展。

尼克森就任總統後，下令國務院要求駐波蘭大使史托賽爾（Walter J. Stoessel, Jr.）設法恢復華沙會談。中國大陸時值文化大革命，所有駐外大使全都被召回北京，華沙的中共大使館由代辦雷揚負責，史托賽爾大使不便拜訪。一九六九年十二月三日南斯拉夫於華沙文化宮舉辦服裝展覽，史托賽爾在會場中追逐雷揚轉達了美國政府盼望恢復會談的訓令。

一九七〇年一月二十日，美國大使應邀去在華沙的中共大使館舉行第一百三十五次會談，接著又在二月二十四日舉行第一百三十六次會談，並預定於五月再行舉行下次會談，後因美軍轟炸高棉，被中共片面取消。

這一連串密集的會談，使我們政府高層非常憂慮。一九七〇年三月十五日星期日，嚴家淦院長約了蔣經國副院長、張群祕書長、黃少谷祕書長、魏道明部長，在行政院會商，我也奉指示列席，與會人士對尼克森政府的態度都表示擔心。蔣副院長提到他由老友時任國務院情報研究處長克萊恩（Ray Cline）處獲悉，我們要心理準備美國政府可能有對我更具傷害的做法，例如將華沙會談搬到北平去舉行。

事實上，美國政府最高層正在尋覓改善雙方接觸的管道。五月，華沙會議停開使白宮非常高興，因為這項會談是國務院主導的，停開正好將國務院完全排除於美國改善與中共關係作業體系之外。尼克森和季辛吉分別拜託了法國戴高樂總統、巴基斯坦雅耶汗（Yahya Khan）總統、羅馬尼亞裘塞斯庫（Nicolae Ceausescu）總統，向中共表達有意展開高層接觸，三人都代美方轉達了這一意願。最後，巴基斯坦被選為聯繫管道。在雙方洽商過程中，周恩來表示美方代表來北京，主要是要談美軍撤離「名叫台灣的中國領土」；美方則表示，盼望不要限制洽談的課題。

## 白宮的祕密

尼克森於一九七一年四月二十七日獲悉中共同意他派人去北京以後，並不立即派季辛吉前往。他和季氏花了長時間討論可能前往的人選，尼氏知道季想去，故意不提他，而提了四、五個可能人選，每一位季都有保留，他對於當時擔任駐聯合國大使的布希評論最為刻薄，他說布希「太過軟弱」。尼克森像貓玩老鼠似地轉了許多圈子後才說：「你也可以去啊！」季高興得馬上說當然。就以最快的方式，要巴基斯坦駐美大使轉報雅耶汗總統通知中共方面。

季辛吉於一九七一年七月九日晨，由巴基斯坦首都伊斯蘭馬巴達（Islamabad）乘巴國專機往北京，同行的三人都是其幕僚，還有數位安全人員。他們在北京停留兩天，與周恩來舉行三次會談，時間長達十七小時。周氏在九日下午首次會談，就讓季辛吉吃了啞巴虧，周說：「我大致同意尼克森總統七月六日在堪薩斯城演講的觀點。」他講到當今世界存在「五極」，也就是五種權力中心。而過去美國常講的是美、蘇、中三角關係。周乃開始詳細說明該篇演說內容，季氏非常驚訝，因為他不知道尼氏在他離開華府後的演講行程，也未獲知其內容，第二天早上季氏與同僚進早餐時才看到演說全文，還是周借給他閱讀的，因為「僅此一份」。

這次訪問，雙方各自陳述對重要問題的觀點。周建議尼氏於一九七二年夏前往，季則認為距離大選太近，改為春天，並確定雙方同時於七月十五日公開宣布。雙方也決定嗣後的聯絡由中共駐法大使黃鎮，與美駐法大使館首席武官華特斯將軍（Vernon Walters）負責。季氏於十一日返回巴基斯坦，經由巴黎返回華府。

一九七一年七月十五日，尼克森在白宮做了三段簡單宣布，他將於次年五月前應周恩來總理之邀訪問中華人民共和國，雙方領導人的會晤是要尋求兩國關係正常化。這項聲明震驚了全世界。我國外交部周書楷部長正在澳洲參加亞太理事會，代理部務的楊西崑次長立即於十六日中午召見馬康衛大使，表示嚴重抗議，指出這是最不友好的行為，必將導致嚴重後果。我在送馬康衛大使步出會客室時向他表示，兩個月後聯合國大會將開始，此時發生如此重大事件，必將嚴重傷害我們共同的努力。馬氏無言以對，臉上痛苦的表情說明了他內心的沉痛。的確，白宮的保密工作非常成功，國務院系統對於季氏的祕密旅行是一無所知。

這年的《外交季刊》十月號刊登了雷文豪（Earl Ravenhal）的文章，題為「接近中共、防衛台灣」，主張美應積極展開與中共的關係，毋需擔心台灣的安全，美國在太平洋的防線應退到中太平洋。該文的結語是：「總之，吾人與台灣間防衛安排之軍事利益並不重要，且不應以之左右吾人與中共之接近。」

一九七一年十月下旬，聯合國大會正在處理我國代表權案之時，季辛吉第二度訪問大陸，這次不再偷偷摸摸，時間由中共指定，主要為磋商尼克森訪問大陸後發表的聯合公報。季氏返美後三個星期，於十一月十五日接見沈劍虹大使。沈指出美國一方面表示與我維持友好關係，但又與中共接近，政策上顯有矛盾，這種情形究能維持多久？季氏未正面答覆，只是重申美絕不出賣我國、絕不廢棄共同防禦條約。沈大使表示，美方做法使我國立場十分困難，美不斷與中共接近，我難以置之不理。季氏表示請放心，確可置之不理，並以極堅定口吻說，美國絕對不變更對我國的政策，務使我國能保持立場與生存。

我在十一月二十六日和美使館副館長來天惠（William Gleysteen）餐敘，談話主題是尼克森來年的訪問，因為當天報紙刊載季辛吉之子曾向媒體表示將為三月，但美政府機關諱莫如深，所有外交人員均奉嚴格訓令，絕對不得討論或臆測，因此更引起各國揣測，這種神祕做法使外界懷疑日深。來君表示完全同意，他也認為過度保密並不適宜，更希望訪問早日結束，以事實向世界證明雙方並無任何不可告人的勾結。他個人的看法是：一、此行不會達成建交或對我國的背棄。二、美國與中共均不願此行被外界視為一項失敗，因此未來公開發表的文件必將強調成功，而避免述及不協議之項目。三、美方可能表示盼海峽兩方之糾紛能循和平方式解決，並非美將促使兩方進行談判。四、美與中共可能聲明願使雙方關係正常化，但所謂正常化與建交之間仍有相當距離。

一九七一年十二月十七日，蔣經國副院長與馬康衛大使有兩小時的長談，蔣曾將獲自敵後的情報資料提供馬大使，希望馬大使呈報白宮作為訪問大陸談話的參考。中共對我國是以政治孤立、經濟圍攻為主要策略，對於美國則有五項做法：一、對人民友好；二、尼克森訪問私下稍讓，公開強硬；三、全力支持黑人爭取公平待遇；四、大量走私大麻往美洲，設法轉往美國，走私收入提供黑人及進步人士；五、尼克森若獲連任，再在台灣問題上對美施壓。

## 尼克森會見毛澤東

一九七二年二月十七日，尼克森啟程訪問大陸，季辛吉於啟程前一日約晤沈劍虹大使，談話時一再表示盼我方勿於訪問結束時立即予以評論，美方將派主管遠東事務助理國務卿葛林專程來台，向我政府簡報，他最晚也將於三月一日與沈大使晤面。季氏強調，中共最願意看到的是中美雙方相互指責。季氏保證美方絕不會同意中共主張其為中國唯一合法政府。

尼氏一行於一九七二年二月二十一日抵北平，不久即與毛澤東會面。這項會談，季辛吉費盡心機使羅吉斯國務卿被排除在外。毛在談話中告尼氏，台灣並非雙方要談的最重要問題，只是一項次要爭執，已等了二十年，不必立即解決，再等二十年，乃至一百年也無妨。他認為最重要的事，是防止蘇俄影響力的擴展，蘇俄在國際上是一項威脅、是霸權。

嗣後，雙方的會談分兩個階層進行。一是尼氏與周恩來，一是羅卿與中共外長姬鵬飛。前者所談的是哲學性或國際性的問題；後者所談的是雙邊性的課題，包括聯合公報。

尼氏訪問大陸的七天裡，台北的美國大使館副館長來天惠或政治參事唐偉廉，每天都會來我辦公室提供他們所獲得的資訊，但大都是餐會中的講話，或每天的行程、哪些人參加，對於我們最關切的高層會談內容，他們自己也不知道，更無從提供。

這一週中最重要的談話，是第二天（一九七二年二月二十二日）下午二時十分到六時，尼氏與周的二度會談。在這次談話中，尼氏提出了有關台灣的五項立場：一、**美國接受「一個中國，台灣是中國的一部分」，今後絕不再提台灣地位未定。**二、**美國以往、現在和未來絕對不支持任何方式的台灣獨立。**三、**未來美國對台灣影響力逐漸降低後，將設法使日本不至於取代此一影響力。四、美國支持以和平方式解決台灣問題，不支持任何台灣使用武力重返大陸的舉動。五、美國將尋求與中共關係正常化。**

## 《上海公報》的幕後

一九七二年二月二十七日訪問將告結束，尼氏與周恩來簽署了聯合公報。公報內容就是上年十月下旬，季辛吉第二次訪問北平的主要工作。當時雙方已就無法協議的議題各說各話，此次訪問雙方仍花費許多時間化解歧見。那天是星期日，我全天在辦公室等消息，原先說可在下午發布，直到晚間八時公報全文才在電訊上傳來。我們在研閱公報文字時，突然發現蔣經國副院長出現在眼前，他問到公報有關台灣的部分。事先我們已預先模擬公報可能的內容，例如最壞的狀況可能宣布雙方建交，或者是廢棄共同防禦條約，這些狀況都沒有發生。然而美方在全文中未提及我國或是共同防禦條約，反而表示將逐漸撤退在華的美軍及軍事設施。

在尼氏未啟程前，美方除向我們做各種保證外，更在華府、台北兩地一再請求我們勿在聯合公報發表後立即公開評論或指責。美方請我們等候季辛吉在華府、葛林助卿在台北向我們簡報後再公開評論，否則徒然讓中共暗自高興。因此，我們當天沒有反應。

一九七二年二月二十八日上午，唐偉廉參事把季辛吉在上海記者會的問答全文送來，內容對公報的曖昧處略有澄清作用。當天下午，蔣公邀重要官員會商決定發布一項簡單聲明，內容主要闡明凡由此次訪問所達成任何涉及中國政府及人民權益的公開或未公開的協議，我國政府一概不予承認；也提到：「據尼克森總統說，其此次赴我國大陸訪問……之目的，在求『一代之和平』，鬆弛亞太地區緊張情勢，實則尼克森總統此行所產生之影響，與其所期望者將完全相反，而亞太地區國家將首受其害。」

尼氏於一九七二年二月二十八日返抵華府，次日向國會兩院發表演說，躊躇滿志地說過去一星期是「改變世界的一週」，他也重申對我國的政策沒有改變，尊重與我共同防禦條約的義務。當時積極爭取民主黨總統候選人提名的韓福瑞參議員，則指責尼氏已出賣中華民國，美國對中共做了一切讓步卻毫無所獲。民主黨的賈克遜參議員（Henry M. Jackson）也對此行未能獲致釋俘或越戰停火協議，表示失望。但是絕大多數的國會領袖都認為此行非常成功，開啟了通向中共的大門，卻仍信守對我國的一切承諾。

一九七二年三月一日沈劍虹大使訪晤季辛吉，後者說明何以公報中未提共同防禦條約，因為該約的主要目標是中共，訪問是在大陸進行，實在不便提出。季氏亦說美方已明白告知中共將維持該約，無意廢約。季氏盼望我方勿做於己不利的解釋。至於公報中所稱撤離軍事設施一節，是指美擬將派駐於清泉崗基地的C-130型運輸機二中隊，自台撤走。季氏也提到周恩來與尼氏談話中明白表示盼能與蔣公會晤，直接商談和平解決台灣問題。沈大使問聯合公報為何在最後發生僵持不下的情況，季氏答以主要是中共方面要求美國立即將全部軍事人員撤除，美方絕不會接受。

三月二日沈大使又去拜會羅吉斯國務卿，羅氏告以中共確實有意與美交往接觸，因為中共首要顧慮是蘇聯的大軍壓境，台灣的障礙反而是次要問題，但因對內對外的觀瞻，又不得不加以強調。羅卿也保證美國方面必須與中華民國維持邦交並履行條約義務。美國是盼望與中共改善關係，以文化、科學、新聞、貿易等方面為主，並有不定期的外交人員接觸。羅卿率直指出美國與中共之間沒有暗盤交易。

## 美國對中共的兩手策略

美國主管遠東事務助理國務卿葛林於結束大陸訪問後，自二月二十八日至三月十六日，以十八天（時值閏二月，有二十九日）的時間分訪亞太地區十三個友邦，向各國領袖簡報訪問內容，保證美國對此一地區的政策沒有任何改變。三月二日下午，他抵達台北停留二十四小時。

一九七二年三月三日上午，他先後拜見了周書楷部長、蔣經國副院長、嚴家淦兼院長。周部長曾坦率詢問美國是否已予中共「事實的承認」，將來進一步做「法律的承認」就可以擺脫我國？葛林說，前天在韓國，朴正熙也問了相同的問題，美國認為這是一項嶄新的外交形式，縱使兩國間沒有正式邦交，有關問題仍可安排處理，一如美國與阿爾及利亞之間即是如此辦理。周部長問美國與中共外交人員將在何處接觸，以及雙方是否將設聯絡處，互派代表？葛林答以接觸點以歐洲最為可能，但絕非華沙會談方式，該一會談業已結束；至於雙方設單位或互派代表，則屬未來之事，不便多說。

葛林在拜見蔣副院長時指出，尼克森在旅途中一再告知同行幕僚，希望能告知各友邦多注意美國未來行動，而不要在公報文字上多作推敲，因公報不可能涵蓋美國的全部立場，如公報中未提及中美共同防禦條約，但美國仍將忠實履踐條約義務。蔣副院長指出，中共空軍最近在金門馬祖外島鄰近上空活動頻繁，尤以馬祖為然，此次在大陸是否曾談到外島，倘中共進犯外島，美將如何反應？葛林及同行的何志立都表示未談及外島，由於中共正在發展與美國的新關係，似乎不可能向外島動武。

葛林拜見嚴兼院長時表示，美國內二黨都認為要避免與中共因誤會而導致衝突，所以須與中共有接觸。很多特定問題如環保、毒品、民航，過去不能談出結果，對中華民國和美國均有不利影響。美國對中共也有兩手政策，一手伸出，一手準備。嚴院長則盼葛林在公開場合多鼓勵美商來台投資。

中午我以午宴款待葛林及何志立，特別就「正常化」這一名詞做深入探討。我說國人多認為這是代表建立外交關係的字眼。葛林強烈表示不同意，他說正常化就是使不正常的狀況結束，如中國大陸有許多消息和新聞可以採訪，但美國的媒體不能去採訪，這就是不正常狀況，正常化就是使美國媒體能去採訪。又如中國大陸有龐大的市場，但美國商人不能前往貿易，這是不正常，正常化就是使他們能去貿易。依此類推，學術研究、科技發展、觀光旅遊、體育競技等等，都可以用這個模式來推動正常化。換言之，正常化是一個沒有終結的程序（an endless process）。我在稍後的六年時常加以引用這段話，我相信他是誠懇地將他預見的發展告訴我；我也是誠懇地將他所告訴我的，轉告對於美國立場有懷疑的朋友。

十多年後我在華府服務，葛林已自公職退休。我們偶爾在週末去同一個高爾夫球俱樂部打球，遇到往往就同組開打。高爾夫球場是交換意見的最好場所，一場球四小時，可以邊走邊談的時間最少有二小時。有一次我曾以較不嚴肅的口吻對他說，他在那天午宴中所說的話被我引用了多次，可惜沒有超過七年。葛林說：「當時尼、季兩人的確向我說明美國對貴國的邦交和條約承諾將繼續不變，所以我就認定正常化不代表建交。現在回想可能自己太天真了。」

雖然葛林當時（三月三日）的說明是較樂觀的，我們心中並不敢樂觀。一九七二年三月七日中午，美使館政治參事唐偉廉邀我餐敘，談尼氏訪問的反應，我很坦白地指出目前中美關係因訪問引起的最嚴重問題是：「我們對美國失去了信心。」美國過去三年來所採取許多有關大陸的措施，當時對我們說是基於經濟考量，現在證明都是為了北平之行。唐氏無言以對。

有關尼氏訪問大陸另外有一個插曲，就是周書楷部長對美國的做法很不以為然，一九七二年三月八日接見《赫斯特報系》（*Hearst Newspapers*）記者訪問時就率直地說，美國如此對待我們，使我們只有發展與蘇俄的關係。周部長自一年前接事，曾有兩次公開表示：「為了國家利益，如果魔鬼（意指蘇俄）能幫助我們，我們也要和魔鬼握手。」兩次發言都引起一些不滿的聲調，這次特別痲煩。蔣經國副院長於六日後召見我，問了不少有關周部長發言的事。我的報告是：「周部長是性情中人，過去二度有與魔鬼握手的說法，我在兩次都立即向他反應，直陳國內仍維持抗俄政策，似不宜如此說。」周部長卻微笑地說：「這點你不太明白。」當時我以為是上級授意他如此說，而八日答記者問，依我的估量是周部長激於義憤，才會有這樣的說詞。蔣副院長聽完後，連說了兩次：「這種說法傷害太大了。」兩個半月後內閣改組，周部長就去職了，擔任外長不到十四個月。

## 胡旭光致力美國國會

本章寫了很多關於美國對兩岸政策的改變，外交部在每次發生對我不利的舉措時，一定向美國駐華大使提出抗議或表示不滿。駐美大使館也平行地向國務院做相同表示。檢討美國政策的轉變，可以發現最先是由學術界著書立論，主張政策更改；接下來是媒體將學術界的主張，形成一種輿論；國會根據媒體的言論召開公聽會，邀請意見相同的學者出席作證，對行政部門施加壓力。這一順序，在對華政策變更上表現無遺。

針對這個情況，我說服了各級長官要加強對美國國會工作，包括在華府的大使館設立國會組，各總領事要加強和議員在選區辦公室的聯繫（要見議員在選區比華府容易得多），而我們也開始邀請參眾議員及其助理訪華，定名為「良友計畫」。

首先開始國會工作的，是我早年的長官胡旭光將軍。一九七一年他擔任國防採購組長工作已近七年，國防部有意調他回國，我獲得消息就找他擔任駐美大使館公使，負責國會組，他欣然同意，在斷交前後一共擔任了十四年國會聯絡工作，直到病故。胡將軍實在是一位文人，原來是航空工程專家，因抗戰軍興，他愛國情切，投筆從戎，一直在飛機修護單位工作。到台灣後，由於軍援需要，他被徵召從事國防外事工作，曾擔任蔣公英文傳譯多年。他對華府一切非常熟稔，對人誠懇熱心，是擔任國會聯絡工作最理想的人選。他親手訓練的仉家彪、袁健生、馮寄台等，都是非常優秀的國會工作者。所以沒幾年，胡旭光在人少錢少的情況下，為國家奠定對美國會工作的基礎。在華府一九七〇、一九八〇年代，S. K. Hu的名氣絕不小於任何一國的駐美大使。

其次，我們認為對美宣傳工作必須加強，邀請了駐紐約新聞處負責人陸以正公使返國研究，決定了約聘美籍公關人員、加強邀訪新聞界人士、攝製能迎合美國人喜好的紀錄影片、設立紐約中華文化中心，並且邀請美國學人撰稿介紹我國。這許多工作在釐訂時，沒想到五十天後由我親自去推動。

一九七二年冬，錢復（右）與蔣經國（左）。

# 第三篇

# 行政院新聞局

・行政院新聞局長

1972年6月1日～1975年5月19日

# 第十二章 擔任新聞局長

蔣院長告知我要到新聞局工作，我只有三天的預警時間，我到新聞局工作時才三十七歲，局內單位主管和副主管都比我年長，因此到任之初局內確實有些不平之聲。

一九七二年五月二十六日，立法院以三百八十一票同意票，也就是百分之九十六點七的高比率，通過了蔣經國副院長繼嚴家淦出任行政院院長。三天後，五月二十九日上午十時半，經國先生召見我，要我繼魏景蒙擔任行政院新聞局局長，三天後就要接事。這項指示對我不是全然意外，因為周書楷部長早幾天已對我透露，並且告訴我，他要離開外交部長的職務。

若干年來，經國先生對我十分垂愛，曾多次約見我，談到在外交界工作必須內外互調，我因為替蔣公服務多年未能外放，所以要我認真思考接替人選，以便我能外放。但是，要我提繼任人選，實在是不容易的事。很多長輩因我在大人物身邊做事，常告誡我，如果長官要我推薦人，千萬要小心，推薦得好未必有利，推薦得不好必將肇禍。長輩們的忠告雖似鄉愿，也有道理，尤其蔣公是國家元首，安全顧慮必須細加考量，所以我從未推薦人選。

## 外放機會擦身而過

當時外交部的蔡次長曾多次為我安排外放的適當工作，由一九六八年的美國大使館政治參事，到駐芝加哥、波士頓和紐約的總領事，但都因為無人接替蔣公口譯的工作而未成事實。

最具體的一次外放機會是一九七一年三月，當時外交部長更迭，駐美周書楷大使奉調回國擔任外長，由沈劍虹次長繼任駐美大使。沈次長於三月二十日上午接見馬康衛大使談釣魚台案，談話結束後他留我在辦公室，很嚴肅地告訴我，層峰已決定要他出使美國，他甚感不安，希望我能去華府擔任大使館公使協助他，我當時答覆身不由己，如果上面准許我去，將很樂意追隨學習。以後幾天，我曾向魏部長和蔡維屏次長報告，他們都很為我高興。一九七一年四月一日下午，沈次長召我去辦公室，告訴我美國政府的同意照會剛收到，他已向蔣經國副院長報告要我一同赴美，已獲得同意，但副院長對他說，我只能在華府短期幫忙，長期仍需另覓他人。四月七日沈次長又告以曾向蔣夫人辭行請訓，並報告要我同赴美國，蔣夫人亦已同意。到了四月十日中午，沈次長來電說剛晉見蔣公回來，蔣公表示我目前還不能離開翻譯工作，公使人選需另作考慮。我向沈次長致歉，結束了這次的嘗試。

事實上，十多年來我對外放從未爭取，只抱著聽其自然的態度，因為從事外交工作必須有外館經驗，但那時母親的身體很不好，父親也曾兩度住院診治，兩個孩子還在小學讀書，我們夫婦都希望他們能多接受國內教育。所以沈次長的邀約雖不能如願，家中每一個人都沒有任何失望，我繼續全神投入當時熱門的釣魚台案和聯合國案。

一九七一年九月去聯合國參加大會，周部長指派我擔任代表團發言人，確實讓我感到疑惑，因為以往這項工作都是紐約新聞處陸以正主任擔任，他對紐約新聞界十分熟稔，不像我從未和當地新聞媒體有過任何接觸。以後回想，可能是蔣副院長和周部長要我試一下擔任發言人的甜酸苦辣。

## 出任新聞局長

一九七二年上半年，在台北是「非常政治」的一段時間，包括第五屆總統、副總統的選舉和就職，以及新任行政院長的提名和內閣組成。一至五月間，《中國時報》及《聯合報》外交記者張兆洛和鍾榮吉，幾乎每天都到我的辦公室來，談人事方面的揣測。他們一致認為，我會升任外交部常務次長。但是執政黨黨部方面則認為我可能擔任青工會主任，因為以往一年多裡我和大專院校師生有太多的互動。行政院方面則傳說我會擔任院的副祕書長。這許多的推論並沒有讓我有「一心以為鴻鵠將至」的感覺，我還是每天從早到晚為自己份內的工作忙個不停。

蔣院長告知我要到新聞局工作，我只有三天的預警時間，一面為新的職務做好準備工作，一面辦妥北美司的移交和辦公室的清理。

一九七二年五月三十日下午，魏景蒙局長約我到國賓飯店飲茶，為我做了清晰的指教。六月一日上午，新聞局的熊琛主祕和人事室羅德湛主任帶了新聞局的同仁名冊以及其他資料來外交部接我赴局，十一時舉行交接儀式，院派周書楷政務委員監交，對我有許多獎飾之詞。接著，我去各單位看同仁，發現辦公場所十分擁擠。下午去三軍總醫院探訪因病住院的邱楠副局長。六時，蔣院長約見指示本局應迅即接管教育部文化局和內政部出版事業管理處，我也乘便報告辦公處所不敷使用，當蒙核示，可將院正前方忠孝東路拓寬後原由世、亞盟及救災總會使用的紅樓，撥交本局使用。我也向院長報告，增加單位需修改本局組織條例，不能立即接管。院長就指示本局立即草擬組織條例修正，協調立法院早日審議。

我到新聞局工作時才三十七歲，局內單位主管和副主管都比我年長，因此到任之初局內確實有些不平之聲。不過，由於一件我自己完全不知道的事，使大家在不到兩週的時間改變了觀感，很自然地接受我到局內服務。

原來我到局工作沒幾天，熊主任祕書帶了會計室蔣倬民主任、總務科梁省濤科長來辦公室，要我找房子作宿舍。我告訴他們，自結婚後一直與父母親同住，現在沒必要另找住所。他們告訴我，以往正副局長都由局內提供宿舍，或租或押，如果我不比照辦理，以後也許會有困難，而且租或押一段時間後，房子即可成為我的。我聽了立即正色說，父母親極喜愛孫兒，我絕對不能因工作調整就搬家，更不能考慮名義上租用後據為己有。這件事在我認為理所當然，不曉得他們三位出去以後就告訴了同仁，同仁間又相互轉告，沒多久局內同仁都認為我是一個「清官」，樂意與我共事。老實說，這對於我是「不虞之譽」，因為我所決定的僅是該做的。

## 十項行政革新

蔣院長到任一週後舉行院會，提出對行政人員十項革新指示，這是他考量很久才做的決定。一九七二年六月一日他召見我，就以初稿給我看，並問我的意見。我看到這項文件主要是減少行政部門的鋪張和繁文褥節，對於公務人員希望生活簡單樸實。就一個生活正常的公務員來說，真的不難遵循。我看了數遍，勉強向院長提出第七項限制公務人員進出夜總會、舞廳、歌廳、酒吧、酒家等場所中，歌廳一項似不宜列入。因為當時的歌廳消費不高，我知道有幾位非常潔身自好的前輩行政人員常前往。院長聽了就問我哪幾位常去，我報告如錢昌祚先生、李榦先生等。院長立即說那就把歌廳刪掉。這是小事，但也可以看出院長的虛懷若谷。

十項行政革新於一九七二年六月八日公布後，獲得媒體和民意機構普遍認同，但是無可諱言，在公務員中仍有持保留態度的，特別是不得款宴、不得濫發喜帖訃告，以及不得出入夜總會、舞廳、酒吧、酒家等場所，由於積重難返，一時似有適應上的困難。蔣院長在就任兩個月後，發表了一封致全體行政人員的公開信，其中指出：「當前我們處身於此時此地，在總目標的要求下，大家還需建樹一個正確的觀念，那就是要為工作而生活，不是為生活而工作。這就是說我們應當要有高度的責任感。」關於同仁們感到社交生活限制太多，蔣院長說：「行政院所要求於大家的，並不是消極的，而是一種積極的政治改革。我們所以要如此措施，為了要使行政人員在民眾的心目中重建一個新的觀感，而受到民眾的尊敬、信任和重視，完全掃清一般民眾由於少數不良人員為非作歹致對公務人員所造成的不良印象，而能心誠悅服與我們共同一起來工作。」

## 新人新政

我初到行政院新聞局工作，局內只有國內宣傳、國際宣傳和資料編譯三個處，另有祕書、聯絡、編譯、視聽、人事、會計六個室，還有一個敵情室，不是編制內的，是臨時性的任務編組。全局同仁一百七十位，另有額外人員三十位，司機、技工、工友共五十位，駐外同仁共五十九位。局內年度預算是八千二百四十萬元；至於駐外單位的預算是六千四百四十九萬元，列在外交部預算內。局內的情況可說是人少、錢少、責任重。

如此情況下，蔣院長在六月一日下午召見我，說要新聞局接掌教育部文化局及內政部出版事業管理處的業務，這是更大的挑戰。我向院長報告單位員額的變換必須立法院通過，要分別修正教育部文化局及本局的組織條例，並且要修正內政部的組織法。這工作需要相當的時間，但是本局會先就各項問題預做準備。

我看到新聞局的職責日益增加，要同仁們能肩負起各項重任，只有提高同仁士氣、提升優秀人材，以及滿足同仁在經濟上的緊急需求。因此，我在到任之初即在局內設置意見箱，讓同仁提供建議，所有意見箱內的文件我都親自閱讀，斟酌實際狀況，盡可能付諸實施。我也設法爭取辦公空間，使處於局外的各單位都能回局辦公，改善辦公環境。

在提升優秀人才方面，我將國內處甘毓龍處長擢升為副局長。毓龍兄是一位誠篤君子，處理公事非常認真，對人極為謙和，自奉甚為儉樸，是非常難得的資深公務員。我也將國際宣傳處第一科科員黃肇松，逕升為該科科長。肇松兄當時主辦美國相關業務，思慮精密，文字暢達，很繁雜的問題經他分析，都成為簡明易懂的文字，工作上也屢有創見，他的升遷也許快了一點，但確是實至名歸。他以後轉入媒體服務，也有非常傑出的表現。

在解決同仁們經濟上的急難問題，局內確無經費可支應。不過，當時機關首長和副首長已有特支費，用以支付機關公費無法支應的費用，一般說是用來做婚喪喜慶的應酬之用，其中半數需有單據報銷，另外一半則憑首長副首長的領據報銷。當時待遇很差，絕大多數的首長都是領了做家用，同時家中購物的單據也拿去報銷。我看到父親二十年擔任首長，從未將特支費拿回家過，所以也仿效他的做法，將特支費完全交給會計主任，並請副局長、主任祕書和人事室主任經常瞭解局內同仁有誰急需的，就由這筆錢開支。以後李俊兄來局擔任副局長也比照辦理，將他的特支費交給會計室主任處理。這筆款項數目不大，但是讓每一位獲得補助的同仁都能盡心盡力為局工作。

# 第十三章
# 行銷中華民國

我在新聞局服務三年，對國際宣傳堅持不用教條式的反共八股，多多介紹我國的民生樂利自強不息，特別是寶島的風光秀麗。一方面達到我們國際宣傳的目標，另一方面又可化敵為友。

新聞局自行憲起成立，最主要工作就是國際宣傳。政府遷台後，這項工作遭遇很大的困難，因為中共占有大陸，先是利用第三世界國家為其鼓吹，並對我國攻擊不斷，而我國以當時政治及經濟情勢，尚未能在國際間嶄露頭角。因此國際媒體對我時有嚴苛評論，外人甚至將「台灣」誤以為「泰國」。

針對這一狀況，我至新聞局服務後，就決定徹底改變當時「口號式」的國際宣傳，不再以「反攻大陸」、「反共抗俄」等硬性口號為對外發言的重點；而以台灣的美麗天然環境、中華文化傳統、我國優良的教育制度及萌芽的工業發展，作為國際宣傳主軸。

## 登上國際媒體的進門階

當時國際著名媒體多不願刊登我國消息，新聞局不得已只有在有限的經費中，硬擠出廣告費，在暢銷媒體上刊登廣告，有的以文字為主，有的以彩色圖片為主。在廣告費用方面獲得經濟部孫運璿部長鼎力支持，向若干外銷廠商徵得若干廣告，這才使讀者更樂於閱讀我們的廣告。

一九七三年五月十四日，美國《時代》週刊初次登出有關我國的四頁廣告，同年五月二十五日《聯合報》副刊，登了在洛杉磯攻讀企業管理的林獻章先生所寫〈請大家告訴大家〉一文，其中提到：「這些《時代》的頁數一定花了我們的政府和商業界不少美金。然而我覺得這是值得的，身為一個主修現代企業的人，我當然強調廣告的重要。我尤其要指出的是廣告在今天企業界所飾演的嶄新角色，思想落伍的人忽視廣告，……稍微開明的人，願意花錢買廣告。」接著，從六月十一日至十一月二十四日《紐約時報》（*The New York Times*）每隔一週刊出四分之一頁的廣告，一共十三次。同年十月八日《新聞週刊》也刊出四頁廣告。一九七四年三月，《華盛頓郵報》刊出二全版的廣告。同年十月六日，《紐約時報》星期日版有三十二頁一冊的我國增刊廣告，題目是「自由中國邁向建設之八十年代」，這是仿照《紐約時報》星期雜誌編印的，甚具可讀性。

這許多廣告的編撰、安排和刊出，主要是由紐約新聞處陸以正主任負責，他是一位有高度工作熱忱的同仁，這段時間他不分晝夜，遇到問題就以長途電話和我聯絡，他認真負責、大公無私，新聞局很幸運能有如此優秀的主任，在紐約領導這項使國際開始認識我國的廣告工作。

或許有人懷疑這些廣告有人看嗎？為什麼要花錢去登廣告？事實上，廣告的內容和編排是很重要的，如果我們仍用口號式的硬性內容撰寫，一定沒人看。我記得當時蘇聯、外蒙、北韓也曾刊登廣告，但讀者沒興趣。而我們的廣告則非常軟性，美麗大方的小姐穿著合身的旗袍介紹我國觀光景點，在轉盤上色香味俱全的佳餚很容易吸引讀者。記得一次廣告中介紹我國年輕留美的公務員，有一張我的照片，沒多久我就收到許多美國友人的來函和電話，告訴我看到了那次廣告，並表示讚賞。為了一九七四年國慶，我們在《紐約時報》刊登的增刊，到十一月中旬我由紐約飛西岸班機的夾袋中仍看到，可見流傳了一個多月。

之所以需要刊登廣告，是因為國際對我們缺乏瞭解，又不肯刊登有關我們的新聞，所以只能利用廣告方式，將我們期盼國際瞭解有關我國的事和物傳播出去。以今天的情況，國際媒體對我國的新聞多能主動刊登社論或專論，並時常對我國做出正面肯定，刊登廣告已不是那麼重要。換句話說，在當時刊登廣告是我們對國際媒體的進門階。

## 自製紀錄片與刊物

到新聞局服務後不久，我發現政府宣傳刊物很多，本局出版的也不少，內容相當刻板，不易引起讀者共鳴，甚至不能使讀者有繼續閱讀的興趣。我就想先辦一份軟性訴求的刊物，配合大量彩色圖片，一九七二年七月十日與吳美雲女士主持的漢聲雜誌公司訂約，每年為本局出版六期彩色雜誌，定名為*VISTA*，每期共四十四頁，其中十二頁應為彩色。此刊物每期發行二萬六千份，其中英文占半數，一萬三千份；法文及西班牙文各發行六千五百份。新聞局支付該公司每年新台幣三百萬元，該公司仍可向外界徵集廣告，以挹注發行費用。

對於各機關出版的對外刊物，本局也呈請行政院指示設法精簡或合併。一九七二年國慶，就集中了各機關編印刊物的經費，編印了一部《中華民國》彩色畫冊，分別以英、法、西班牙文出版。

為了使各國新聞媒體能迅速獲得我國的新聞資料和新聞圖片，新聞局在一九七二年十一月成立了「自由中國新聞供應社」，在內政部登記，可在國外設分社派遣駐外代表。供應社每月兩次提供外文新聞資料及新聞照片，附英、法、西文說明。該社也代表本局發行英文《自由中國週刊》與《自由中國評論》月刊，以及本局製作的紀錄影片。

談到紀錄影片，新聞局的視聽室在駱仁逸主任領導下，每年製作四至六部半小時的紀錄影片。我到任後用了很多時間和製作同仁商討紀錄片的製作，從題目選定、內容涵蓋、鏡頭取捨，我都貢獻許多意見，主要是貫徹我在國際宣傳上柔性訴求的理念。當時拍攝的紀錄片有不少獲得國際影展紀錄片獎，本局駐外單位若只有一部拷貝，還常供不應求，這使得視聽室同仁的士氣大振。

除了自製紀錄影片之外，新聞局也委託外國專業人士製作一小時的紀錄影片，如「台灣——西方之龍」，我們委託國外影片供應商分發，供應商常以地方電視台、公立學校、教會或民間社團為對象，免費提供介紹我國的紀錄片，到月底依提供的次數觀賞人數，向我們收費。這做法使得各地基層民眾，對我國能有正確的瞭解。

## 加強國際行銷能力

新聞局同仁對工作很有企圖心，撰寫本國文字的稿件也能勝任，但是對於外文和企業界運用的傳銷手法則不盡熟悉，所製作的出版品或文稿、影片在國際上不易引起共鳴，這是不夠熟悉各國文化或現代公關做法所致。因此我上任後，透過當時美國在台北設之非官方機構「國際企業顧問服務團」（International Executive Service Corps）加強這方面的能力。

該機構是由美國企業界退休的高階主管組成，年齡約六、七十歲，生活富裕，不想過完全退休的生活，願意提供他們多年來工作心得給開發中國家的企業，完全是盡義務，不取任何費用。我正好和該團駐台北代表貝爾特（Robert Belt）先生是好友，因此向他提議可否代本局找一位顧問。本局是第一個政府機關向該團提出這類請求，華府總部非常認真尋找，最後提名剛由杜邦公司公關經理職位退休的羅賓遜（Tremain Robinson）先生，來本局擔任四個月的義務顧問，訓練同仁撰寫英文文稿、演講稿及公共關係事務；羅夫人則義務訓練同仁的英文會話。

羅氏夫婦自一九七三年四月二十日開始主持訓練，參加的除了本局同仁，還有行政院國際經濟合作發展委員會的同仁。撰寫文稿每兩週上課一次，同仁擬稿後由顧問個別指導；演講稿部分每月寫一個題目，個別指導；英文函件則同仁可隨時請益。公關方面每兩週上課一次，並有示範活動。

羅顧問夫婦認真負責，通盤瞭解本局業務後指出，我們的傳統包袱太重，很多工作只是沿襲舊規，不問其作用為何、目的為何、有無績效，只因過去這樣做就不能停止。他的看法非常正確，我特別利用局務會報提出，要求同仁改進。在返美前，他也將四個月來和同仁接觸、對每位同仁的瞭解，寫了一封密函給我，這封信我至今仍保存。

## 中日邦誼變色

我到新聞局服務不久，中日邦交就發生變化，日本媒體來華訪問絡繹不絕，每一位都要訪問我。那段時間為我翻譯日文的黃老生先生，把我的講話一遍又一遍，不厭其煩地用日文詳細傳述，使我不知不覺學了不少日文片語。

我並未直接參與中日之間的交涉，但由於蔣經國院長已逐漸主持國家大政，他每天大致會找我到院內談話兩次，一次是他早上抵達辦公室，一次是他準備返家前，談話常涉及當時重大的政治、外交或經濟問題。

一九七二年七月十九日，蔣院長接見日本駐華大使宇山厚，做長時間的談話。蔣院長對宇山大使表達了堅決反對日本與中共建交的立場，指出日本與中共建交不僅嚴重損害我國利益，對整個亞太地區包括日本在內，均有不良後果。蔣院長並表示，倘日本竟接受中共所提之條件，將是一個重要的國家在一次戰爭失敗後，做二次投降，實在不可思議。然而日本政府態度非常堅決。

七月二十五日，我國駐日大使彭孟緝會晤日本大平正芳外相，大平明白表示將積極推動對中共的正常化，兩方政府將直接談判，一旦完成，中日關係隨即結束，但是中日間的文化經濟關係仍將繼續維持。

我們政府曾洽請美國政府勸告日方持重。一九七二年八月一日，美國國務院主管政治事務次卿強生（U. Alexis Johnson）面告駐美沈劍虹大使，說美國政府曾一再提醒日本政府，美國仍堅定遵守與我國的條約承諾。《美日安保條約》第一條所指「遠東」，當然包括台灣，不論日本和中共發展何種關係，必要時美國仍將使用在日本和琉球的基地，以保障中華民國的安全。強生也提到美國曾向日方表示，美已告知其他各與我有邦交的亞洲國家，美雖與中共接觸，但不擬與中共建交，美將繼續維持與中華民國的外交關係與條約義務，希望日本政府比照辦理，但是，日方答覆無法照辦。自尼克森就任後一再對中共示好，日本已不信任美國所稱不擬與中共建交的話。

日本總理田中角榮於八月三十一日至九月一日，赴夏威夷與尼克森總統會晤，曾對日本與中共關係有所討論。在兩人發表的聯合公報中第三段，提到兩人共同期盼田中總理赴中華人民共和國的訪問，將有助於亞洲緊張情勢的弛解。稍後強生次卿告知沈大使，美國對日本無意違反將台灣包括在美日共同安全利益的立場，表示完全滿意。

中日斷交的兩週前，蔣院長接受了日本《文藝春秋》月刊的訪問，對日本做最後的呼籲。蔣院長指出，中日戰爭結束時，日本有超過兩百萬軍民尚在中國大陸，我政府決定將他們全部遣返，當時日本國內糧食嚴重缺乏，我們特別在有限的糧食中提供每人二、三十公斤的糧食攜回日本，以免返國後受到饑饉；為了避免蘇聯要求派兵占領日本，造成日本分裂，我們也主動放棄派遣占領軍駐日。

蔣院長在文中特別提到，日本方面認為當時中共特別是周恩來，對日本採取低姿勢，所以是與中共建交最佳時機，這是值得警惕的。因為六〇年代周恩來多次與尼赫魯熱烈擁抱，但是一九六〇年與六一年間卻發生了中印邊境戰爭。日本一旦與中共建交，中共一定比照早年對印尼的方式，利用在日的大使館、領事館施展滲透。中共雖承諾尊重萬隆會議和平共存五原則，不干涉日本內政，卻可利用日本國內共黨勢力從事「革命活動」。日本要與中共建交實在值得三思。蔣院長最後以「飲鴆止渴」這句成語，形容日本政府將從事的建交工作，認為是「自殺行為」，希望日本不要鑄下大錯。

雖然蔣院長苦口婆心地忠告，日本的田中角榮總理仍執意與中共建交。一九七二年九月二十九日星期五，蔣院長正在立法院進行施政報告，十一時我收到外電電訊報導日本與中共正式簽署建交公報，我當即呈給蔣院長備他答詢時使用。是日下午，大平正芳外相宣布中日和平條約已結束，表示與我國的外交關係無法繼續。我外交部的斷交公報卻到當晚十一時才發表，外電諷刺說一個公報要用十二小時才能寫好。

次日，蔣院長召我往談，對有關日本問題的國內宣傳工作表示嘉許，指示今後在駐日機構方面，本局與教育部應合設一單位，人員不必太多，宜精簡。

## 安排蔣經國接受媒體專訪

兩週不到，國慶大典，蔣公因健康不佳，未能親自主持；中樞紀念典禮及民眾大會均由嚴副總統代表並宣讀文告。外界揣測紛紛，此後兩年多，所有外國媒體來訪，或者我到國外訪問，首先被問到的就是蔣公健康的問題。作為政府發言人，無論是自由民主國家或威權統治國家，對於國家元首的健康是不能自由發言的；如果政府發言人公開說國家元首的健康非常不好，不僅會引起政治問題，甚至在經濟金融方面都有很不利的後果。因此，雖然自我擔任新聞局長開始，蔣公的健康已經很不好，我必須時時刻刻向各方面說明，他老人家身體健康或偶染微恙，正在休養康復中。

面對這樣的情形，蔣公不可能再接見任何本國或外國媒體的訪問，我必須說服蔣院長同意接見媒體。經過多次的報告和建議，他終於同意於一九七三年一月三十日在榮星花園，以園遊會方式與外籍記者會晤，亦邀本國媒體主管參加。新聞局特別透過救國團，邀請大專院校優秀學生擔任接待工作。該日正是新春前三天，所以定位為春節聯歡。蔣院長向與會賓客個別致意，也發表簡短談話。此後園遊會逐年舉行，他都很愉快地參加，只是地點改到台北賓館，在安全維護方面比較便利。

蔣院長也逐漸同意接見重要外國新聞人士接受訪問。一九七三年一月十八日，他接見了合眾國際社副總裁兼亞洲總經理裴奇（Robert Page），談話約一小時。同年除夕，他接見《紐約時報》台北記者竇奠安（Tilman Durdin），談話一小時。一九七四年二月二十四日週日，蔣院長接見《時代》雜誌香港分社主任羅萬（Roy Rowan），訪談長達一個半小時。同年五月二十二日，蔣院長接見了美國《聖路易地球民主報》華府分社主任奧勃朗（Ed O'Brien），敘談半小時。

這幾次訪問，記者都事先提出書面問題，新聞局協調外交部準備好書面答覆稿，奉院長核定後於正式接見時再交予對方。每次訪問結果都有大篇幅的刊載，使蔣院長在國際媒體上能獲得正面報導。這些訪問的文章，我們也立即送往所有駐外單位，廣泛運用。

新聞局不斷將有關大陸情況、我國經濟發展的資料、外賓訪華經常提出的問題以及答案資料，與本局歷次在外國報刊所登的廣告，提供各駐外單位，讓它們能持續獲有最新的傳播資訊，充分發揮駐外單位應有的功能。

## 創造形象，化敵為友

我在新聞局服務三年，對國際宣傳堅持不用教條式的反共八股，多多介紹我國的民生樂利自強不息，特別是寶島的風光秀麗。在宣傳做法上，先要使海外華人能消除誤會，一旦海外華人能充分瞭解我們，他們所能發揮的宣傳力量是新聞局絕對無法做到的。我深信，間接宣傳遠較直接宣傳有效。很多外國朋友對於中國問題有興趣，特別是有關中國大陸的，因為當時中共完全封閉，而我們的大陸工作單位常能獲得大陸內部的機密文件，新聞局洽得這些單位的同意，將文件翻譯成外文，提供國外新聞機構運用。紐約新聞處陸以正主任在這項工作上最有經驗，他經常是找一個對我國素來不太友好的新聞機構，提供獨家消息。這樣，一方面達到我們國際宣傳的目標，另一方面又可化敵為友，使這些新聞機構逐漸改變對我國不友好的立場。

新聞局變更國際宣傳做法，由美國魏德邁（Albert Wedermeyer）將軍在一九七三年八月七日給我的一封信中，可見其績效。魏將軍在信中說：「台端與貴局同仁在全球為中華民國創造有利形象厥功甚偉。多年前當余與貴國政府密切合作時，認為公共關係為貴國最為不足的工作。……今日在台端領導下之行政院新聞局所傳播之資訊則屬於最佳者。此項資訊傳播使貴國民眾於過去二十年之努力，受到有益之重視，以及使各國人士瞭解與台灣貿易有益，對有意旅遊者亦可保證其稱心如意。」

# 第十四章
# 整頓廣電出版

這段期間，我一直為三件事煩心，一是新工作牽涉到不少利益問題；二是新增單位人事如何安排；三是新增單位辦公地點如何安置。其中最棘手的，莫過於電影檢查。

我接任新聞局工作當日（一九七二年六月一日）下午六時蔣院長召見，要我接管教育部文化局和內政部出版事業管理處。我和同仁研商，他們認為文化局業務中的電影，本來是新聞局的業務，但是因是非太多而交出去，現在萬萬不可再拿回來。我也明白這些業務，院長要交給新聞局負責，有其政策考量，特別是他盼望新聞局能負責輔導所有與傳播相關的工具。不過，由於這些工作不是我們願意接受就可以接過來，所有相關機關的組織法要刪去這些工作，而本局的組織條例要增添這些工作，法的修訂不是一蹴可幾的。因此我勸請同仁不要過於反彈，先將修法的工作準備起來。

## 推動新聞局組織條例修正案

過了十五個半月，蔣院長又找我去談這件事，問我為什麼沒有動靜，指示要盡快去做。我即報告此事涉及兩部和本局組織法（條例）的修正，要先取得立法院的同意，並將局內所研議的修正條文呈閱。他覺得很滿意。

在處理調整過程中，內政部和教育部要將自己的單位交出來，不是易事，內部的溝通十分重要，所幸兩位部長（內政部林金生、教育部蔣彥士）都極為配合。但在本案正式在行政院通過、送立法院審議前，一九七三年五月八日兩大民營報都預先透露，使本局非常困窘。

執政黨中央常務委員會於五月十八日討論此案，無異議通過；次日傍晚蔣院長又約相關三位首長討論此案。我在會中特別提出，立法院未來通過本案，到本局正式接受三單位之間，三單位的業務仍應照常推動，並請兩位部長特別費神予以督導。蔣院長即席裁示請兩位部長特別注意。會中也決定先向立法院提本局組織條例修正案，兩部組織法修正案暫不提出。

期間，立法院重量級委員李曜林先生曾親自來局，建議在此一修改組織條例案中將本局名稱改為行政院文化局。我對於名稱問題不很在意，李委員又向黃少谷先生建議，經報告蔣院長認為以不改為宜。

一九七三年五月二十四日，行政院院會討論本局組織條例修正案，很快就獲通過，由院函請立法院審議。立法院迅速在六月四日舉行內政、外交、教育、法制四委員會的聯席會議，審查本局組織條例修正案。我在報告中指出，在亞洲各友邦中，泰國、越南、韓國的大眾傳播事業，都是由一個政府機關統一管理，我們這次的調整不是消極地精簡機構，而是積極地統一加強國策宣揚。當天上、下午都有幾位委員提出質詢，我逐一答覆，委員們相當滿意，順利完成委員會的審查，決議提報院會。

兩天後（一九七三年六月六日），我就奉蔣院長指派赴華府出差數日，主要任務是當時中共駐美聯絡處剛在華府設立，愛國僑胞示威遊行，其中我們大使館的武官和館員眷屬也參加了，國務院對我提出抗議。這是外交上重大事故，院長臨時要我去將政府重視中美關係的立場向使館同仁傳達，盼望今後不要再發生類似事件。我出差一週，六月十三日回台北，立法院院會於六月十九日三讀通過本局組織條例的修正。

## 三件煩心之事

這段期間，我一直為三件事煩心，一是新工作牽涉到不少利益問題，如何防弊；二是新增單位人事如何安排；三是新增單位辦公地點如何安置。我思考這三個單位的接管要如何興利除弊，其中最棘手的，莫過於電影檢查。

當時若干前輩告訴我，一部影片的製作費用不過數百萬台幣，只要能在國內賣出放映權，就可得二千萬台幣，再加上港澳、東南亞、東北亞、歐美的放映權，大約又可有一千五百萬台幣，利潤頗豐。但是，先決條件要通過電影檢查，取得放映執照。電影檢查時，最注意的是誨淫誨盜，所謂「枕頭、拳頭」的影片。今日這些影片遍地皆是，但三十年前國內民風保守，不能放任這種影片上映，所以電影檢查須嚴格把關。而影片的製作者一定會使出渾身解數，使影片過關，他們樂於付出很高的代價換得放映執照，也因此弊端叢生。

當時我只有三十八歲，從未接觸類似具有高度誘惑性的業務。我只知道蔣院長信任我，將如此困難複雜的工作交給我，這是只許成功、不容失敗的。

我很幸運請教了一位對於這項問題極為瞭解的前輩——司法行政部調查局沈之岳局長，他花了很長時間告訴我影片商可能使用的各種手法，要我妥慎應對。沈局長熱誠地說：「沒有人擔任公務員是為了貪汙的，可是有的公務員常受行賄的誘惑，平時他們都能拒絕，但如果家中發生財務問題，如子女教育費、太太生育費、父母開刀費無法支付時，要是有人行賄，他就有可能接受。受賄的事，有了第一次，必有第二次，最後無法自拔。」沈局長的這番話給我很大的啟示，使我領悟到要如何防弊。

我先告訴家人，絕對不可與陌生人交往，尤其是年節期間，所有電影界的餽贈都要婉謝。其次，我告訴負責三個新單位的副局長甘毓龍，要他不時注意三位處長生活起居、服裝衣飾是否有明顯變化；三位處長要留心其副處長；副處長要留意處內科長；科長則負責科內同仁。我自己則不時去毓龍兄的「蝸居」（非常簡陋的住所）探訪。此外，當時稱作「人二」（現名政風）的單位，則要特別重視貪瀆問題，如有任何風吹草動，都要立刻告知我。

行政院新聞局負責電影檢查業務，自一九七三年到幾年前不再做檢查工作，二十多年間沒有聽到有什麼不妥的情事。

新聞局接受三個新單位，各方推薦人員很多，我一開始就決定原單位的同仁能來局工作者應優先容納，如出版事業管理處幾乎是內政部的原班人馬。電影處我擇定中央委員會第四組主管總幹事戚醒波，他經驗豐富、處世公正，對電影事業有很大的貢獻。廣播電視處則由當時任國際經濟合作發展委員會（經合會）公共關係處處長鍾湖濱擔任，因為經合會改組為經濟設計委員會，公關處撤銷了。

新聞局原來辦公地點十分侷促，只是行政院大樓東側的兩層樓房，很多單位如資料編譯處、編譯室、敵情室等都在外賃屋辦公。有了擴編計畫後，我向院方請求將中正東路（現為忠孝東路）院大樓正前方的兩層樓房，當時由世、亞盟使用，交予本局。這項請求得到院方核可，世、亞盟搬到青島東路（現立法院的委員研究室）。當時台北市政府決定拓寬中正東路，我們新辦公室靠馬路的一半要拆除，也就是說，原來可獲得的辦公房舍要減少二分之一。

## 電影檢查分級

一九七三年八月一日，三個新單位正式來局展開工作。外界最重視的是電影檢查業務，我特別向國防部總政治作戰部洽商，提供本局幾位對電影業務有專業訓練的優秀軍官，在電影事業處工作，專責中外影片審查工作。這些同仁非常認真努力，對不當影片善盡了把關之責。

說到當時各方為什麼對電影檢查如此重視，主要原因是不良影片對青少年的確有很壞的影響。一部影片叫「女人四十一枝花」放映後，「張老師電話」就不斷接到中年婦女電話申訴，時常有鄰居的青少年或來家作客的青少年，對她們有不當輕浮的言詞或動作。經「張老師」分析結果，原來這些青少年都看了這部影片。另外，台南空軍基地發生十幾歲的青少年潛入基地，意圖劫機，事後審問這個未成年的男孩，他坦承是看了一部電視影片有類似情節，就加以模仿。

事實上，發育中的青少年，最喜歡模仿電影、電視中的人物，他們認為別人可以那麼做，為什麼自己不可以，而忽略了那只是一個故事。

新聞局接掌電影業務後，加緊電影檢查把關工作，也研究如何將電影分級，以逐漸減少管制和刪剪，用自律方式替代。美國在七年前，也就是一九六六年底就開始將電影分為一般觀賞、身心成熟者觀賞、限制十六歲以下須經家人監護始得觀賞、和十六歲以下不得觀賞四級。但這四級是美國電影協會規定的，並無強制力量，影片商未必照辦；且美國各州在行政上有其獨立性，未必都依照該協會的規定辦理。

我國對此問題訂有《電影檢查法》，只是相關規定在第九、十兩條都過於消極。我國有電影檢察制度，只要妥適分級，執行起來並無扞格。本局曾在一九七四年三月委託中國民意測驗學會做施政民調，曾擬有一道題目：「你贊成電影片分級嗎？」主辦單位表示，他們對分級問題的意義不盡瞭解，大概受測者也不會瞭解多少，建議將這問題取消。因此我們決定分級的事，要先宣導再實施。

新聞局處理電影業務不是消極的查禁，更重要的是積極輔導優良影片。當時正值影片普遍使用大銀幕和彩色之初，國內在設備和沖洗方面尚未達到一定水準，很多影片要送到國外沖洗，有的製片公司期盼進口先進機器設備，高昂的關稅卻是不容易負擔的。新聞局持續和財政部洽商，終於取得退稅或減免關稅的待遇。

為了鼓勵優良影片的製作，新聞局對製作主題正確、能振奮人心或參加國際影展為國爭光者，給予獎勵。一九七五年二月十五日，我在參加中華民國電影戲劇協會第十八屆大會時，公開宣布政府將輔導成立中華民國電影事業發展基金會，設立電影資料館，政府預定每年撥發新台幣一千萬元作為基金。基金會成立後，我曾短期擔任董事長，提名電影事業處同仁徐立功為電影資料館首任館長。

## 廣電輔導與淨化

在廣播電視事業方面，當時較受各方注視的是電視節目和廣告的問題。六〇年代國內只有三家無線電視台，還沒有公共電視和有線電視台。社會大眾對電視節目的批評，主要是內容低俗，過分強調暴力、犯罪和畸情濫愛；對於廣告，則認為過於集中在黃金時段，內容又常有不雅鏡頭。這些問題的肇因，是廣告市場不足，三台開銷龐大，為求生存，處處遷就廣告客戶，使廣告客戶得以支配節目內容。

有鑑於此，新聞局加強輔導與淨化節目內容。在三台開播時間，由廣電處同仁全天候監看並錄影存證，如有極不妥當的畫面，立即通知該台，情節重大者並予議處；對於一般性的不妥節目或廣告不當播出，則予記錄，每週一次將監看紀錄彙整分送三台參考；各台節目如有值得鼓勵之處，亦予記錄分送。各台間為榮譽感驅策，多希望常有被鼓勵的節目，如此，節目就不至於有日益惡化的走向。

當年電視節目，最受觀眾喜愛的就是連續劇。據說很多位長者在參加晚間宴會時，常常先問宴會場所是否有電視機，如果沒有，他們就會婉拒參加；如果有，則上菜到八時，所謂「八點檔」開播，他們就不再進食，全神貫注於連續劇。由於連續劇大受歡迎，吸引很多廣告，電視公司不願下檔熱門連續劇，常常加上離奇荒誕的情節拖戲，廣電處於是開始了劇本審查，並且限制連續劇不得超出六十集。我記得，最初審查劇本時，被要求自行修正再准演者，超過送審劇本的百分之五十，送審劇本被直接禁演的也超過百分之五。

在廣告方面，新聞局規定每三十分鐘節目，廣告不得超出五分鐘，而應分別在節目前後播出；同一類節目不得重複播出，廣告畫面及音量均應高雅悅耳。對於電視節目，特別注意勿使其廣告化。

在積極方面，新聞局研擬《廣播電視法》，提高節目中的新聞與評論、教育文化與公共服務節目的比率，以期廣播電視節目均衡發展；辦理優良廣播電視節目獎勵，於一九七四年三月二十六日辦理第一屆金鐘獎。

## 整頓出版及音樂傳播

出版事業方面，當時國內有三十一家報紙，在新聞局接管此項業務前，已發生印報用白報紙短缺問題。國內每年需用捲筒印報紙四萬五千公噸，而國內中興紙業公司只能生產三分之一，紙質脆弱，在高速印報機中甚易斷裂。一九七三年石油危機開始，全球印報紙供應受影響。《中國時報》負責人余紀忠先生於四月二十日來局，面告各報儲存印報紙均將用罄，須及早設法補充。當時即設法一方面使中興紙業公司改善生產品質並增加產量，俾使未來國內用紙能自給自足；另一方面設法向生產印報用紙國家進口，大宗物資的運載也是問題，擬由中國石油公司運油船協助；但更嚴重的是，政府對紙類進口關稅甚高，須設法調整。這項問題幸運得到財政部李國鼎部長支持，經多次協調終獲解決。

當時國內雜誌登記有案的有一千四百多種，其中公辦雜誌有一百八十二種，是中央和地方機關為宣揚本身工作績效之用。行政院認為數目太多，要新聞局協調予以整理減少。這是非常不討好的工作，經過一年時間，我們設法減少了百分之四十，降到一百種。

國內當時有一百二十六家唱片（錄音帶）公司，製作A版的公司，具有相當規模，本身有製作設備，有特約樂隊及歌星；B版則是翻版，規模較小。新聞局接掌業務時，正值不良流行歌曲風靡，社會各界時予批評，希望新聞局能正風移俗，大力淨化歌曲。但此時我國民主自由觀念已甚普遍，新聞局認為不能用過激的方式限制、干涉，應因勢利導，使出版業者樂於配合。首先，我們多次邀請音樂家、作曲家、作詞家、出版業者、廣播電視事業代表舉行座談會，充分交換意見，並據以訂定「歌曲出版品評審標準」十二條，讓業者有所依循。

廣播及電視的音樂節目常有「打歌」現象，也就是同一歌曲一再反覆播唱，民眾不滿向本局反映。當時台北共有十八家廣播電台，使用三十一個波段播音，音樂節目每小時要播放二十首歌曲，如果每個波段每天有十小時音樂節目，就需要播放六千二百首歌曲，而當時經甄選合格可播的歌曲僅一千二百首，難怪民眾常聽到同樣的歌曲。

為使民眾能聽到有意義的歌曲，新聞局於一九七四年八月洽獲中華民國國際獅子會總會、台視、中視、華視各捐台幣二十萬元，成立「廣播電視歌曲推廣委員會」徵選優良歌曲，第一期即徵得二千五百首有教育意義的藝術歌曲，各廣播及電視台均充分配合推動。

## 因應石油危機

這段時間，還有幾件事值得記錄。首先，一九七三年十月六日中東爆發了第四次以阿戰爭，埃及、敘利亞和伊拉克直接向以色列宣戰，而其他阿拉伯國家在政治、經濟、外交各方面採取一致反以色列的立場。中東石油輸出國家有了共同政策：所有站在以色列方面的國家，被列為石油禁止輸出的對象；所有持中立立場的國家，則減少對其石油的供應量；只有對於站在阿拉伯國家立場並明顯支持阿方行動的國家，才能維持過去的石油供應量。

我國正處於經濟起飛的階段，當年十二月十六日蔣經國院長又宣布在五年內要完成十項國家重要經濟建設，原油的穩定供應是非常需要的。但我們已非聯合國會員國，無法在聯合國中具體支持阿拉伯集團；同時仍與美國保持密切邦交，政治、軍事、經濟關係都很接近，美國是阿拉伯集團視為僅次於以色列的元凶，我們極可能被列入禁運或被減少供應的國家。真要是如此，我國經濟建設和成長勢必受到重大打擊。幸好後來我國主要供油國沙烏地阿拉伯宣布各國分類時，將我國列為友好國家供油，仍按過去的供應量。這項宣布使我國如釋重負，卻很少有人注意為何我國應歸類為禁運對象，卻能維持原供應量。

事實上，沙國費瑟（Faisal bin Abdul Aziz）國王於一九七一年五月十七日至二十日來華訪問四天，與總統蔣公有長時間會談。二十日上午十時，沙國國王離華，據當時擔任傳譯的定中明先生回憶，費瑟國王於登上專機扶梯後又下梯向蔣公鄭重說：「不管國際情勢如何變化，沙國將永遠站在中華民國旁邊。」（《定中明回憶錄》，定中明著，原載《中外雜誌》。二〇〇二年六月三日，第五二九頁）。兩國領導人惺惺相惜，應是原因之一。其次，當時的經濟部長孫運璿經營中沙關係，確保原油供應無虞，費盡苦心，孫先生與沙國石油部長雅曼尼（Shaikh Ahmed Zaki Yamani）建立了良好的工作關係。當年十一月下旬孫部長專程前往沙國訪問，與沙方洽獲協議，對於我國供油仍依以往的數量，不做任何削減。孫部長返國後，於十二月五日上午出席執政黨中常會提出訪問報告，大家對於這一喜訊都感到難以置信。

我詳述這段經過，主要是三十年後國家經過持續的經濟建設和成長，民眾都能享受繁榮富裕，年輕一代的朋友認為好生活是唾手可得的，常對於當時的領導人士，用今天的標準尺度做種種苛酷且跡近侮辱的批評，完全抹殺這些領導人士的貢獻，實在是不公道且與事實不符的。

## 信心喊話，加強宣導

我國的供油問題獲得解決，但是中東戰爭爆發，產油國家需要更多的錢來支援戰爭，油價勢必上漲，運油費用和保險費用也大幅度提高，進口油價因而大幅調漲，直接影響到汽油費和電費。蔣院長十分關心，親自主持研究如何調價。如果要反映實際原油價格，必將嚴重影響民眾生活；不充分反映原油價格，政府也無法長期貼補差價。兩難之間，大家終於決定對大眾運輸工具所使用的汽油價格，和民眾每戶基本的電價都不予調整，對私家車用油量愈高，調整的汽油價格愈高；對於私人家庭用電，超過基本度數愈多，電價也愈高。這項做法，以純經濟學的角度來看，未必正確，但是蔣院長愛民如子，十分關切升斗小民的生活，也指示要予以照顧。他認定油價電價一調整，必然影響全盤物價的上揚，只要能力所及，就要將對低收入戶的不利影響減到最低。

另一方面，行政院曾於一九七三年初宣布公用事業在年內絕不漲價，這項承諾必須遵守，蔣院長指示我，等到一九七四年初才正式宣布油電價的調整，這項宣布分兩次辦理。一月八日我奉命發表談話，說明為了使民眾能過個平安愉快的春節，政府早在一個多月前就已籌劃過節所需的各種物資，各項民生用品都已足敷市場需要，期盼民眾信任政府措施並密切合作，切勿購買超過必要的物品，也勿過度消耗浪費。我在談話中亦透露，在國際能源危機的高壓下，油電價格無法不做調整，但政府絕對將以最慎重、最穩健的態度來處理，顧及絕大多數國民的福祉和軍公教人員生活，更要顧及國家經濟的持續發展，希望民眾不要過度憂慮，也不要過於樂天，以為事不關己。

真正的宣布，是在春節過後的週六，農曆正月初四、國曆一月二十六日下午五時半。那天我患重感冒，發燒達三十八度三，只有請台大醫院謝炎堯醫師來家注射一千二百C. C.的葡萄糖後，四時去參加行政院臨時院會。會議結束後，我即宣布「穩定當前經濟方案」，特別強調這是將各項經濟因素充分考量後所決定的，今後將不會再有第二個方案，政府各部門也將徹底執行此一方案，也就是說，這是一項「一次調漲」的政策，以杜絕預期心理。

這一方案涵蓋油、電、交通、財金、大眾物資。汽油平均調漲百分之八十五，柴油百分之五十，燃料油百分之九十四；家庭用電在百度之內不予調整，超過百度者依超過度數比例遞增，營業用電調漲百分之百。鐵路客運依車廂不同由百分之三十至六十，貨運調漲百分之三十二，公路客運百分之三十二至五十，貨運百分之十五，航空票價百分之七十七，菸酒為百分之五十。

政策宣布後獲得民眾支持，無人囤積物資，也沒有車輛排隊搶加未漲價前的汽油。三十年後的今日，倘若有類似的舉措，是否能有如此配合，是值得我們省思的。

另一件值得記錄的，是新聞局考量當時民眾逐漸重視公共事務，而政府機關對於公關或政令傳播工作還不太習慣，因此，將政府重要建設工作和施政措施，用淺顯通俗的文字且加注音符號，編印成一本《政府在為你做什麼》小冊子。我們很大手筆地印了三百六十萬冊，當時台澎金馬的人口約為一千四百萬人，透過各村里辦事處希望每戶能分到一冊。這本小冊子於一九七四年七月出版，最後一頁附有十二題供讀者選擇，答完後連同姓名地址寄回本局，在同年十二月三十一日截止，屆時將在各縣市各抽出一位答案正確的讀者，連同台北市抽四位，共二十六位，由政府負擔旅費招待參觀十項重要經濟建設。

我們同時將這本小冊的內容，委託電視公司製作十二集電視短片，請三家電視台放映，增加民眾對政府工作的認識。這項工作獲得各機關和媒體充分配合，收效甚大。

## 處長涉嫌共諜案

另一件值得一提的事，與「白色恐怖」有關。一九七四年初新聞局第二處（掌理國際宣傳）處長周森鏞外調南美工作，局內決定由編譯室主任陳高唐接任。在辦理人事命令之前，我們循慣例正式致函司法行政部調查局查核擬任人選有無問題，調查局不久函覆該局並無問題，局內就報院發布人事命令。陳處長接任後不久，我就奉派赴美公幹一個月，四月三十日才返回台北。

一九七四年六月五日星期三，我在參加執政黨中常會後返局發現，調查局的趙作棟副局長在等我。他很客氣地對我說陳處長因涉調查局所查的一項共諜案，該局必須約談。我當時一頭霧水，只對他說陳處長在局工作認真負責，是良好的公務員，希望調查局本勿枉勿縱的精神辦理此案。

趙副局長走後，我立刻約了甘毓龍副局長和兼人二辦公室主任蔣倬民，來辦公室商談，因為我和陳處長只有短時間共事的經驗，他們兩位與他同事都在十餘年間。他們對我說，陳處長治公極為勤勉，私生活也甚嚴謹，如有任何問題，可能是他說話較直率，不知不覺中得罪了人。我請他們兩位去安慰陳處長夫人，並向調查局表示我極重視此事，希望局方秉公辦理，絕不可刑求。

一九七四年六月十七日，美聯社記者柏拉德（Leonard Pratt）已得到陳處長被捕的消息，他前來看我，我花了不少工夫說服他不宜發布，他很合作，但我也警覺此案如不盡速處理，必然會引起軒然大波。因此我和沈之岳局長聯絡，說明任用陳處長之前曾正式徵詢調查局意見，獲知可任用，現在不到半年卻涉案，外國記者也已知悉並擬報導。我想瞭解的是陳處長涉案究竟是早年的事，還是擔任處長以後的事。如果是前者，為何本局函詢時不將涉案事告知，現在卻積極查辦；如果是後者，則我有監督不周失職之處，當向蔣院長自請處分。

沈局長聽了我的話後，十分尷尬，表示我所說的是很合理的，局方或有疏失，他將詳查，必將給我一個明確的答案。

第二天下午，調查局高明輝副處長帶了偵訊陳處長的錄影帶給我看。我花了整個下午看，發現調查局在偵訊過程中一切合法，陳處長也有機會為自己辯護（當時我國《刑事訴訟法》仍需於起訴後，才能有律師協助辯護），更使我安心的是，案情所涉是一九四九年前陳處長在交通大學肄業時，有些同學涉及共諜案，牽涉到他。

一個星期後，我向蔣院長報告全案，他認為此案問題不大，希望洽調查局及早結案，我隨即將這項指示告知沈之岳局長。

經過了一個月又二十天，到八月十六日，沈局長晚上打電話告訴我，陳處長可於次日獲釋。果然第二天陳處長來局向我致謝，但暫時不能回到工作崗位。經過一段時間的休假，他改調為本局參事。

## 辦理六次行政院業務講習

最後要提一下，行政院辦理行政業務講習會一事。現在各級政府機關都極重視在職訓練，但三十年前，公務員的進修觀念和對業務的通盤瞭解還不很普及。一九七三年初，蔣院長指示為求各級政府主管同仁能溝通思想觀念，培養責任感及團隊精神，闡揚政府政策並統一革新工作方法，要舉辦公務人員講習。受訓人員包括各部會局處署的正副主管及若干重要單位科室主管，以及各部會局處署所屬機關的副首長，共六百人，分六期講習。

人事行政局奉命辦理，課程及講座由蔣院長指定，除他本人每期做一小時講話外，其餘五項課程是對外工作、經濟建設、教育與科學發展、行政革新、行政實務。講座依序由我、孫運璿部長、蔣彥士部長、李煥主任及瞿韶華副祕書長擔任；前四課每次三小時，最後一課是一小時。

這六次的講習，除了講座做一小時半到二小時的講述之外，也留有充分時間討論；透過討論，幫助參加講習的同仁逐漸建立共識。我自認這幾次的報告並不很成功，因為日常業務太忙，無時間好好準備。第二期課在六月十一日，我又奉派臨時出差，由外交部蔡維屏次長代課，他是我的老長官，口才極佳，相形之下，我的報告就更差了。不過參加講習的同仁，很多都較我年長甚多，以後見面時都對我鼓勵有加。院方和主辦的人事行政局，從反應表上也看到同仁們對我甚為垂愛。

# 第十五章
# 七次國外訪問

我兩次赴美巡迴演講都是單槍匹馬，未帶隨行人員，且幾乎每天都有演說，也無法預先準備講稿，往往在正式演說前的酒會，和與會人員交談時聽取他們的意向，再在現場決定講的內容。

我擔任新聞局局長三年任期內，曾赴國外訪問七次，其中四次去美國，兩次去歐洲，一次去韓國。

## 第一次：廣泛接觸美國各界

第一次是一九七二年十一月，駐紐約新聞處附設中華文化中心正式成立，並首次舉行藝術展覽，陸以正主任要我去主持。我在十一月一日啟程，先後訪問洛杉磯、聖地牙哥、紐約、華盛頓、舊金山各地，於同月十六日回國。除主持中華文化中心開幕以外，花了許多時間和美國政府官員、新聞機構以及在美學人、學生接觸，同時藉機瞭解駐外單位的工作情形。

這次在美國訪晤的官員，有洛杉磯市長岳悌（Sam Yorty）、美國駐聯合國副常任代表菲利浦斯（Christopher Phillips）大使、美國新聞總署署長沙士庇亞（Frank Shakespeare）、國務院助理國務卿葛林、恆安石（Arthur Hummel, Jr.）、副助卿史奈德（Richard L. Sneider）、白宮國家安全會議亞洲主任何志立等人。他們對於我國於退出聯合國後一年來的表現均表稱道；對於中美關係，則多勸我們勿擔心，保證尼克森總統不會犧牲我國而與中共建交。然而，菲利浦斯大使警告我說，尼氏好出「奇兵」，對未來美與中共間的關係，要我們特別提防有「奇兵」出現的可能。他也告訴我，美與中共的接觸點仍是巴黎，紐約方面只有事務性接觸，布希大使與中共的黃華代表也有數次半社交性應酬，美國在聯合國的代表團與中共代表團的關係，遠較與蘇聯代表團為佳。在華府方面，各官員均強調尼克森的中國政策普遍獲得美國人民的支持，因此希望我國政府切勿採取使美政府或尼氏受窘的措施。

聽了這段話，我的想法是美國希望能放手發展與中共的關係，要我們切勿做任何動作以致破壞。這是十分自我中心、有己無人的做法。美方官員也異口同聲希望我們切勿在美宣傳中共販毒。我立即反駁，從年初美國電視、報紙、雜誌一再抨擊我政府涉及泰緬邊境金三角區的毒品提煉及運銷，對美國造成大傷害，實為莫須有之讕言，我必須予以駁斥；對於中共部分，我方僅將資料提供有意研究此一問題之學者專家參考，並未積極宣傳。美方表達盼望我勿宣揚中共涉及販毒問題，在我和白宮何志立主任、國務院葛林助卿談話時都很明白地提出。我的解讀是，美方正積極推動與中共關係正常化，希望改變美國民眾對中共的看法，由不良轉為喜好。

訪美期間，我也設法廣泛接觸美國新聞界，希望他們能真正瞭解我國，也使我能對他們有直接的認識。我在聖地牙哥，曾分別訪問《聯盟報》（*San Diego Union*）和考普萊新聞社（Copley News），在洛杉磯訪問了《洛杉磯時報》（*Los Angeles Times*），在紐約訪問了《紐約時報》和合眾國際社、美聯社、哥倫比亞廣播公司電視網（CBS）、美國廣播公司電視網（ABC）、《時代》雜誌、《新聞週刊》和《赫斯特報系》（*Hearst Newspapers*），在華府則訪問了《華盛頓郵報》。過去我國官員常以為國際重要媒體對我們具有敵意，但實地和這些媒體負責人及負責編、採、筆政的人士晤談後，我發覺他們對我國的確有欠瞭解，主要是因為他們常提敏感問題，我們官員沒有直接答覆的勇氣，導致他們認為和我國方面沒什麼可談的。

我和美國媒體主要人物的晤談中，他們常提到的問題不外是：一、蔣公的健康？將來是否會有繼承問題？二、我國是否還能繼續存在？是否可能完全孤立？三、我國存在的目的和意義？四、外界常有我國與中共接觸或密談的謠傳，真相如何？五、我國是否可能與蘇俄或其他共產國家接觸？六、我對未來美國對華政策有何看法？七、美倘與中共完全正常化，我國將如何自處？八、所謂台灣人與大陸人的摩擦？

這些問題今天看來稀鬆平常，在當年卻是最敏感的。我的立場是有問必答，絕不敷衍或矇混，許多問題的答覆都需要將來龍去脈交代清楚，往往一場晤談長達數小時，我因此和許多美國新聞界的著名人物成為長久友人，如《聖地牙哥聯盟報》的總編輯平克曼（John Pinkerman）

在往後十餘年，我每去訪問，他必做全版或一版半的訪問紀錄。《華盛頓郵報》專欄作家卡諾（Stanley Karnow）每次來華或我去華府，一定要與我會面，也曾提供許多內幕消息。CBS新聞部負責人克朗凱（Walter Cronkite）是美國最為民眾信任的公眾人物，曾任白宮新聞部主任，在四分之一世紀間不時與我聯繫；他在我國訂購遊艇，也是託我全權為他決定。

這次赴美，我也奉命多與留學生、學人晤面對談。他們坦率表示，對於政府在兩年前釣魚台運動的舉措深感失望，尤其是將參加保釣運動者都視為「中共同路人」更令他們痛心。我盡力說明政府處理本案的基本態度，尤其政府不能做譁眾取寵措施的苦衷，使之看到問題的另一面。許多留學生也對我說，他們不敢回台，因為曾有回台九日，卻要費七天辦理再出境的事實，這種事一傳十、十傳百，使同學對政府產生離心力。我返國後就向層峰建議，留學生返國重溫國情，不宜以任何行政手續限制他們再出國；不久有關方面亦從善如流。

## 第二次：觀察南韓反共立場

自美返國後不到一個月，我又於同年（一九七二）十二月十二日至二十日，應韓國文化公報部長官尹胄榮之邀，前往訪問。韓方邀我去的主要原因，是那年七月初，韓政府宣布要和北韓進行統一談判，消息傳出後，我國普遍認為韓國反共立場動搖；而韓國同年十月為鞏固內部應付北韓，於十七日宣布全國戒嚴，停止施行憲法，又迅速公布類似我國憲法的新憲法。韓方盼望藉由訪問，使我們瞭解他們何以有這些舉措。在我訪問期間，韓國舉行大選，投票產生「全國統一運動會議」代表（類似我國大代表），東道主特別安排我到若干投票所實地觀察。

八天行程中，除了有半天去釜山和蔚山參訪外，主要是安排我密集地和政府首長、執政黨領袖、國會領袖、情報機構負責人、媒體負責人、重要學者會談。其中最重要的一場在十四日早晨，和有「韓國季辛吉」之稱、朴正熙大統領的安保特別輔佐官咸秉春博士見面。咸君畢業於哈佛大學，在延禧大學任教很久，著作甚豐，他說中共建國後不到半年就發動韓戰，最近一年多來中共在國際舞台上迅速發展，韓國甚恐北韓受其影響，再度發動侵略戰爭，不得不採取適當措施制止北韓。咸氏也指出，南北韓統一談判，亦可為南韓爭取時間全面建設發展。當時尼克森總統曾宣布駐韓美軍將於三年內撤除，屆時韓須獨立負擔防務，必先使北韓失去南侵藉口。此外，南韓內部有甚多原籍北韓的居民，深受家庭隔離之苦，在人道考量上盼能讓這些家庭有團聚機會。

除了咸氏提出的各項因素外，我相信過去一年，美日對我所做的種種不利舉措，亦使韓方感同身受，這點在我和漢城大學李用熙教授的談話中獲得證實。

我曾邀咸氏來華訪問，但稍後他就奉派赴美國擔任大使。一九七五年四月他返韓述職，特別與夫人來台與我聚晤數日，不久又要其子咸在鳳來台學中文；在鳳也因此與國維成為好友。一九八二年，他擔任全斗煥大統領祕書長，權傾一時，可惜第二年雙十節前夕，隨全氏赴仰光訪問，遭北韓置放的炸彈爆炸死亡，時年只有五十一歲，實在可惜。

韓方也要中央情報部次長金致烈為我簡報兩韓會談的實際情況，並安排參加會談的《中央日報》梁興模論說委員來看我，對此問題交換意見。他們說明，由會談可見北韓的強點在於思想徹底，無私心、貪心或自我中心；其弱點為思想空虛，所謂「金日成主體思想」並無具體內容。韓國方面，他們認為強點是思想自由，實力較強；缺點是個人觀念高漲，不務實。在會談中，北韓常想用「各個擊破」方式，在平壤會談時邀南韓代表個別商談；南韓方面則希望藉會談達成文化及經濟交流、離散家庭的團聚。

我在訪韓期間，曾接受成均館大學榮譽政治學博士學位，曾到過去李朝典藏政府檔案的「奎章閣」參觀，本想找李朝與帝俄所締密約的檔卷，但沒有看到。我也接受了漢城市梁鐸植市長所贈的市鑰，和國務總理金鍾泌頒授的一等樹交勳章。與韓方平面和電子媒體廣泛接觸後，我發現他們對我國瞭解不足，於是徵得尹冑榮長官同意，在我駐韓大使館內設置新聞參事處，羅英德大使慨允在大使館內提供辦公處所。我返國後就發表本局同仁白雲峰擔任新聞專員代理處務。

我回國後撰寫了十六頁長的書面報告，呈給蔣院長和沈昌煥部長，提到：「雖然韓國政府高級官員一再保證韓國與我之關係絕不會有任何變更，但此種保證以往在其他國家亦曾多次出現，但並未阻止該等國家變更其對華政策。今日大韓民國與北韓進行談判，頗多學者或觀察家建議，韓國與北韓談判之主要目標在希望經由北韓之斡旋，造成韓國與蘇俄及中共之接觸。關於此點，我國政府必須予以密切注意。」我也建議政府不能再忽視韓國，加強對韓外交關係，派遣優秀外交專業人員擔任駐韓大使。

## 第三次：審慎在美從事「對敵鬥爭」

第三次出國很突然，是臨時公差。一九七三年四月初，沈劍虹大使為了中共將在美設立聯絡處，返國述職。蔣院長於四月六日下午找了各在美派駐人員的機關首長，與沈大使共同會商如何強化駐美大使館功能。會中，蔣院長指示，凡在美設有數個單位的機關，應指定一負責人，直接向大使負責，接受其監督領導，凡有向國內機關提出報告時，都要報告沈大使。我立即指定駐紐約新聞處陸以正主任，為本局在美總負責人，隨時與沈大使聯繫並接受指揮。

過了一個多月，蔣院長於一九七三年五月二十四日下午召見，盼我能迅速去美國一行，但沒有具體指示。過了一星期，五月三十一日下午他又召見，告訴我最近因為中共在華府設立聯絡辦事處，我方積極在各地展開對中共不利的活動，此種將美國土地作為戰場的情形，是美方不欲見的。他希望我立即去華府面晤沈大使，傳達他盼望我方的各種「對敵鬥爭」活動要審慎，且不能落人話柄，維持中美友好關係仍是最重要的事。

到了六月四日，蔣院長會晤美國馬康衛大使，告知我將於兩天後赴美。我於六日中午啟程，當晚抵華府。次日早上到雙橡園見沈大使，將蔣院長的指示轉告，請他約束所屬同仁和眷屬，不要在美國土地上做出與當地法律牴觸的事。次日沈大使到旅館看我，要我向院長轉達他未能善盡職責，引起院長困擾的歉疚。他認為，中美關係在隔年年底前不會有嚴重問題，他也建議院長今後有關「對敵鬥爭」的任務，不要由大使館來承擔。

這次去華府，我因為蔣院長多次指示要我找一位能接替葉昌桐將軍擔任英文傳譯的人，我曾舉薦了幾位外交部同仁，他都認為太資深，恐怕耽誤同仁前途，後來我建議了在國防研究院同學宋達兄的公子楚瑜。楚瑜政大畢業後，赴美國加州大學留學前，宋學長曾要他來看我，我建議他在西部取得碩士學位後，不妨到東部攻讀博士，所以他以後去華府喬治城大學攻讀外交。我一九七二年赴華府時約見他，發現他可以擔負傳譯工作，因此這次又約他來談，他表示願先回國由院長面試，如能勝任，再返美辭去當時的研究職務。他的博士學位各項考試都已結束，論文不足部分，可在返國後公餘撰畢，再補呈校方。當日下午，我即離開華府返國覆命。

## 第四次：走訪歐洲七國，觀察冷戰後動態

第四次是於一九七三年八至九月間赴歐旅行。當時新聞局在歐洲有若干單位，在英國、法國、德國，外交部自關閉大使館後未設單位，是由新聞局設單位來處理若干外館應辦業務。我此行一方面約了歐洲本局十一個單位負責人，在西德波昂舉行業務會議，另方面也希望多接觸各國政府、新聞界和僑學界。我一共訪問七個國家，依序是義大利、奧地利、西德、比利時、法國、英國和丹麥，其中西德分兩次訪問。為了取得七國簽證，我在五十天以前就去申請，在啟程前還是有兩國（比利時和英國）沒辦好，到訪問途中才得到。這次經驗使我深感國內工商業界人士要去歐洲尋覓商機之艱辛。兩年後，我重返外交部負責推展歐洲事務，就以力洽各國在華設處，直接在台北發簽證，作為重要目標之一。

我於一九七三年八月二十三日出國，先到當時仍有邦交的泰國。駐泰大使馬紀壯將軍曾談到，中泰關係由於美對亞洲的政策轉變，以及中共不斷向東協國家示好，前景不樂觀。使館方面則盡力與泰國軍政要員多事交往，期能減緩情勢惡化。當晚新聞參事屠益箴在東方旅館租了東方皇后號遊艇舉辦酒餐會，廣邀泰方政要及僑界、新聞界人士參加，溯湄南河上航到古都再折返。這次的安排很成功，出席者都要等返航後才能告辭，不像一般酒會人來人往，主客間無法好好敘談。

次日（八月二十四日），由馬大使帶領，我先後拜會內閣首席部長沙永（Sayond）上將、東協祕書長乃順通（Sunthorn Hongladaron）、民聯廳長乃吉（Kritcha Punnatkanta）上將（民聯廳等於我國的新聞局）、內政部長瑪雷（Maruey）博士、政壇元老乃樸（Pote Sarasin）。這些泰國首長政要都有相當水準，對於我國很友好。

訪問泰國的另一經驗是，馬紀壯大使極嗜泰國水果之王——榴槤，也極力向友好推薦，並以長輩身分告訴我，如不嚐榴槤將不准我離開曼谷。我自幼就受母親影響，對氣味重的食品如蔥、蒜、韭菜、羊肉等從不進嘴，因此對馬大使的命令感到十分猶豫，最後為了不延誤行程，只能從命。一口榴槤入嘴，感覺像冰淇淋又像肥肉，不知不覺就吞了下去，沒有發生不良反應，很快就將一瓣榴槤吃完了。馬大使看了十分高興，表示又增收了一名榴槤喜好者。他表示在泰國吃榴槤是件很重要的事，最好的牌子叫「猛通」，其次是「甘夭」，泰國人喜歡榴槤，甚至會當了褲子去買。

離開曼谷，我前往歐洲第一站義大利羅馬，駐教廷陳之邁大使和本局駐義的尹沅主任來接，隨即拜訪《羅馬時報》萊達（Letta）社長，談話內容以中、蘇共關係和中共內部情勢為主。晚間款宴義新聞界人士。

在義大利停留一天半後前往維也納，虞為主任來接，去當地歌劇院對面的薩赫旅館（Hotel Sacher），那是座金碧輝煌的建築，但是房間格局很奇怪，臥室僅四坪而浴室有六坪，實在無法領悟設計師的思考方式。

在維也納三天，我廣泛與奧地利的報紙、新聞雜誌、通訊社及電視台的負責人士交換意見，每場談話都是二、三小時，他們感興趣的大致與義大利新聞人士相同，也常問到我國情況，特別是如果蔣公離開後，政治可能的發展。奧地利的新聞局長費歇爾（Franz Fischer），在總理府和我談了一個小時，他提到奧地利原對大陸市場存有憧憬，以後發覺中共方面對外國消費品並無興趣，只願購買工廠設備。數年前，奧國有一公司曾以整套工廠設備售予中共，數月前維也納舉行一項工業展覽，中共的攤位居然展出仿製該項工廠設備，最後該公司通知奧警方制止繼續展出。

一九七三年九月一、二兩日，我在西德波昂邀請本局駐歐十一個單位主管舉行業務會議，各同仁對駐地政情提出詳細報告，表示在無邦交的情形下，工作環境艱困，但同仁士氣高昂。我也將國內革新奮發情況向大家報告，說明在可能條件下將設法逐漸改善他們的工作和生活環境。我利用有限時間和每位主管個別談話，請他們提出不願在公開場合講的意見，這其中以「人」的問題最多，特別是與外交部單位間的問題，我盡量設法化解，強調統合戰力、一致對外的重要性。

在西德，我訪問了聯邦新聞局和主管國內和國際事務的兩位處長，研討工作相關問題，另外與外籍記者公會及德國廣播公司洽談。

九月四日轉往比利時，王鎮國主任在此地的工作頗有績效，他一連安排我去拜會許多比國政要，包括自由進步黨黨魁兼國務部長戴祥甫（Pierre Deschamps）、副總理兼財政部長克勒克（Willy de Clerck）、副總理兼預算部長丁德曼斯（Leo Tindemans）、北約新聞署長寇倫（Claus G. M. Koren）、歐洲共同市場新聞署長羅楠（Sean C. Ronan）。中比雖無邦交，但各位首長在辦公室接談，他們對我國在艱難環境中刻苦奮鬥，都表示感佩，認為我們必須堅忍圖存。他們也承認比國承認中共，乃一失策，但是比為小國，不能獨力抵擋時代趨勢，盼望仍能與我在各方面加強合作。

一九七三年九月八日我轉赴巴黎，主要與駐法同仁和僑、學界會晤。其間我曾會晤法國總統龐畢度（Georges Pompidou）辦公室專門委員高德蘭（M. Godfrain），他說明法與中共接近的唯一原因在牽制蘇俄，西德已有東進政策，法國要維持其強權地位，亦需與中共友好，因此法國與我關係的改善有其困難，但是他也暗示法國在暗中研究以具體事實如簽證或通航，加強與我雙邊關係。

一九七三年九月十一日赴倫敦，主要是與英國會議員聚晤，希望他們能在國會中組成友好小組，這是英國國會對個別國家聯繫並加強關係的機制。我也應英國著名《笨拙》（*Punch*）雜誌負責人考德瑞（Victor Coudery）之邀和其編輯們餐敘，長談二小時半，考氏允為我國出版專刊，派專人來華蒐集資料。我也利用週末，前往劍橋和牛津大學參觀，與留學生敘談。

九月十七日訪問丹麥首都哥本哈根，本局剛在當地設立機構，由名西畫家藍蔭鼎先生公子藍高容任主任，他安排了會晤經濟部長克里斯登森（Jens Christensen）、外交部祕書長柯增森（Sigrald Kristensen）、外交部新聞司長喬治（Andres Georg）和幾家重要新聞機構。所有談話集中於增強中丹交往，特別是貿易關係，因為我國與丹麥是一九四九年斷交，已有近四分之一世紀沒有真正的官方接觸。

九月二十日再赴西德，訪問其新聞機構重鎮漢堡。我由沈勝明主任陪同，分別與《時代報》（*Die Zeit*）、《世界報》（*Die Welt*）、《明鏡》週刊（*Der Spiegel*）、北德電視台和北德廣播公司的負責人交換意見。我也和基民黨青年聯盟主席艾克那赫（Jurgen Echternach）餐敘，艾君在以後二十年於西德政壇甚為活躍。

九月二十二日結束訪問赴法蘭克福，因班機久不起飛，抵達後德航赴港班機已起飛，不得已只好在機場過夜，搭次日班機赴曼谷。這班機途經以色列首都台拉耶維夫，正值以阿戰爭前夕，已交運的行李在登機前又全部搬到候機室，檢查人員要求乘客逐一打開，包括洗臉袋內的刮鬍膏也要試擠出一些，證明確實不是爆炸物。所有旅客都能瞭解飛行安全的重要，被檢查了兩個多小時，毫無怨言。

這次赴歐訪問，我發現各國仍沉醉於「解凍」（detente），對任何政治鬥爭或軍事衝突均不感興趣。當時在日內瓦舉行的歐洲安全會議第二階段會議，東西雙方各有不同看法與自私企望，然歐洲自由國家透過現有的區域組織，與其他權力中心談判時可強化其地位。因此，我們處理歐洲事務，一方面要注意歐洲國家的個別性，同時不能忽視歐洲自由國家的整體性。

當時歐洲主要困難仍是經濟問題，共同市場的組織使彼此互通有無，但是歐洲各國積極推動社會福利政策，致使人民對政府要求日增，政府為應付需求，必須增加賦稅，中產階級的所得稅負已近百分之六十，貨物的增值稅由百分之十六至二十五不等，在在助長通貨膨脹。社會福利制度太完美，民眾對工作興趣降低，失業後坐領救濟金，直到找到另一滿意的工作為止，以往辛勤敬業精神逐漸消失。歐洲人咸認為，此乃經濟發展導致的社會問題。

## 第五次：巡迴美國演講，分析中日斷航問題

第五次的國外訪問，是因為我國要參加美國華盛頓州史波肯市（Spokane）世界博覽會，其中一項參展項目是當時剛開始的多媒體影片，這是在美國委託賽克斯公司製作。由於是創舉，國內長官均要瞭解是否妥適，決定由我前往初步觀賞（當時無法在國內放映）。蔣院長又命我到美國各大都市做一個月的巡迴演講，我就委請紐約新聞處陸以正主任全權安排。

這次旅行自一九七四年四月一日開始，五月一日結束，先後去了波特蘭（Portland）、史波肯、西雅圖、芝加哥、波士頓、紐約、華盛頓、洛杉磯、鳳凰城、聖地牙哥、舊金山、檀香山十二個城市。期間，每天從清晨到半夜工作不停，因為有些電視訪問是清晨六時或七時現場節目，若干廣播電台的訪談常是午夜。我一共做了二十一場演講；十四次電視訪問包括紐約 NBC

的「今日」（Today）節目；六次廣播電台一至二小時的訪問，包括「叩應」的問題；二十一家重要報紙和新聞雜誌訪問，很多報紙有整版的訪問紀錄，也有的撰寫社論支持我國。

我在各地的演講訪問中，都提到我國在外交上雖然遭遇挫折，但全國上下莊敬自強，政府厲行革新，具體推動民主政治，普遍提高民眾生活，全國人民戮力齊心從事國家建設，具體表現為政治安定、經濟繁榮、社會平等、教育普及。我也常提到蔣院長時時利用週末假日，深入民間，到山區、海邊、離島、鄉村與基層民眾接觸，縮短政府與民眾的距離，最重要的是他不需要任何特殊安全措施，很安心地和民眾接觸。

在經濟方面，我特別介紹兩點：一是加速農村建設，政府運用預算為農村人口（當時占百分之三十八）提供服務；另外是十項建設的積極進行。這兩項措施在國際通貨膨脹、能源危機、物資缺乏、經濟萎縮之際進行，似乎不適宜，而且很辛苦，政府負擔也重；但是政府是基於對民眾負責，倘若現在不做，五年或十年以後再做就太晚了。

正當我訪問美國華府，我政府於四月二十日宣布與日本中止航空關係，即斷航。我正好在華府參加國家記者俱樂部的「新聞人物早餐會」，各方媒體紛紛提問，有的指責我國立場過於固執，舉措不合國際通例；有的甚至指責我們不該宣稱斷航後倘有日機飛越我國領空將予擊落。我提了以下四點說明：一、我政府從未表示將擊落飛越我領空的日機，這是日方揑造、戲劇性的渲染。二、我所堅決反對的是，日本大平外相的發言侮辱我國尊嚴。三、我曾多次坦告日方，我堅持的是原則，也就是不能每次中共對日本勒索，日本即退讓。四、日方對我所做的是任何主權國家不能忍受的，我亦知斷航對雙方均有損失，但日方無理舉措，使我別無選擇。

這些說明使美國新聞界人士得到平衡觀點。一九七四年四月二十日後，我也遇到不少僑胞、學人、學生，他們都對這項措施表示支持和讚揚，他們表示自釣魚台案發生以來，海外同胞對政府都有一種錯覺，誤以為政府因外交顧慮，在對外交涉時未能採取強硬態度，此次政府毅然對日本採取斷航措施，使他們寬慰。

在華府期間，我曾於四月十七日上午隨沈劍虹大使赴國務院，訪晤主管亞太助理國務卿殷格索（Robert S. Ingersol）及副助卿恆安石，談話一小時多。他們主動提到中日航線問題，並對雙方不同立場表示誠摯關切之意。殷氏表示，倘中日均各走極端，未來可能造成對兩方均不利的情形。當時媒體廣泛刊載一旦斷航，我國將對飛入我防空識別區之日機，一律予以擊落。國務院明瞭我不致如此做，但是他們認為，即使我們僅將日機驅離，也可能在國際上引起對我不利的評論，因為國際航線機師都有國際公會的組織，對於這種做法一定會有強烈反應。

我說明本案是原則問題。日本方面對中共的勒索一再讓步，犧牲我國權益，長此以往，不知終將伊于胡底。我方亦曾將對本問題立場，迭次告知馬康衛大使。殷氏又稱，美方與中日兩國均極友好，無法左右偏袒，但認為雙方應發揮高度外交藝術和智慧，經由適當途徑商談解決；他也曾於前天約日本駐美大使做相同的表示。我即指出，日本大平正芳外相遷就中共，甚至提到我國不是主權國家，本案我們是受傷害之一方，美方宜認清問題癥結。談話結束後，沈大使和我研商認為美方曾約日使去談，表示關切，並未約沈大使去談，似認為日方舉措未盡妥當。

## 頌讚錢復插曲

這次旅行中，有件事很具人情味。四月十五日晚，美國亞洲人演講局為我在紐約市體育俱樂部（Athletic Club）舉行了大型餐會，名叫頌讚錢復餐會（Testimonial Dinner for Fredrick Chien），群賢畢至。主持宴會司儀是天主教神父賴恩斯（Dan Ryans），有多人先後演講，最後是我講。進餐時，請了來自愛爾蘭的妙齡少女康妮小姐（Ms. Connie）演唱，她經常在愛國天主教堂獻唱聖詩。結束前，賴恩斯神父要我選一首歌請康妮小姐唱，我點「O Danny Boy」這首愛國名曲，她唱得十分好，真是迴腸盪氣。過了幾個月，我在《時代》週刊上看到天主教會因賴恩斯神父結婚，將他逐出教會，對象就是康妮小姐。不久我就收到他的來信說，就在那晚他墜入愛河不能自拔，只能結婚，離開神職，由紐約到南部亞特蘭大，生活無著，要我協助。我託了當地單位聘他為撰稿顧問。幾年後他們轉往中西部，駐芝加哥新聞處也聘用他幫忙撰稿。我每年聖誕節一定收到他們全家的照片，成員逐年增加；後來聽說教會又重新接納他。我無論如何也未曾想到，一頓晚餐會竟引起如此羅曼蒂克的發展。

## 第六次：西德巡迴演講

第六次出國是一九七四年十一月去西德巡迴演講。先是八月間，本局在德的公關人員格勞（Tom Glaue）向駐漢堡新聞處建議，利用西德共濟會（Kiwani's）全德年會邀請我赴各大城市演講，我先考慮身分問題，究以新聞局長或非官方名義為宜。經洽西德外交部東亞司，認為用自由中國新聞資料社發行人名義應無困難，所以決定十一月十一日啟程。

不料啟程前一週，德外交部以《國際先鋒論壇報》（*International Herald Tribune*）於十月二十八日刊登專文指出，我在外交上雖處逆境，各項對外活動均甚活躍，並提到我在西德設有數個「遠東新聞處」，以處理有關事務為藉口，建議我取消行程以免中共抗議。我方表示，一切已安排就緒，事先也徵得西德外交部同意，怎麼可以變卦？德方乃表示，如成行則不可在任何新聞中出現，換言之，所有已安排好的漢堡報業公會演說，及電視訪問與記者會必須取消。經我詳細研究是否中止此行，確是利弊互見。若取消行程，將使原邀請單位甚失望，況且我已取得西德簽證，如西德政府果欲向中共屈服，自然可以取消簽證，當時並未如此做；如果我中止不去，今後西德方面遇事，就可對我們施壓，迫我就範。最後我決定仍如期前往。

有了上述背景，節目安排上也以私人方式為主，在漢堡、科隆、西柏林及慕尼黑發表演說並接受問答外，其餘時間盡量與國會議員、新聞界和學術界聚晤，闡明我國的政策和主張。原先約定與西德新聞局長和西柏林市長的約會，都在約定時間數小時前通知取消，以後知道是中共在西德使館看到《西德僑報》刊登我在西德可透過德中協會辦理領務，而向德方提出抗議。西德外交部備感緊張，於十三日晚舉行緊急會議後，決定對上述官員施壓，要求取消會晤。

西德新聞界似多有瞭解其政府對我的限制，《時代報》、《明鏡》週刊、《萊茵河信使報》總編輯，分別對我表示該國政府的舉措有悖新聞自由原則，西德是一主權國家，卻受制於另一外國政府，實在有損國家尊嚴。

我在西德的演說和談話，都強調我國政府目標不僅在於全力建設自由基地，更欲使全體中國民眾都能享受自由民主的福祉。關於我國經濟，年初由於能源危機使物價波動，但政府特別照顧低收入民眾的生活，近數月來物價已有回降趨勢。我國因進口原油價格上揚造成貿易逆差，但在勞務及資本移轉方面有盈餘，而使國際收支未發生重大失衡。由於國際不景氣影響，若干外銷廠商停業，但勞工因十項基本建設之需均能順利轉業，無失業現象，社會情況亦極安定。

## 第七次：統一我駐美單位說法

我由西德返國不到兩個月，蔣院長在一九七五年一月十四日下午召見我，囑盡速赴美，多逗留一段時間，設法統一我駐美各單位對美國說法。他具體指示我們，應該強調中美友誼是基於歷史、道義和共同利益，我們是美國的友邦，對美國並無特別需求，但是我們要指出，美國最希望在全球各地降低緊張情勢，惟如果美國想要承認中共，則將升高全球緊張情勢。我奉指示積極籌備，於同年二月十七日啟程，這是為時五週的第七次國外旅行。

因為這次赴美距上次巡迴演說只有十個月，所以除了華府、紐約、洛杉磯，完全選擇上次未去之地，共去了十四州、二十四個城市。也是由於蔣院長的指示，這次訪美，除演說、訪問新聞機構及廣播電視訪問外，盡量與美國朝野人士做深入的談話。綜計全程共有二十六次演說，十七次電視訪問，與新聞界深度談話十八次，參加學術討論會十二次，其他晤談聚敘五十六次。在各地，我均多與州、市政府首長會晤，共見了九位州長、五位市長。

我兩次赴美巡迴演講都是單槍匹馬，未帶隨行人員，且幾乎每天都有演說，也無法預先準備講稿，往往在正式演說前的酒會，和與會人員交談時聽取他們的意向，再在現場決定講的內容。我自己帶了小型錄音機，返國後請同仁將錄音帶轉成文字，出版了兩本英文小書，第一本題目是《朋友的講話》，第二本是《更多友誼的講話》。

這次訪問，演說後的問答和其他晤談時美方所提的問題，大致上可歸納為以下幾項：一、我國在未來是否可能與中共和談或接觸？二、我國年長一代領袖固然反共，將來年輕一代是否可能改變？三、我國與蘇俄間的關係如何？蘇俄與中共間的關係如何？四、我國是否可能考慮成為另一獨立國家與大陸分割？五、美國與中共再進一步正常化，我國將如何自處？這些問題相當敏感，稍有疏誤可能發生重大傷害，所幸我多年來為蔣公傳譯，這些問題並不新穎。

我在各地受到美國友人熱烈招待。二月十九日晚加州前任州長老布朗（Edmund Gerald “Pat” Brown）在其洛杉磯比佛利山的巨宅設宴款待，請了許多陪客，包括以後擔任國務卿的克里斯多福（Warren Christopher）和曾任聯邦證券管理委員會主席及白宮法律顧問的希爾斯（Roderick Hills，其夫人即曾任美國貿易談判特使的卡拉希爾斯 Carla Hills）。老州長跟我說，他這二位律師事務所同僚分屬民主、共和二黨，將來必有輝煌前途。我也請他向民主黨自由派參議員多為我國進言，並請他安排其子小布朗（Edmund Gerald “Jerry” Brown）州長接見。在阿拉巴馬州首府訪問時，華萊士（George Wallace）州長派遣警車全程開導，在州政府有長時間談話，以後當地有一歡迎我的酒會，他不顧行動不便，全程參加，舉杯向與會人士介紹我國政治安定和經濟發展。在新罕布夏州訪問時，湯姆遜（Thompson）州長在州政府及官舍升起我國國旗，全程陪同我前往每一節目，親自駕車，並洽州議會邀請我向四百多位議員講話，結束後該州議會立即通過友我決議案。

一九七五年三月八日晚間，美國前太平洋總司令馬侃上將在其華府康乃迪克大道寓所款宴我，他在宴中說，他的夫人出國旅行，原不宜在家宴客，不過他的家正好在中共聯絡辦事處的對門，所以他特別在家舉行，要我明白有一位好朋友全天候替我們監視對門的活動。在座貴賓有美前駐義大利大使魯斯夫人（Clare Booth Luce）、眾院軍事委員會主席普萊士（Melvin Price）、前參謀首長聯席會議主席泰勒（Maxwell Taylor）上將等多人。宴會結束後，馬侃將軍密告甫於前日會晤福特總統（Gerald Ford），談到我國戰略地位的重要，建議應派重要官員訪華。三月十日，韓裔富商朴東蓀在他主持的喬治城俱樂部辦了一近兩百人的宴會，伊利諾州以自由派聞名的安德森（John Anderson）眾議員講話表示：「只要有一個自由美國存在，就必有一個自由中國存在。」商務部長鄧特（Fredrick Dent）則表示：「中華民國所以能有如此輝煌的經濟貿易成就，主要原因係由於蔣總統英明領導。」

在華府訪問時，沈劍虹大使密告他在一月四日接到國內電報要調他回國，由周書楷政務委員接任，但在徵求同意時美方表示一動不如一靜，因此他認為中美關係的中止，只是早晚問題。

返國途中，我曾在明尼蘇達州訪問，於三月二十日去拜會安德遜（Wendell Anderson）州長，這是臨時安排的。我事先對州長無太多瞭解，因此當天清晨我買了所有當地的報紙，企盼能找到一些可和州長溝通的話題，在報紙上找到一則消息，提到明州失業率為百分之五點六，遠較全美平均失業率百分之八為低。所以，我到了州長辦公室坐定後先向安氏致賀，他所治理的州就業狀況較他州為佳。他毫無喜悅之色，答道：「不是我的政績好，而是明州太冷，失業者在冬季都到南部佛羅里達州領取失業救濟金，所以列為佛州的失業人口，天氣轉暖後，他們還會回來的。」安州長這番話，留給我非常深刻的印象。回國後，我奉命到執政黨中常會報告訪美觀感，特別提到這段談話，呼籲政府一定不能輕易採行失業救濟金政策，而應該盡量加強失業人口的職業訓練。

我正在明州訪問時，得到內人的電話告知，母親因肺氣腫病況嚴重，已住入台大醫院並經過兩次輸血，心中十分著急，所幸旅程已快結束。我於二十四日返回台北立即到醫院探視。母親一生非常堅強，這次看到我時神情悲戚，和平日充滿自信的樣子完全不同，我瞭解到她狀況相當嚴重，但是過了一星期卻可以回家休養了。

# 第十六章 蔣公逝世

蔣公逝世消息傳出，美國福特總統立即發表聲明，讚揚蔣公是「一位堅定正直有高度勇氣並具有沉著政治信念的偉人」。兩天後美國政府正式宣布由洛克斐勒副總統擔任特使，率團來華。

蔣公於一九七二年五月二十日就任第五屆總統，時已八五高齡，因此就職大典時間很短，就職演說也甚精簡。稍後外國特使晉見，我隨侍傳譯，越南陳文香副總統代表致頌詞，時間稍長，蔣公站立略有不穩且有搖晃，大家都很緊張，晚間中山樓進行國宴還算順暢。次日下午蔣公在士林官邸先後接見越、菲、泰、韓、美五國特使，每位十五分鐘，在結束時蔣公的精神矍鑠，使我甚感安心。

但是不到一個月的時間，七月十八日下午蔣公在陽明山中山樓接受沙烏地阿拉伯新任大使丹佳尼（Danjani）呈遞到任國書，我注意到他的雙手顫抖不停，面部似乎改變。根據蔣公醫療小組成員姜必寧教授於三十年後所撰〈血管擴張劑的奇蹟〉一文記載，兩天後，也就是七月二十日，下午蔣公在陽明山中興賓館突感胸口不適，全身冷汗，神智迷糊，進入休克狀態；經心電圖證實為急性中膈心肌梗塞症，經十二位名醫日夜守護，三天後余南庚教授由美返國，決定以周邊血管擴張劑作靜脈注射，到二十四日才逐漸恢復。

這些狀況我在當時不知道，我唯一能感覺到蔣公健康可能有問題的是他不再接見外賓了，也不主持執政黨中常會。我由六月一日到新聞局工作後就要列席每週兩次的中常會，一次是週一下午三時，一次是週三上午九時。到了七月一日中常會才改為每週三上午舉行一次，那時會議都是由資深常務委員輪流主持，蔣公並未蒞會過。

以後不斷有國際媒體詢問我，蔣公是否已罹患重症，甚至有的更直接問到蔣公是否已逝世。所幸一九七三年十一月執政黨在中山樓召開第十屆第四次中全會，蔣公伉儷曾接見大會主席團，攝有照片並對外公布；一九七三年七月二十四日，官邸也曾公布蔣公伉儷與愛孫孝勇、孫媳方智怡的照片。這兩張照片對我來說，不啻是最有效的說明。

## 四月六日雷雨傾盆

一九七五年四月六日凌晨，台北市雷雨大作，約一時半蔣公的文字祕書周應龍打電話告訴我令人無限哀痛的噩耗——蔣公已逝世，要我立刻趕往官邸。在大風大雨中不容易找車子，我只能請內人起床駕車前往士林。我們於二時到達，看到每人的臉上都充滿了悲傷。我取得了一九七五年三月二十九日蔣公口述，由秦孝儀副祕書長記錄的遺囑，上面有蔣夫人、嚴家淦副總統和五院院長的簽名，其中蔣院長的簽名極為顫抖，可顯示他心中的哀痛；另外也拿到了由王師揆、熊丸、陳耀翰醫師署名的醫療公報，述及蔣公於五日晚十時二十分有突發性心臟病，經急救無效，於十一時五十分去世。

我立即電話告知新聞局甘毓龍副局長，分洽各平面媒體預留版面。稍後即隨同蔣公家屬及侍從同仁護送靈車，往天母榮民總醫院太平間。大風雨的街上十分清靜，幾乎未見路人，安靈後我回到家中已清晨四時半，家人也都起來，電話響個不停，各方都想知道這消息究竟是誤傳還是真實。有好幾通電話，對方聽到我證實這項消息後，聽筒的另一端傳來放聲大哭的聲音。我略事梳洗，於六時半趕往中央黨部，七時舉行臨時中常會，由倪文亞院長主持，派定十七位治喪大員，設立治喪辦事處，由俞國華、費驊、秦孝儀召集。常會也通過依《憲法》四十九條規定由嚴副總統繼任，任期至一九七八年五月，並定上午十一時在總統府宣誓。

## 訂定治喪事宜

此外，蔣院長因喪父之痛呈請辭去行政院長職務，經常會議決同意喪假一個月，院務由徐慶鐘副院長代理，至於請辭一節則請蔣院長「深維古人墨絰之義，勉承艱大」。關於誌哀辦法，決定全國及駐外機構一律下半旗一月，娛樂業停止營業一月，平面媒體使用黑色油墨印刷一月，電視以黑白播出一月，綜藝節目停止三日，連續劇停播一月，背景音樂改用哀樂。我迅即返回局內協調辦理誌哀事項，十時在信義路教育部招待所（原陳故副總統寓所，後為中正紀念堂）參加治喪辦事處第一次會，我被指定為新聞組長。

一九七五年四月七日上午十時半治喪大員第一次會，決定興建中正紀念堂外，有關娛樂業（包括戲院、電影院、舞廳、夜總會、歌廳、酒家、酒吧、特種茶室、遊藝業及廣播電視之娛樂節目）停止一個月之事，總統府鄭祕書長表示對業者影響太大，建議縮短。事實上蔣院長在六日下午聽到這項決定的報告也不以為然，曾指示我予以研究，在會中我提出了修正案「擬自即日起至公祭日止，全國各娛樂場所一律停止娛樂。自公祭之次日起至五月五日止，影劇及廣播電視具有社教文化意義而以嚴肅方式表達之節目可予開放」。各位大員均予認可，決定公祭之日定為四月十六日。

治喪辦事處決定在國父紀念館大廳設置靈堂，自七日下午一時起開放供民眾致哀，各機關、學校、部隊均可設靈堂。另決定四月九日正午，由榮總移靈國父紀念館，供民眾瞻仰。

## 美弔唁特使幾經更換

蔣公逝世消息傳出，美國福特總統及季辛吉國務卿均在加州，福特總統立即發表聲明，讚揚蔣公是「一位堅定正直有高度勇氣並具有沉著政治信念的偉人」。季辛吉也致函沈昌煥部長，表示「蔣總統的懋績在當代歷史上將永垂不朽」。到了八日，我們獲悉美國政府將派農業部柏茲（Earl Butz）部長率團來華擔任弔唁特使，消息傳出，各界均有極端不以為然的反應。九日下午四時，蔣院長在國父紀念館召見我詢以此事，我忠實將各方反映報告，他很冷靜地指示我可將此等反應告知安克志（Leonard Unger）大使，我當即遵辦。同時，華府方面許多我國的友人如高華德、鄺友良（Hiram Fong）兩位參議員和陳香梅女士等也主動向白宮方面反映，兩天後美國政府正式宣布由洛克斐勒副總統擔任特使，率團來華。

治喪辦事處每天聚會一至二次，處理各種突發狀況。例如民眾瞻仰遺容時間原為每日上午七時至晚間九時，但排隊的人太多，到了結束時間仍有許多人等候，所以十日就決定延長為每天清早六時至午夜。十一日，我們曾為蔣公服務的侍從人員輪值夜間守靈，由晚間十時至次日上午五時。蔣公早年的重要侍從人員，如錢大鈞、吳順明、俞濟時等均已超過「從心所欲」的年齡，仍堅持前來。等到民眾逐漸離開，我們就在一起追念當年隨侍蔣公的點點滴滴。到了凌晨三時，楚崧秋先生叫我陪他到國父紀念館外走走，我們到了外面才發現，原來許多民眾早已安靜地在外排隊，大家神情嚴肅，十分有秩序，我們看了很感動。四時二十分，蔣院長經短暫休息也起身，叫我隨他到館外向民眾致意。他要民眾當心不要著涼，民眾請他節哀，所有人都是淚流不止，這自然而動人的場面，我幾十年來始終不能忘懷。

我曾隨侍蔣公九年多，感受特別深，而自己詩文根底不夠，只能將自己的感覺請新聞局主任祕書熊琛兄代我撰一輓聯：

天降民族救星，獨任艱危，但論保國衛民，已自功召萬祺；忝居元首記室，親承謨訓，若云感恩報德，詎至心喪三年。

## 奉厝慈湖

蔣公大殮及奉厝大典，於四月十六日上午八時開始，先是治喪會公祭和覆蓋黨國旗，接著有追思禮拜。九時三十五分啟靈，我隨治喪大員和各國特使參加執紼，由紀念館走出仁愛路大門右轉到光復南路，才登上巴士駕往慈湖。沿途約有三百萬民眾路祭跪拜，非常感人，從三重交流道上尚未完全通車的高速公路，之後在南崁下交流道，很多人都感嘆蔣公生前因健康原因未曾巡視我國第一條高速公路，而他的靈車卻經由這條路前往慈湖。下午一時抵達慈湖行邸，這地方我在過去曾陪過許多外賓包括在野時的尼克森，前往晉謁蔣公，但這次卻是參加他老人家的安厝禮。當天下午五時，嚴總統在中山樓以茶會接待各國特使。

十七日晨我奉召到七海官邸，蔣院長說對於昨日典禮的一切至感欣慰，他聽說華視負責全程實況轉播，三台均以彩色播出，民眾反應極好，要我獎勵工作人員的辛勞。他也對十來天本局在新聞方面的處理尚屬妥當，表示嘉許。不久，沈部長和洛克斐勒特使先後到達，由我傳譯，談話四十五分鐘，洛氏表示蔣公逝世雖使人感到悲傷和失落，但美國深信中華民國人民對於新的領導團隊深具信心，中美將繼續維持友好關係；然而他並未對兩國間的外交關係或條約承諾提出任何保證。蔣院長曾邀請他擇時再來我國訪問，他也未作正面答覆。下午一時，蔣院長又接見越南特使參議院議長陳文林，整個中南半島此時的情勢已極危急，陳特使表示越方亟盼我國能提供若干軍品，俾美軍離開後仍能持續作戰。蔣院長表示量力而為，不過兩週後整個南越就淪亡了。

## 嚴家淦總統的寬宏胸襟

四月十八日各項治喪事宜均已妥為處理，本局為新任嚴總統安排了中外記者會。靜公（編注：嚴家淦字靜波）謙沖為懷，先要我提若干記者可能提出的問題，在記者會前一小時召我到總統府對每一問題模擬答覆，很多時候他都十分客氣地問我應如何回答，我亦遵命詳做報告。記者會十分順利，靜公處理問答，開始時彷彿木訥，但是三言兩語之後他就口若懸河，像教授講課一樣，條理分明，要言不煩，令聽眾頓生欽佩之感。

會後，他叫我到辦公室，說他已擬妥提案，提名蔣院長擔任執政黨中央委員會主席，也期盼三年後同樣舉薦蔣院長繼他參選第六屆總統；他更期盼蔣院長也能及早準備繼任人選。靜公的寬宏胸襟無私無我，的確是後輩們應當效法的。

# 第十七章
# 尼克森訪問大陸之後

季辛吉整個對外政策，
就是美國對於蘇聯在國際上的勢力擴張以及中南半島情勢日益惡化，
認為必須拉攏在蘇聯周邊並已交惡的中共來制衡。

尼克森訪問大陸返美後，過了三個多月，馬康衛大使於一九七二年六月十七日來外交部告知，季辛吉將於兩天後赴大陸進行第四次訪問。我們對於訪問的頻繁表示關切，尤其三週前美方通知我們美軍顧問團派在馬祖的顧問組即將撤除，此次訪問是否將對我國不利。馬大使表示，這次去只是依《上海公報》所述雙方高級官員將經常互訪，保持接觸以緩和緊張局勢，盼我方毋需驚憂。這次季氏在北京逗留四天，結束後發表一簡單公報，說明訪問期間曾與周恩來等中共官員，就促進雙方關係正常化具體磋商，所談甚為廣泛、認真、坦率，除此之外沒有其他透露。季氏曾密告沈劍虹大使，此行實在是中共迫切要求，因為尼克森不久前訪俄達成限武談判，中共急於瞭解美俄會談內容；美方亦欲藉季氏訪問，試探中共有無促成越戰早日解決的意向。

與此同時，美國眾院多數黨領袖包格斯（Hale Boggs）及少數黨領袖福特（兩年兩個月後任總統），也率團於六月底七月初訪問大陸九天，他們表示，中共指出台灣問題是美「中」關係正常化的主要障礙；不過兩位領袖認為這項問題應由台海兩邊自行以和平方式解決，美國不應放棄在台灣的中國人。

## 美國與中共互設聯絡辦事處

一九七三年二月三日白宮新聞祕書齊格勒宣布，季辛吉將於二月十五日至十九日赴大陸進行第五次訪問，就雙方關係正常化做進一步的具體諮商。這次訪問的結果，雙方到四天後才發表聯合公報。發布前，季氏於二十一日下午會晤沈劍虹大使，說明公報中將宣告美國與中共雙方近期內將在對方首都分別設立聯絡辦事處，細節將由雙方賡續諮商。美方認為，此乃中共的一項原則性讓步，因中共有糧荒需要美國售糧、科技落後需要美國支助，並意圖藉此牽制蘇俄，使蘇對中共動手前要三思。葛林助理國務卿插言說，這項安排不是「兩個中國」而是「一個中國，兩個政府」，一年多前在聯合國第二十六屆大會即擬如此安排。季氏透露首任駐北京聯絡辦事處主任，將由資深外交官勃魯斯（David K. E. Bruce）擔任，勃氏曾出使英、法、德三國，亦曾任越戰巴黎和談首席代表。

我政府看到聯合公報後甚為憂慮，由外交部發表聲明澄清我國立場，並訓令沈大使約晤羅吉斯國務卿。三月一日沈大使向羅卿做強烈反應，指出美國此舉將使東南亞各國爭先與中共接近，亞洲自由國家間將愈形分歧，使亞洲均勢受損。沈大使亦稱季氏最初告訴我們聯絡辦事處無外交地位，現在不但有外交地位還享有豁免權，將引起各方揣測。

美方於三月中旬，指派任希聖（Al Jenkins）及何志立為聯絡辦事處副主任，於四月一日赴大陸在北京東郊籌設辦公室；中共方面則派黃鎮、韓敘、冀朝鑄於四月中旬到華府籌設辦公室。沈大使曾於四月十七日與勃魯斯主任晤談，瞭解其將於五月十四日抵北京，全處同仁三十二名，中共不准他帶廚子、工役及警衛，由中共提供；雙方人員在駐地活動均有限制，如美方不得離北京周邊二十五哩；至於工作重點是貿易及各類實務交換。

中共於華府設立辦事處期間，旅美反共華人曾在康州大道辦事處前示威遊行。美國情治單位查出有我大使館同仁及眷屬參與，國務院認為這已悖離前此所訂下我與中共相互不干預對方的諒解，五月二十一日主管政治事務次卿波特（William Poter）約沈大使會談，表示不滿，並要求查明參加人員。自此以後，駐美大使館就不再處理「對敵鬥爭」的業務。

美國對於兩岸的態度，由一件事可以看出。尼克森總統對沈劍虹大使極少單獨接見，但是中共聯絡辦事處主任黃鎮於五月二十九日抵華府，次日上午九時十五分尼氏即召見敘談，談完立即登機前往冰島參加與法國龐畢度總統的高峰會。稍後六月下旬，蘇聯總書記布里茲涅夫（Leonid Brezhnev）訪美後，尼克森曾以專機接黃鎮前往西部白宮，向他簡報美蘇高峰會談內容，這種優遇是任何國家駐美大使都得不到的。

一九七三年八月八日馬康衛大使拜見蔣院長，報告美方有C-130運輸機四中隊駐於我台中清泉崗基地，其中一中隊將於一週後撤離，其餘三中隊將於年底撤離。蔣院長立即指出，美方此舉將有其政治影響，外界將解讀成是自一年半前美與中共簽訂《上海公報》，美方證實其自台灣撤去所有美國武力及軍事設施。

此時，美國國內因水門事件在政治上引起軒然大波。九月初，羅吉斯國務卿辭職，由季辛吉接任仍兼總統國安助理。十月十日，安格紐副總統因六年前接受政治獻金未申報所得稅，被法院判罪罰金一萬美元，緩刑兩年，因而辭職，由眾院共和黨領袖福特繼任副總統。

## 美國拉攏中共意圖明顯

一九七三年十月十八日下午，蔣院長召見馬康衛大使，談話近兩小時，馬氏報告返美述職情形，特別是與季卿的談話，他認為季卿雖又將訪問大陸，但中美關係不致受影響。在談話中他透露已向當局辭職退休。我下意識感覺到，這位資深友好的大使在述職期間一定受到挫折或不公平待遇，才會萌生退意。馬大使最重要的一句話是：「美國推行與中共關係全面正常化係既定政策，在當前國際情勢下有此需要，惟美國將繼續維持與中華民國友好關係並信守對我條約承諾，此點其他國家或許做不到。」

這句話道破了季辛吉整個對外政策，那就是美國對於蘇聯在國際上的勢力擴張以及中南半島情勢日益惡化，認為必須拉攏在蘇聯周邊並已交惡的中共來制衡。美國也明瞭中共內部問題嚴重，領導階層毛、周兩人健康惡劣，權力鬥爭方興未艾，且中共經濟不佳，人權及自由的紀錄與蘇聯相差不遠。縱使飲酖止渴，也無法顧及其得失。

此外還有兩個因素，一是美國的水門案件，一是北京的毛、周二人已是風燭殘年。當時主張美國急速與中共建交者力主馬上行動，外交上的重大發展或可轉移國內對水門案件的注視，保住尼克森的總統寶座。此外，乘毛、周尚在其位，迅速完成正常化，可避免兩人去世後發生權力鬥爭，而不利於建交工作。

基於以上顧慮，外交部沈昌煥部長於季辛吉啟程前，十一月七日約見馬康衛大使，表明我朝野關切，提出一份備忘錄請馬氏代為轉達國務院。文件中指出，自美國與中共接觸以來，已使我國國際地位蒙受極大損害，美如有更進一步的舉措，將對我在國際上的地位產生無可彌補的損害，導致我在國際社會中益趨孤立，更對亞太地區產生極嚴重後果。當前中共內外交困，正面臨嚴重危難之際，美宜考量大陸上可能發生的變化，採取穩健方式處理與中共關係。

## 「先定原則」再談判

季辛吉於一九七三年十一月十日以國務卿身分初次抵大陸訪問，十二日與周恩來進行了四個半小時的冗長談話，季向周保證正常化工作正加速推進中。十四日離開北京前又發表聯合公報，其中有一句是：「**中方重申中美關係之正常化，僅能在確認一個中國原則之基礎上始克實現。**」

美國新聞總署在季氏返美後，於十六日以隨同季氏訪問大陸的美國官員談話方式，發布了長達三頁的新聞稿，指出十四日的公報雖表明雙方對關係正常化的方向及步調都有高度共識，然未來仍將有長時間並微妙的談判。新聞稿也指出，公報中用強烈文字表明「中」美雙方均認為，應在高層次繼續磋商。而上面引述中共方面對關係正常化所需要的前提，是今後磋商重點。

沈大使於十一月十九日赴國務院與季氏會晤。季氏說，公報所載者已包括一切，與尼克森去年簽的《上海公報》實無不同，只是中共方面臨時加上一句「確認一個中國之原則」，因匆忙離平，未及探討其意義。沈大使立即指出，中共似要貴國先定原則再詳談執行題目，這是圈套，希望美方小心。季氏表示，誠然，但美方尚未與談，非但未談，且尚未開始研究。季氏也提到：「所謂美不久將與中共建立外交關係，全係自由派媒體的煽惑渲染，我們並未要與中共建交，因實質上我們與中共的關係已很多也足夠了。媒體實在無聊。」季氏多次向沈大使保證美與我外交關係不變，美絕不放棄對我的防衛承諾，並指出此去大陸感覺中共對蘇俄的威脅十分恐慌，到處挖地道、貯糧食、練民兵。當初中共與美有衝突時，並未如此。

## 安克志大使到任

一九七四年初，中美關係和美與中共關係沒有太大變化，主要是因為水門案件使美國政府高層窮於應付。當年二月十五日，尼克森在佛羅里達州南部白宮宣布馬康衛大使退休，提名駐泰大使安克志繼任。安氏在參院外委會行使同意權的三月十三日透露，自尼克森訪問大陸後，駐華美軍已減少一半，目前約有四千三百至四百人。過了兩週，馬康衛大使於四月一日晉見蔣院長，報告美將撤出在台所有的U-2偵察機以及在台南的核子部隊，因這兩項軍事單位均已無需要。美國同時亦將於一九七四年底及一九七五年五月，各撤退F-4幽靈式戰鬥機一中隊。美國中央情報局將以衛星攝影的中共人民解放軍戰鬥序列資料，提供我國。蔣院長表示，F-4兩中隊盼能於兩年後再撤，因我與美方合作生產的F-5E戰機，屆時可填補空防需求。此外，我稍早應美方請求以F-5A戰機借予南越，盼美以同量F-4歸還。

安克志大使抵任後，於一九七四年五月二十三日晉見蔣院長，轉達了季辛吉囑他向我們提出的四項保證：

一、信守協防條約中所規定的安全承諾。
二、《上海公報》仍是美國對中共政策的基礎，雙方現存關係符合當前美國的需要。
三、貴國近年經濟發展極為重要，美將在此目標繼續兩國政府間合作。
四、美國不會背棄友人，在採取任何可能影響貴國重大利益的行動前，將與貴國磋商。

蔣院長稍後於六月十五日，約安克志伉儷同機赴高雄，參觀陸戰隊、中油煉油廠、高雄港、中船、中鋼、高雄牧場、澄清湖。次日為陸軍官校校慶，慶祝會上由蔣院長及安克志分別講話，實是禮遇至隆。但是一週後，我們得到美方通知兩年後（一九七六年）七月四日美國建國兩百週年的慶典，不歡迎我國參加，這實在不是待友之道。

## 尼克森下台

尼克森自七月下旬美國參院司法委員會開始辯論是否對其彈劾，已自知不免，所以八月五日公布了三卷白宮錄音帶，承認由一九七二年六月二十三日起即不斷試圖掩蓋水門案的擴大。一九七四年八月八日晚，他宣布於次日中午辭去總統職務，由福特副總統繼任。八月十日上午，副國務卿殷格索在國務院約見包括沈大使在內的亞洲各國使節，說明新總統就任後對外政策無任何改變，所有條約承諾都將忠實信守，季辛吉國務卿繼續留任。稍後福特總統提名洛克斐勒州長擔任副總統，並提名原任駐聯合國大使的布希，接替勃魯斯擔任駐北京聯絡辦事處主任，於十月下旬抵達北京。

季辛吉於十一月二十五日又至北京訪問了四天，根據《紐約時報》專欄作家雷斯頓（James Reston）描述，這次是季氏七次訪問大陸最沒有成就的一次，主要是福特曾赴日、韓訪問，並與布里茲涅夫在海參威會晤，季氏奉命將經過情形向中共簡報，向中共保證福特就任後對中共的政策未有改變。這次訪問的聯合公報極短，只是宣告福特將於次年訪問大陸。

沈大使於十二月三日去國務院訪晤殷格索副國務卿，殷氏表示福特將於次年下半年去訪問，因為布里茲涅夫將於六月訪美，中共乃主動邀請福特訪問，不過雙方只決定了訪問，其他細節均未安排。此次季氏訪平，中共方面是由鄧小平主談，鄧極有自信，但季對其評價認為不如周恩來。十天後，沈大使又約了與季卿同行的索羅門（Richard Solomon）談，索氏認為中共內部權力鬥爭厲害，以江青為首的極左派份子正拉攏軍方，以對抗毛、周當權派，但江青並無實權，只是被左派利用。

這年十二月中旬，美國蓋洛普民意調查公布當年在八月尼克森辭職後，美國民眾對若干外國的喜憎情況。調查顯示，美國民眾對我友好的占百分之六十一，對我不友好者為百分之二十五；對中共友好者為百分之二十九，對中共不友好者為百分之六十。但是，美國民眾認為美國改善與中共關係對我不公平者，只有百分之三十六，認為公平的卻有百分之四十五。

一九七五年初，美國眾院外委會亞太小組主席伍爾夫（Lester Wolff）來華訪問，根據他返美後告知沈大使，他在台北時安克志大使曾問他，倘若美國政府將在台北的大使館和在北京的聯絡辦事處對調，國會可能的反應如何？伍氏當即表示此舉將破壞安定的現狀，可能導致戰爭，後果堪虞，他堅決反對。安克志當時說是他個人立場，想知道一位猶裔自由派議員的反應，但是伍氏懷疑安可能是奉命辦理，這是值得玩味的一段插曲。

四月蔣公逝世後，中南半島情勢急劇惡化，二十一日阮文紹總統宣布辭職並即出國。一週後，美國有兩個重要媒體《美國新聞與世界報導》和《基督教箴言報》（*Christian Science Monitor*）同時刊載消息，當年福特總統訪問中國大陸時，原擬與中共達成建交協議，但隨共黨在中南半島節節勝利，須重做打算，因為美國不能在一年內出賣兩個盟邦。

# 第十八章 蔣夫人評尼克森的一篇文章

很多朋友問我對於一九七四年八月十日這一天，有關評論尼克森文章所採取的措施，是否會感到後悔。我的答案是沒有一點後悔，同樣的事如果再發生，我還是會這樣做。

一九七四年八月九日尼克森正式辭去總統職務，次日上午蔣夫人辦公室游建昭祕書送來一份四頁長的文件，要我立刻將英文譯為中文並分發各媒體刊登或播放。我仔細一看，是蔣夫人對尼氏辭職的評論，主要針對尼氏在辭職文告中自詡將四分之一世紀以來分隔美國與中共的大門打開一語。文章中用了很大一段批評美國電子媒體的主播和記者，到了北平就噤若寒蟬，對中共的真相不敢據實報告；此外引述了索忍尼辛（Aleksandr I. Solzhenitsyn）所著的《古拉格群島》（*The Gulag Archipelago: 1918-1956*），說明蘇聯政權使數千萬人民成為奴工，同時使自由世界飽受威脅，都是二次大戰間和戰後美國領袖錯誤的決策所致。我認為如此評論打擊面太大，必將損害當前中美關係，迅即將全文和譯文呈給蔣院長。

他讀完後也和我有相同想法，立即邀請葉公超、黃少谷、沈昌煥、周書楷四位先生到院長辦公室會商，四位的看法完全相同，認為如果全文照刊必將引起不良後果，只有請求夫人同意刪去我所建議不必要列入的幾段。幾位長者基於愛護蔣院長的至意，都勸他不能親自去見夫人，而提議由我請見面報。會議結束時，周書楷先生示意我到他的辦公室小坐，坐下後他脫口而出：「君復，我們老一輩的人對不起你。」目中淚光閃著。我知道周政務委員是性情中人，馬上回答說我很瞭解這件事的敏感度，如果為了個人利益，我根本不該做任何建議，只要遵辦就好；但是涉及國家利益，縱使讓老人家不高興，我也只有說老實話。

## 引起孔令侃不快

回到辦公室，我就請見夫人，她叫我立刻到榮民總醫院晉見，我趕去很恭敬地把自己粗淺意見面報。夫人很慈祥地說：「你的顧慮是對的，就照你的意思，將原稿第七段和最後三段刪去。」我鞠躬辭出，在套房門外見到夫人的姨甥孔令侃顧問，他很嚴峻對我說：「從什麼時候開始你可以改夫人的稿件？」我答說：「不敢，只是看到文字中有可能使夫人的令譽受到傷害的地方，所以冒昧前來請示可否節刪數段。」接著我將考量的原因詳細報告。大先生（士林官邸內都是如此稱呼他）氣沖沖地說：「你將稿子留下，等我再看過。」我當遵辦並回到辦公室等消息。

傍晚七時，游祕書打電話告訴我可以再去榮總。這次仍是大先生見我，他一言不發將稿件交還給我，揮手示意我離去。我上車一看，所有可能引起爭議的段落都已刪去，我放下心，回到辦公室分電各位長官報告，並將修正稿發出。當時我雖然一天奔走忙碌，心中還是很愉快，因為做了一件對的事，使問題圓滿結束。

過了很久，事過境遷，官邸內的友人才告訴我，自從那天起，大先生和他的二妹孔令偉女士就持續對夫人說：「錢復太囂張了，居然敢改夫人的文章，一定要給他一點教訓。」最初夫人還為我辯解說：「佛萊迪（夫人對我的稱呼）為先生（指蔣公）工作好多年，盡心盡力，從沒有出過一點差錯。」她自己也聽過許多我的傳譯，從未有任何增刪或出入。可是，經不起孔府兩位姨甥每天不停指責，蔣公的健康情況也不免影響夫人心理，據說夫人三個月後，在蔣公健康稍有復原時將孔府兩位的建議告知蔣公，最初蔣公無任何反應，以後就表示這件事請夫人告訴蔣院長，由他來處理。蔣院長很清楚知道這事的來龍去脈，明白我是被冤枉的，他不願依照大先生的建議處分我，所以在一九七五年一月十四日叫我趕緊去美國巡迴演講，愈快走愈好。我完全不明白他指示的幕後原因，仍請駐美單位妥慎聯繫安排。以後回想蔣院長的用心良苦，大概是要我去國外避避風頭。

## 深受蔣經國器重

此處我也想稍稍敘述，這幾年來蔣院長和我之間的若干互動。一九七二年六月二十四日，我剛接任新聞局不久，他即指示我對政府駐外各單位在海外應如何統一指揮的問題，為他準備一份資料。我利用週末寫了一篇七頁長的說帖，主要是借用美國駐外機構在海外用「館務會報」（country team，直譯是國家團隊）的方式，由大使召集各不同部會派在駐在國的單位主管經常開會，對如何推展對駐在國的工作，統一觀念和做法。大使經政府授權，對不配合的單位主管可建議調離。這項做法我在駐美代表任內切實推行，成效甚大。

我將這份說帖呈給蔣院長，他在二十九日召見表示嘉許，說將邀請相關部會首長商議實施。可惜兩週後第一次會議時，有兩位首長發生了激辯，這次會議就結束了，以後也沒再開過。一九七三年十二月二十三日立委增補選，也是金門的公民初次行使選舉權的一日。蔣院長一早帶我搭機去金門參觀投票情形，在街上走著看到一家照相館，就拉我進去照相，而且一定要老闆在他坐的椅子旁再搬張椅子，堅持要我坐著和他合照。過了幾天，他將照片交給我，上面題了「君復兄留念」，下款是「經國　中華民國六十一年冬金門」。三十多年來我都將這張照片放在家中書桌旁。

稍後蔣院長又要我多用時間，代他管教兩位公子孝武、孝勇。我向他報告自己太年輕，比他們兩位只分別年長十歲及十二歲，恐怕不宜。蔣院長很誠懇地說：「他們都很尊重你，有些事做父親的不便自己向子女說，說了會傷父子感情。」於是我不便再推辭，只是向他坦言，我不可能主動找他們，但是只要他們有事，任何時間都可找我，我一定知無不言、言無不盡。在往後歲月中，兩位公子時常找我，我也常常老氣橫秋給他們極率直的建議。

## 重返外交部的曲折

一九七四年十一月四日蔣院長召見，要我就除外交界以外可充任駐外大使的國人提出建議名單，我在七日晉見時提出十四位人選的名單。過了三天，蔣院長對我說建議人選都很適當，他將先延攬當時擔任台大代理法學院院長的連戰，立即赴中美洲出使薩爾瓦多。

那年六月二十八日上午，葉公超政務委員叫我到他辦公室，談美國一友我民間組織「百萬人委員會」，結束前他正容對我說，幾天前蔣院長曾詢問他，如要我去外交部接任部長是否恰當，他對蔣院長說那是非常恰當的。

五個多月後，十二月十四日晚安全局長王永樹、調查局長沈之岳，在欣欣餐廳宴請退輔會趙聚鈺主任委員，我坐在當時任救國團團主任、中央組工會主任、革命實踐研究院主任的李煥先生鄰座，他悄悄對我說：「教育長（指蔣院長）對你很器重，他希望你直接到外交部擔任部長，你要好好準備。」我當下表示自己學識經驗都不夠，要再多歷練，尤其是從未有駐外經驗，恐怕不合適。過了四天，十二月十八日中常會，坐在我旁邊的中央社董事長魏景蒙先生也很嚴肅對我說：「你可能要接長外交部。」

不過在我計畫第二次美國巡迴演講期間，蔣院長於一九七五年一月二十九日下午五時召見我，談完了我訪美的準備後，他對我說：「外交部現在很需要改革，我希望你回外交部做這件事。」我初聽以為早先各位前輩告訴我的話要實現了，就答覆自己能力和經驗恐都不足以勝任。

他才說因薛毓麒次長不習慣在台北工作，希望外調，現在要派他去沙烏地，要我接薛的缺。我當即表示，外交部現在三位部次長都是我的老長官，院長要我去改革不是件易事。他說這點已和沈部長講過，他同意。至於楊次長因常要在國外，蔡次長則將調長國際關係研究所，因此要我多負責任，好好革新。我立刻表示一切均將遵照辦理，只是不知還要不要去美國。他說美國照去，回來後找到了接任者再交卸。

在我訪美期間，《聯合報》三月七日已刊出消息說我要回外交部工作，因此在華府、紐約訪問時有不少本國記者要我證實，我只能說不知道。三月二十四日返國，第二天孝武兄來看我說，自從《聯合報》刊登消息後，他曾兩度向蔣院長進言，表示這項安排不是很妥當，但是院長都告訴他這件事自己也無法做主。孝武兄問我，到底是什麼原因連他父親也作不了主，我就將去年八月的事詳細告訴他，他才恍然大悟。

三月二十六日周書楷政務委員來看我，表示去外交部一定要低姿態，對於部次長要恭順，對於司處長要客氣，他並且說：「你這次去外交部是十分委屈，但是千萬自己不能如此想。」他特別和我逐一檢查外交部現任的單位主管，是否有哪位擔任過我的上司，還好無此情況。他也告訴我，接任者將是外交部非洲司丁懋時司長。蔣院長也在三月三十一日面告我這項決定，我在兩天後約丁午餐，將新聞局的工作詳細告知。

本以為四月上旬可以交接，但遇蔣公逝世，治喪事宜極為繁忙，行政院到五月十五日院會才通過丁局長和我的任免案。五月十七日星期六，我赴局內各單位向同仁辭行，上午十一時局內為我舉行惜別茶會，甘毓龍副局長主持，講話時數度哽咽。次日晚，局內單位主管聯合款宴，並且放映我於兩個月前在美多次應電視台訪問的錄影帶。一九七五年五月十九日上午九時，由葉公超政務委員監交，我於九時半即離開新聞局，赴外交部接任。

過了兩天，五月二十一日下午四時蔣院長召我去談如何改進外交部工作，要我盡快提一計畫，並指示我對新聞局業務應多予協助。在我辭出前，他語意深長對我說：「如孔令侃顧問要找你，你千萬要小心。」我很能體會他說這句話的心情。

三十多年來，很多朋友問我對於一九七四年八月十日這一天有關評論尼克森文章所採取的措施，是否會感到後悔。我的答案是沒有一點後悔，同樣的事如果再發生，我還是會這樣做，因為公務員最重要的責任就是維護國家權益；個人名位和國家利益相較，是微不足道的。

## 誤會冰釋

這事最後有非常美滿的結果。數年後，我曾多次陪外賓晉見蔣夫人，她並未排斥我，顯示對我的不快已因職務異動消失。最令我感動的是七年以後，一九八一年十一月我因公赴美國和哥斯達黎加訪問，蔣經國總統囑咐我在行程中抽出一天到德州的休士頓晉謁蔣夫人。我在華府訪問結束後，於十一月二十一日前往休士頓，並即到希爾克勞福大道（Hillcroft Avenue）蔣夫人下榻的孔令傑住宅。說起這所住宅早年甚為有名，因孔氏經營石油有成，為了擔心世界大戰可能使用核子武器，特別花費巨款興建了這座有極深地下室的豪宅。據說縱使核子武器直接命中，也不可能損及地下室，其內儲存了足敷三年使用的食物、水，並還有自動發電系統。

蔣夫人於五時半接見我，先詢問家父健康，再問到經國先生近況，我一一稟報。她問我在華府訪問與美政府和國會接觸的情形，接著她娓娓道出四十多年來對中美關係所做的種種努力。蔣夫人的結論是：「美國人比較健忘，所以你要常常來，不斷向他們講述兩國關係的過去和未來。」她也要我留下來陪她晚餐，用餐時她一再叮囑我對於駐外單位處理領事業務的同仁，要詳加考核，使他（她）們能誠心為僑胞及來華的外國人服務。以後的十六年中，我在不同的外交崗位服務，每次赴外地訪問一定要到領務櫃檯和第一線同仁談話，強調他（她）們的工作對國家的重要。

蔣夫人在席間提醒我，駐外同仁固然重要，他們的眷屬也很重要，外交部應該提供她們有學習駐外生活的機會，更要提高駐外人員的待遇，使眷屬們毋需找工作貼補家用。以後我就請外交領事人員講習所，為新進同仁的眷屬舉辦訓練班，在語文、服裝、禮儀、烹飪等各方面加以訓練；而駐外人員的待遇也不斷調整。

我將要叩辭時，蔣夫人又叫我到一間小客廳，很認真地對我說：「你知道經國先生的健康是最重要的事，但是他太不注意身體，你要把我說的話老實地告訴他，並且對他說只要任何我可以做的事，都不要擔心，直接對我說，因為他的健康太重要了。」我在十一月三十日晚回台北，次日晨就去報告蔣總統，他聽後非常感動，一再表示夫人的德意一定要照辦。

回到台北沒幾天，就收到蔣夫人十二月四日的電報，全文是：

台北外交部錢次長復勳鑒：

執事來美詳陳經國先生所囑轉告各事外，又可趁此環行親聆此間實際情態，除返國報告經國先生外，洵可擇某些觀察結論愷切劭勉國人自強不息也。

齡

十二月三日

過了一年，我奉派赴華府工作，赴任前蔣總統特別指示我每三個月去紐約一次，晉見蔣夫人，報告工作情形。我於駐美五年八個月期間，除了蔣夫人回國外，都是遵照辦理。每次去紐約，都是到格雷西廣場十號九樓孔令侃先生的樓中樓寓所。在蔣夫人下樓接見我之前，都是孔氏陪我談天，他的態度十分和藹可親，每次見面都會說：「你太辛苦了，不要過於勞累，要注意健康。」孔氏也不時來華府，多數情形都會來我辦公室，每次都有餽贈。我想他對於一九七四年八月的事大概已不太責怪我了，雖然我們多次見面，卻從未談過那件事。孔的英文極佳，他是上海聖約翰大學畢業，獲哈佛大學博士學位，主修英國文學。蔣夫人很多文稿和講詞都出自他的手筆，特點是有許多生字，我看到一定要查多次字典。當時他的憤怒可能是由於一個後生小子，竟然敢更動大師之作；時間久了，或許他瞭解我沒有敢改文章中的「字」，而是節刪了若干「意」。

## 揮別新聞局

對於我在新聞局的工作，在我離職的那天，紐約新聞處陸以正主任有一封英文函件如此敘述：

你擴大了海外的工作，大幅增加了印刷和視聽的資料，最重要的是將國內過去電視、廣播、電影業的混亂狀態予以相當的整頓。此等成就得來不易，換一個人做可能會碰撞得鼻青臉腫，而你則使各項工作獲得大幅進展。你三次到美國訪問，展現對重要問題的精確掌握，以誠意和迅速巧妙的應答使聽眾讚賞。特別是本處所安排的節目極為緊湊，你仍能應付裕如。

陸主任是我三舅母的堂弟，長輩對後進的獎勵，使我極感振奮，多年來，這是我珍藏的一封重要函件。

美國魏德邁將軍一個月後來函，提到：

我相信和很多熟悉貴國、尤以熟悉貴國新聞局工作的外國人相比，我是較有資格來說，在你擔任局長期間，持續地將貴國的形象以真實、有趣味並能引起共鳴的方式呈現出來。你正確地描述貴國政府及官員的誠摯、有能力並熱心為民服務，甚有績效。貴國政府的宗旨也能使全世界瞭解。你將正確訊息廣為傳布並及時駁斥不正確的報導。

一九七八年十二月二十七日晚，錢復（左坐者）與率團抵華的美國副國務卿克里斯多福（中坐者），舉行中美斷交記者會。

# 第四篇

# 重返外交部

・外交部常務次長

1975年5月19日～1979年5月9日

# 第十九章 東南亞外交變局

我返回外交部工作，正值東南亞地區發生重大變化。很多亞洲國家過去幻想中蘇共衝突對立，可使他們高枕無憂，結果完全破滅。東南亞其他國家有如大夢初醒，紛紛設法尋求自保。

一九七五年五月十九日，我返回外交部擔任常務次長。沈部長核定我分工核稿的單位是歐洲、北美、條約、情報、禮賓、總務六司，領務、檔案、人事、會計四處以及機要室和法規委員會，一共十二個單位。我隨即到各單位聽取簡報，而楊西崑次長經常要赴國外公幹，所以他核稿的單位有時也要我代理。

剛回外交部時，我謹記周書楷先生的指導，遇有公文上的問題，常到各單位主管辦公室商議，他們都很高興。不過約兩個月後，一天沈部長對我說，外交部是有制度的，你是次長不宜去司處長的辦公室，應該請他們來你的辦公室。此後我就遵照指示。

沈部長對我也很親切，平均每天最少找我去他辦公室一次，一坐定就要工友沖兩杯咖啡，但那時我還不習慣喝咖啡，總是原杯不動。以後部長室的工友老周發現，都改沖牛奶或阿華田給我。部長約談的問題以政策問題為主，特別是中美關係，有時也會談到人事、會計或禮賓等事務性問題。

沈部長是一位極細心且能掌握重點的長官，我們時常對坐討論一件公文，在我的粗淺看法應該是沒什麼問題了，但部長細細推敲後，總能找出若干破綻，或者是政策上會有問題，或可能引起不必要的誤解。經過部長核稿，文件就更妥當了。部長也能掌握重點，外交部的公文電報每天堆積如山，他充分授權。我剛回到部內，他就告訴我：「君復，部內的公文你要切實負責，百分之九十五的公文你可以批『先發』，我只要看百分之五最重要的文件。」我最初不敢如此大膽，很多稍有政策性的公文還是呈楊次長判行，過了一段時間，兩位長官對我稍有信心，就要我全權遵照部長指示處理。

## 修葺台北賓館

外交部的行政業務，主要是人事的內外互調、外館經費的分配，以及我擔任常務次長時台北賓館的修葺。人事的內外互調，沈部長幾乎都是指示我和人事處長洽商擬建議名單，除極少數最重要的職位，他幾乎沒有下過手諭或交代人選。我和人事處長經常為一些調動，要做很多次的討論，因為人事更動是一個蘿蔔一個坑，一個人的更易，會牽連到一連串的變動。通常我們商量妥當後，由我帶了名單去就教楊次長，如果他也贊同，我們會一起晉見部長報告。多數情形部長會說：「你們考慮得很周到，就這麼辦吧。」也有少數情形，他會指出某人過去在某地工作和長官同事都處不好，現在他是否已經改變了？如果沒有改變，把他派去一個小館，兩、三位同仁天天吵架，恐怕會影響工作。這時我就拿回來，重做擬議。

至於外館經費方面，每年五、六月間總預算通過，我就要邀會計長、地域司和情報司長共同研究，要如何將有限的預算做最妥善分配。地域司長常會為轄區內的駐外單位盡量爭取。我的立場是邦交國的駐館優先，至於無邦交國則要看對我國關係的密切與否，決定優先順序。這項分配工作常需兩次半天的洽商，才能完成，我仍是依序向楊次長和部長面報；經核定後，所有的人事命令及預算分配的公文，就由我決行。

至於台北賓館的修葺，是我回部工作不久，有一天在那裡宴外賓，我到得稍早，一位在賓館服務的老工友很鄭重對我說，牆壁和天花板都被白螞蟻蛀得十分嚴重，有些地方都蛀出洞了。我在第二天報告部長，奉指示要全面整修，除建物結構，還要做內部裝修。本部在一九七六會計年度編了九百萬台幣的預算，得到立法院支持，於一九七七年開始整修。部長給我的指示是二樓要明亮些，我想可能是沈部長第一任（一九六〇年至一九六六年）時在二樓辦公甚久，認為過於陰暗，應該改善。我遵照指示，在修葺過程中多和室內設計師樂俊俠商量，使修理後的賓館有家庭的溫暖感。以後政府高層很喜歡在那裡舉辦宴會或重要會議。

我追隨沈部長約三年半，他不僅在工作上給我教導，在做人做事的方法上也給我許多指導，可惜當時沒有好好做筆記，但是有許多教誨是不會忘記的，好像他常說：「來說是非者，便是是非人」、「未慮勝，先慮敗」，都是長者一生經驗的結晶，毫無保留傳授給我。

## 中南半島赤化

我返回外交部工作，正值東南亞地區發生重大變化。一九七五年四月十七日高棉淪陷於共黨手中，兩週後越南共和國被北越支持的越共摧毀。寮國共產黨亦在同一時間，掌握了該國的聯合政府。很多亞洲國家過去幻想的中蘇共衝突對立，可以使他們高枕無憂，結果完全破滅了。東南亞其他國家有如大夢初醒，紛紛設法尋求自保。

一項做法是希望和受挫的美國脫離軍事合作關係，如泰國在中南半島陷共後，不顧寮共進入其國境與泰共合流發動叛亂，卻要求駐泰美軍於一年內全部撤離泰國國境；而菲律賓也表示要重新檢討在菲國的美軍基地問題；另一方面這些國家也想加強與中、蘇共的關係，以設法運用新的關係，來抑制越、棉共的威脅。美國政府高官一再保證決心履行條約承諾，援助這些國家的軍經建設，也迭次聲明絕不放棄亞洲，但是沒有任何效果。因為大家看到美國在越南作戰九年、出兵五十餘萬人、死傷三十餘萬、消耗戰費一千五百億美元，代價之高幾乎和二次大戰相若，結果越、高、寮逐一淪入共黨魔掌。

## 中菲斷交

稍早，一九七三年十月以阿第四次戰爭後，阿拉伯國家以石油為武器，造成全球能源危機，油價居高不下。中共在黑龍江的大慶油田、山東的勝利油田和天津附近的大港油田，先後開發成功，使中共可以利用石油作為拓展外交的工具。中共新華社在一九七四年底發表了一連串的文章，鼓吹石油成為第三世界反帝反霸的最佳武器，抨擊美國和蘇聯對產油國家的剝削和掠奪，加深了世界經濟危機。

中共於一九七三年底派團赴菲律賓，探詢菲國是否需要廉價石油。次年九月，馬可仕夫人乃訪問大陸簽訂貿易換文，中共承諾對菲輸出一百萬噸原油。訂約後四個月先提供四分之一，其餘四分之三於一九七五年提供，每桶價格僅九美元。這項交易開啟了馬可仕總統訪問大陸，並與中共建交之門。

我到部當天（一九七五年五月十九日），駐菲的劉鍇大使就有電報估計馬可仕將於六月初去大陸，一則是七月東協將開高峰會，再則六月十二日菲國國慶，他期盼增加政治聲望。劉大使處境困難，因為羅慕洛（Carlos P. Romulo）外長已在國外居住長達兩個月，無法會面；見到總統的祕書長梅爾切（Melchor），也得不到什麼訊息，梅表示自己知道的極有限，一切都由總統夫婦自己主導。根據劉大使自其他方面探悉菲方與中共建交，就要與我國斷交，雙方將不再設任何官方派遣的單位，兩國人民的簽證可到第三地辦理或由旅行社辦理，雙方原有的航線是斷是續，並沒有決定。一直到六月二日，也就是馬可仕啟程前五天，劉大使才見到剛回國的羅慕洛外長，對馬可仕前往大陸表示最強烈抗議，也要探聽菲方對未來有何盤算。羅慕洛只表示，通航可由雙方民航當局辦理換文應無問題，至於設機構和簽證則要大使去見柯良帝士（Colantes）副外長。

柯氏是馬可仕夫婦的親信，劉大使六月四日見到他，就得到很明確的答覆，設機構和簽證可比照日本模式辦理，俟馬可仕夫婦訪問回國即可辦理。

馬可仕於七日下午抵達北京，見到毛澤東、周恩來和鄧小平，他們向馬可仕保證中共絕不干涉菲國內政，並將信守和平共存五原則。鄧表示，現在東南亞國家終於有了獨立自主的外交政策，很欣慰。馬可仕在九日下午七時到周恩來接受治療的醫院，和周簽下了建交公報，承諾在一個月內使我國大使館和人員撤離菲律賓。公報中，菲律賓也承認只有一個中國，台灣為中國領土的一部分，中共是唯一合法政府。菲外交部當晚就宣布和我國中止外交關係，並廢除兩國間的一切條約和協定。

兩國邦交不幸終止，但是我國在菲律賓的新機構於七月十一日就在馬尼拉成立，由劉宗瀚大使出任代表。不久，菲國也在台北設立機構，由原任駐華大使並曾任外交部長的老羅慕斯（Narciso Ramos）擔任主任。

## 中共以石油作叩門磚

一如對菲律賓，中共對泰國也是利用石油作叩門磚。一九七五年一月，中共邀請泰國外長察猜（Chatchai Choonhavan）訪問大陸，不久「中」泰在香港簽訂了七萬五千噸柴油銷售合同，用所謂的「友誼價格」。合同簽訂了不久，泰國就廢止了第五十三號敕令，即所謂「反共禁令」。泰國也邀請了中共男、女籃球隊訪問泰國，進行友誼球賽。稍後我們就獲悉泰國與中共，透過他們在紐約的常駐聯合國代表團進行建交談判。我收到駐泰馬紀壯大使不斷傳來的警訊，他也極盡所能向泰方交涉，希望能阻止建交實現。當時泰國國務總理是該國政壇元老社會行動黨黨魁克立巴莫（Kukrit Pramoj），他的內閣是中間偏左，特別是外交部長察猜少將。察猜為了促進和中共的關係，以外長地位籌組「泰中友好協會」，自任理事長，從事與中共的各項交流活動。

察猜的妻舅是國防部長巴曼（Pramarn Adiseksarn），五月下旬泰國最高統帥部參謀長堅塞（Kriangsak Chomanan）上將原訂來華訪問，但察猜要巴曼下令不准堅塞來華訪問，並說泰政府將於七月與中共建交。

察猜這種一意孤行的做法，引起泰國國王蒲米蓬關切，他曾派人告知察猜要審慎將事，但察猜全然置之不理。

這時，唯一可以制止察猜冒進的力量是軍方。五月二十九日由於堅塞的主導，最高統帥乃吉建請克立巴莫總理和巴曼國防部長召集高級將領四十四人，舉行軍方高層會議，長達二小時半，各將領力陳利弊，認為泰國應自立自強，加強軍備，全力進行清剿泰共的任務。克立巴莫總理裁示不與中共建交，派堅塞上將即往台北，洽請我政府提供槍砲彈藥及相關軍品。不過當時我在部內不處理亞太業務，因而堅塞將軍訪華之行，到底有何具體結果，我不能預聞。

到了一九七五年六月十日，駐泰公使凌楚珣去泰國外交部會晤乃潘（Pern）次長，得到察猜將於六月二十七日訪問大陸訊息。乃潘也暗示中共方面已同意與泰國建交。中共向泰方表示將支持東協地區中立化，不會直接或間接支持當地共黨叛亂。第二天下午，馬大使晉見泰王希望能有延緩作用，但是泰王表示因無法涉及政治，對於內閣已通過（一九七五年五月二十七日）的建交案，他不能制止，但已告知克立巴莫總理要與中華民國維持友好關係，維持商務和技術合作計畫。泰王也安慰馬大使說，現在國際社會中，外交關係只是形式並不重要，實質交往最為重要。在中泰外交關係中止後的近三十年，泰王本人對這句話的確是切實履踐。

## 中泰斷交

一週後，馬大使又於六月十八日拜訪察猜外長，察猜明確告訴馬大使，泰國由於蘇聯在東南亞地區積極拓展，而美國節節退縮，中南半島的越、寮、棉相繼陷共，不得已只能採聯中共以制蘇俄的政策。這項政策在兩年前已確定，現在周邊地區的局勢愈趨險惡，泰國不得不與中共建交，他將於十天後，隨克立巴莫總理訪問北平，預定七月一日和中共正式建交，其公報文字都比照菲律賓的先例辦理。

馬大使八天後再訪察猜外長，商討中泰斷交後的安排。察猜重視兩國間的飛航關係，表示今後仍將繼續，雙方可派若干官員在泰航駐台北辦事處及華航曼谷辦事處，料理雙方國民旅遊簽證業務，收件後轉往鄰近國家使領館辦理簽證，但不能使用一般簽證，應由另附紙張載明，一如日本之例。當日下午，馬大使再度晉見泰王辭行，請求泰王協助，使我國能在泰國設立代表處處理使館所遺留的業務。泰王說，他已指示總理和外長要與中華民國維持友好關係。

次日馬大使向克立巴莫總理辭行，仍是請求協助設立新機構，一再說明由航空公司辦事處辦理是不妥當的，總理允立即交外交部辦理。

六月三十日，泰國代表團抵北平，受到高規格接待。周恩來病重，鄧小平代行周的任務，在當晚宴會上露骨指出，「一個超級大國在印度支那人民反擊下撤了出去，但值得注意的是，另一個野心勃勃的超級大國把它的手伸得很長，企圖在東南亞尋求新軍事基地。」

七月一日，克立巴莫與周恩來簽署聯合公報，即日起相互承認並建交，泰國亦如菲律賓，承認中共是中國唯一合法政府以及台灣是中國不可分割的一部分；泰方發出另一聲明，建交公報簽署發表後，即終止與台灣一切官方關係。

## 沈克勤使泰二十年

泰國與中共建交後，未如泰王所說與我國維持友好關係，雙方對於設立新機構意見分歧。我方希望能如菲律賓一樣，設立一機構，派大使級的官員作為負責人；泰國方面則有不同的立場。七月十六日，外交部乃潘次長告訴凌楚珣公使，泰國不能採日本或菲律賓模式，由我方設立新機構；我方只能有一私人公司形式的單位，層級不能太高。一週後他又推翻原議，認為仍應由泰航台北辦事處和華航曼谷辦事處經手層轉辦理簽證業務，也就是說這兩個辦事處只能受理簽證申請，再轉到第三國核發證明書（affidavit），再轉到辦事處發給申請人。這種方法辦理簽證大概需要兩週時間。我方自然不能同意，雙方僵持不下。

最後雙方互讓一步，我方接受用航空公司辦事處名義；泰國同意可就地核發證明書。首任駐泰代表，由原任駐泰大使館負責領事業務的一等祕書，後在部內擔任條約司副司長的沈克勤擔任。中泰協議於一九七五年八月二十七日達成，他次日就接到派令，十日內就帶了六位館員匆匆赴任。克勤兄擔任這項工作長達十五年，期間政通人和，泰國政府在一年後改組，察猜外長去職，他的活動範圍逐漸擴大，每位泰國政要都十分推重他，由國內赴泰的人無論官員、業者，他都細心照料。他在退休十三年後出版了《使泰二十年》一書，將在泰國的各項工作詳細記錄，極具參考價值。

沈代表赴任的前一天，泰國外交部政務司副總司長察萬（Chawan Chawanid）博士來看我。他是十七年前我在耶魯讀書時的同學，他與另一位泰國同學普拉洽（Pracha Gunakasem）都是我的好友，兩位都加入了泰國外交部工作。普拉洽家世好、儀表帥，英法語都精通，非常受重用，擔任駐香港總領事後，直接派往聯合國任首席代表。察萬較像純泰國人，為人正直，後擔任駐印尼西亞大使，發言不慎，得罪了時任總理的堅塞將軍而被判入獄。那時我與堅塞已相當熟悉，所以有機會為他進言，後他仍回外交部工作，陸續擔任駐埃及、澳洲和馬來西亞的大使，以及外交部經濟總司長和副祕書長。

一九七五年九月六日察萬和我談話很久，我除了為新任的沈代表進言請他協助，他表示新代表最好低姿態任事，一定會獲得充分配合，事實上這也是在無邦交地區任職的重要條件。我更以老同學身分坦言，對泰國國內情況和外交政策表示憂慮，尤其是泰國要求美軍撤離，對泰國不一定有利。察萬的答覆也很坦率，他說美國問題在於處處不按外交正道辦事，要使泰美關係改善，須迫使美國全面撤離，一切重新開始，將來在正當基礎上再行合作。

## 重新安排部內人事

由於菲、泰相繼與我斷交，人事的重新安排非常困難。外交部的傳統是，只要是部內的同仁都有外放資格，但不少同仁擔任事務性工作，不諳外交，也無專業訓練。這種同仁，過去外交部為了調劑，都將他們放到亞洲鄰近國家，如日、韓、菲、越、泰等，結果是這些館都很大，但能辦外交事務的人不夠。現在菲、泰二館又撤回許多純事務性的工作同仁，將來兩地再設新單位一定會有不少類似人員派往；沒有外交關係的國家，我們派往人員都有總額限制，事務性人員多派，外交人員一定減少，將對工作的推展不利。

會發生這種情形，主要是當年在大陸雖有外交官考試制度，但是行憲前並無「非經考試不得任用」的限制。每有一位新部長，一定帶進很多私人部屬，這些人員事實上都已相當年長，隨時間演進，這類同仁會逐漸減少。不過外交部純事務性的工作不少，要請通過正式外交官考試的同仁擔任，他們多有大材小用之感。基於這些考慮，我參考美國國務院內部，分外交官員及外交事務官員，後者在院內服務並不列入內外輪調名單。因此，我在回部工作約一個半月後，向沈部長建議將外交部同仁分為部內官員及外交官員，前者是通過一般公務員考試的同仁，和政府其他機關一樣，專門在部內工作不外放；後者則是通過外交官特考的同仁，在部內工作二、三年後就外放；至於若干工作同仁人數甚多的大館，則可視情形需要，派遣少數「部內官員」純粹擔負事務性工作。這項建議經沈部長考量，他在一九七五年七月七日指示我，認為並不適宜。不過沈部長對我建議的要駐外館長及資深館員定期返國述職並重溫國情，則同意立即辦理。

## 解決外館待遇

當時駐外同仁的待遇很差，許多在有邦交國家大使館的官員因薪俸不敷需要，或賃屋於貧苦地段，或由配偶覓職以資挹注。我每天常約返國述職或調部工作的同仁談話，設法瞭解他們的困難。國家的經濟建設已有相當成就，如果讓駐外同仁如此寒酸下去，實在尷尬。我多次向蔣經國院長談到此問題，請他同意本部編列預算，大幅提升駐外同仁薪俸，他基於內外一體的顧慮並未同意，但已不斷思考這一問題。

一九七七年二月十日下午四時半，他召我到行政院，指示對這一問題應從改善福利著手，必要時可變動科目支應需求。這天是農曆除夕的前一週，也是舊稱「送灶日」，蔣院長給的禮物很實惠。我立即約集相關同仁，盡速調查各地的房租價位，依實際需求，按地段的不同、職務的高低，給予適當房租津貼，使同仁在外均可租到與身分相符的住所。

接著是子女教育補助費，對於同仁子弟在大學或中學肄業者，按實際學費的支付，補助四分之三。這兩項福利，使駐外同仁的生活頓時改善，對於士氣的提升裨益甚大。

外交部在人事方面當時有一嚴重問題，就是駐外單位，特別是人數不多的單位，主管與館員互控，幾乎每週都有這種函件到我的辦公桌上。這些函件中，館員指控館長的，通常是辦公費或交際費的運用分撥不公，甚或中飽；而館長指控館員，多為不聽指揮、工作不力、自私。這中間固然有些是事實，但主要的仍是「人和」發生問題。因此，我對每位外調同仁都用很多時間談這一問題。我對館長說，館員年輕，應以子弟待之，有不清楚不明白的地方，要善盡教導之責，一如教育自己子女。不要期盼部內派一個新同事來，一下飛機就能立即進入狀況，凡事都能得心應手；只要館長有耐心，對新同事循循善誘，不久一定能成為好助手。對於館員，我則告訴他們要好好聽從長官指導，認真服從長官命令；若真發現長官有操守或其他問題，也不要立刻衝動要告倒他，應該將他當作一面鏡子，自我期許，有朝一日做了館長，不能照他的方式去做。

我經年累月地說教式談話後，成就外交部傳統之一：控案逐漸減少。我要感謝外交部會計處的幾位傑出同仁，特別是李慕祥幫辦和後來的蘇蒼繁幫辦，他們有銳利的查帳能力。每月各館報來厚厚一疊報銷單據，他們都能很迅速查出哪個館有弊端，帶了卷宗到我辦公室要我看，我通常是看不出來，他們會教導我，單據上何處筆跡有不同，是更動過的；有的館的交際費單據是同一餐館連號的……。我們就根據這些事實要外館申覆，如沒有合理說明，即予以處分。幾個案子辦下來，外館浮濫報銷的情形也就大幅改善了。

# 第二十章 母親逝世

母親的健康，自我出生就不好。大約自一九七二年起，母親的健康逐漸變弱，楊思標教授請了李源德和謝炎堯兩位年輕的內科醫師照料她。這段時間，母親健康不好，但心情和精神仍不錯。

一九七五年二月我訪美時，母親曾因大量吐血進入台大加護病房，所幸我返國數日後就出院回家了。

## 母親個性開朗，樂於助人

母親的健康，自我出生就不好。我們全家搬到台北後，她即患肺結核，由台大醫院楊思標教授治療痊癒。我讀大學後，她逐漸能過常人的生活。母親的個性十分開朗，樂於助人，父親在台大的同事或學生，只要她認識的，有事找她，母親一定盡心盡力去協助。她極喜歡為他（她）們介紹對象；有人生病，她一定幫忙找醫師，張羅病房。台大醫院當時有個義工組織叫「婦女贊助會」，由魏火曜夫人、邱仕榮夫人等負責，母親積極參與這項協助病患的工作。此外，「中華婦女反共抗俄聯合會」的縫衣和慰勞傷患的活動，只要健康許可，她也都固定參加。

當時台大接受美國的經濟援助，也和許多國外大學結盟，父親常需要款待外賓，母親從未學過外語，她就每天上午固定收聽中廣的英文教學節目，有時遇到發音或語法方面的問題，也會叫我幫忙解釋。幾年後，她在宴席間也能不用傳譯，和外賓簡單交談。

母親非常喜愛旅行，可惜當時家中經濟狀況不佳，無法自費出國。所幸二哥和二嫂極具孝心，好多次寄錢來請母親去美國探視美儀和美恩兩位孫女。這是母親最愉快的經驗，特別是在美東有許多她曾幫助過的學生，也會接她到各地觀光。

母親也極愛好平劇，在上海還曾參加票房學唱老生；到台灣後由於健康原因就停止了，但只要有好的平劇演出，她一定會去觀賞，多數是父親陪同，如果父親公忙，就由我隨侍。我很怕文武場面的鑼鼓聲，每次回家一定說「出康樂操」回來了；還好我結婚後，這項任務就由玲玲接棒。

我們兩個小孩先後在一九六四、五年出生，帶給母親極大的喜悅。我和玲玲都有工作且社交任務很多，母親很願意照顧孫兒和孫女。常常我們宴會結束回家，看到母親在兩個小孩床邊輕揮竹扇趕蚊子，見到我們一定要噤聲，不要吵醒剛入睡的愛孫。她為孫兒起了乳名叫「狗狗寶」，孫女則叫「小妮」。這兩個名字隨母親離去，親友們也停止使用了，現在包括孩子們自己也差不多忘了。

## 進出急診室

大約自一九七二年起，母親的健康逐漸變弱，楊思標教授請了李源德和謝炎堯兩位年輕的內科醫師照料她。他們三人都是仁心仁術、具有高度愛心的醫生。我們在母親臥室床旁安裝電鈴通我們的臥室，平均每月總有一、二次，半夜鈴聲會響起，我就衝進母親臥室並聯絡台大醫院急診處和三位醫師中的一位，玲玲則立刻穿好衣服、發動車子。玲玲備好車，我抱了母親，提著已先備妥的住院用品上車，直駛常德街。母親在健康時體重為八十多磅，此時已降至五十多磅。她的主要問題是肺氣腫，平日經常要用氧氣，但氧氣有時仍不能使她呼吸順暢。

到了急診處不久，主治醫師也趕到了，通常直接送入六西病房，等安頓好，找到看護女士，我們才回家，總已清晨四、五時，匆匆小睡一下，次日仍照常上班。一般情況，她大概會在醫院住三、五天到二、三週後再回家。

這段時間，母親健康不好，但心情和精神仍不錯。她每三天一定要去美容院洗髮，都是在家中用好了氧氣後前往；遇生日或其他喜慶，她也可以去餐館用餐，時間不能超出兩小時。玲玲偶爾也為母親安排親友陪她打牌，但她已不能洗牌或抓牌，玲玲要坐在旁邊代勞，母親仍很喜歡這項安排。

一九七五年三月底，母親自醫院回家後，這些活動就不太容易做了。六月一日晚間，她叫我們夫婦和兩個孩子到臥室，先對孫兒說要用心讀書，好好聽父母的教導。接著對國維說你將來長大找對象，一定要像媽媽這樣；又對美端說你要嫁人，對方要和爸爸相似。母親對我們夫婦向來比較嚴格，這一段話卻很明白顯示她對兒子和媳婦是相當滿意的。玲玲聽了母親這番話十分悲傷，流了許多眼淚，母親反而安慰她說自己知道來日無多，這些年玲玲的細心照護，使她減輕很多痛苦，相信將來對父親也會同樣的照護。的確往後七年間，玲玲每晚為父親準備次日要服的藥物，定時為父親安排醫師檢查，只可惜我們奉派赴美工作，在最後的八個半月沒能盡到照護之責。

## 母親安然去世

一九七五年八月十五日下午，我接到玲玲的電話說，母親突然休克且已送往台大醫院加護病房。我趕到時，楊教授告訴我，她已無法使氧氣達到腦部，引起休克，已達病危階段，只是母親的心臟尚強，尚無大礙，要我立刻做好一切準備。我即報告大哥開始找墓地，玲玲則準備各種衣衫被褥。往後的四個月，母親多次在六西病房和加護病房間移動，多半是昏睡狀態，只有呼吸順暢時才能講些話。

父親在十一月下旬赴美公幹四週，我很擔心這段時間是否會發生狀況，不時祈禱。十二月十九日夜間，賴名湯總長在三軍軍官俱樂部為在華美國軍事人員舉辦聖誕晚會，我突然得到通知說母親情況不佳，立即趕往，始知是食物吞入氣管，引起全身發青，經急救抽痰後暫時安定。四天後父親返國，母親仍在加護病房，情形不樂觀。我向父親報告大哥已先準備相關事務。母親在十天後，也就是一九七六年一月四日上午七時半逝世。在此之前有人告訴我，罹患肺氣腫的病人因為呼吸困難，在去世時，會大口吐血甚至連內臟都會噴出來，我一直擔心這種情況，也不敢向任何親人提。不過母親臨終時非常平靜，只是看到儀器上的血壓、脈搏、心跳的曲線逐漸歸零。

我的長官們也相當關切母親的身體狀況，嚴總統、蔣院長和沈部長常詢問我病情有無起色，我只能據實陳報。當時沈部長不經常款宴外賓，楊次長時常出國，外交部外賓極多，我幾乎每日中午晚間均被安排作為主人。母親逝世後，我需要守制停止參加宴會的時間，大哥和我決定百日內應遵照禮制辦理，我向沈部長建議增設一位常務次長，由當時擔任北美司長的關鏞兄升任。一月八日，行政院院會通過此一任命。關次長在任約半年，因當年（一九七六年）七月我國與南非共和國協議將兩國的總領事館關係升格為大使館，關次長奉派出使南非擔任首任大使。

母親去世後，台大總務處管理組朱仲輝主任及中央銀行祕書處總務科陸志舟主任全力協助辦理治喪事宜。我在家中守制一週，接待來家中致唁的各界人士，公文仍每天三次送來家中批閱。一九七六年一月十二日起恢復上班。

一九七六年一月二十三日，我們在市立殯儀館為母親舉行公祭儀式後，啟靈到陽明山公墓的殯舍暫厝。大哥早已託請中央銀行的一位專家在公墓外的不遠處，勘定一塊很好的墓地，經過積極構築，於四月十二日安葬竣事。

## 大舅致贈扇屏

大舅張茲闓先生在母親逝世後不久，就以裱幅好的十二張扇面掛屏送來給玲玲。大舅是國畫書法的鑑賞家，於一九五一年曾訪問日本東京，當時日本經濟蕭條，他在舊書畫店中找到了近百幅扇面，都是清季翰林的書法或畫，也都曾被當時的人使用過，大概後來被日本人蒐購帶回日本，戰後因生活問題賤價出售。

大舅十分珍惜這些扇面，時常展示把玩。一九七一年左右，他將這些扇面裱成十二幅一片的扇屏，一共輯成七屏。他分給四位子女各一屏，自己保存一屏，一屏送給一位自己很器重的後輩，剩下一屏就送給玲玲。大舅特別說明，他有十個姪、甥，送給哪一個都不公平，但玲玲多年細心照料他的妹妹，使他感覺應該將這屏送給她，其他各位姪甥也都肯定他的公平。這幅扇屏我們拜領後，一直掛在餐廳，多次搬家都是如此，很受來家中用餐的外國友人欣賞，每次他們問起這個扇屏，我都會重複說明獲得的經過。

# 第二十一章
# 美與台海兩岸的關係

一九七六年七月初，駐美沈大使來電認為美國與中共建交迫在眉睫，蔣院長非常憂心，要我研議未來可能發展的各種情況，以及我政府要如何因應。這是一項高度機密的作業，必須靜心思考。

我在新聞局工作三年，並未積極參與對美的外交工作，待返回外交部時仍被指派主管北美地區業務，這才發現中美關係已急速惡化。

事實上，有不少美國的媒體人士都指稱，若沒有水門事件發生，美國在一九七五年早該和中共建交了。所以，當時我們雖然仍和美國有外交關係，但美國政府的高官無論公開演說或對媒體答問，都是信誓旦旦表示和中共完全的正常化——也就是建交，是美國最重要的外交目標。他們在談論亞洲政策時從不提到我國，在說明美國和哪些亞洲國家有協防條約時，也經常忽略中美共同防禦條約。

## 美國對中共竭盡討好之能事

那些年，美國政府的高官沒有到我國訪問，而我國的重要官員想到美國訪問，也常得到如「時機不宜」這類的答覆。諷刺的是，美國的高官一有機會去大陸旅行，就有種喜不自勝的表現，很多國會領袖受中共邀請或由美國政府洽請赴大陸訪問，回美就會發表長篇累牘的訪問報告，稱頌在大陸所見，人人有食物有衣服，對於如此重要的國家，美國應立即與之建交。曼斯斐爾德（Mike Mansfield）、賈克遜、小甘迺迪都是如此。當時大陸「文革」剛結束，「四人幫」仍高居要津，他們卻無任何評述。

第十五章提到沈劍虹大使在我第七次赴美訪問時告訴我，政府曾於一九七五年一月四日指示他向美國政府提出照會，為我國擬派周書楷先生使美徵求同意，結果美方的反應是最好不要提出，也就是說不希望我國提出易使的建議。此舉使得沈大使成為兩國外交上的人質，這在友好國家且還是盟邦國家之間發生，幾乎是不可思議。同樣，當時美國駐華大使安克志每次返國休假，或赴亞洲他地參加美國區域使節會議時，外電總是報導他將不再返任。

為使中美關係不至於繼續惡化，我們做了種種努力，獲得美國國會、地方政府和業界的讚賞，但是國務院官員卻不斷對我使館同仁潑冷水，不是說我們用公關方式做表面文章，就是指責我們意圖妨礙美國政策的執行，如此下去必有反效果。更有趣的是，當時中共內部有許多嚴重問題及違反人權的措施，每次我們的刊物報導，國務院官員就會警告使館同仁不可散布此等刊物，因為會對美國與中共關係的發展不利。

總之，美國政府當局的做法是一心一意想早日實現正常化，對中共竭盡一切討好之能事。中共派往華府聯絡處的兩任主任黃鎮和柴澤民，都是到任後不久就被總統約見、邀宴；國務卿更是不在話下。但是，前後四位美國在北平的聯絡辦事處主任：勃魯斯、布希、蓋茲（Thomas Gates）、伍考克（Leonard Woodcock），就沒如此幸運。他們能見到中共外交部副部長就很難得了，多數時間是和外交部美大司司長打交道；毛澤東、周恩來更是從未召見過這些人。

美國對中共如此卑躬屈節，對我們則避之唯恐不及。她一方面不願意和我們有任何政治上的來往，連美國建國二百週年的慶典也不同意我國出席，但另一方面對我們又盯得很緊，核能問題就是一具體實例。

## 分析美、蘇和中共的三邊關係

我返回外交部工作不久，一九七五年六月十一日中午與美國大使館副館長彭博（Paul Popper）午餐，他就提到安克志大使剛渡假返任，曾說明華府方面確在考量完成正常化，美國政府也要提醒我們，不要過分強調美國背棄中華民國的嚴重後果。這的確是十分諷刺的態度，一方面要背棄你，一方面要你默默吞下背棄的苦酒。

處於如此令人不舒適的情況下，我認定美國仍是民主國家，在民主國家中，國會十分重要，我們必須加強國會工作。在民主國家中，民意也極重要，我們必須加強與地方政府、媒體和壓力團體的工作。這項任務非常艱鉅，但我們別無選擇，我們做這些工作時，美方不時冷言冷語，也只有「聽若罔聞」。

一九七五年九月初，曾在尼克森第一任總統任內擔任國防部長，又在其第二任擔任白宮顧問，剛離開美國政府不久的賴德（Melvin Laird）先生，以《讀者文摘》高級顧問身分來華訪問三天。我全程陪他，除與高層會談外，曾陪他去慈湖，並在週末赴淡水球場打球。途中所談甚多，我提到在美國各友邦中，我國與美的關係最為特殊，因為在美國眾友邦中，我國對美國政策的配合度一向是最高的，可是美國政府對我國的態度，則是唯恐和我們有任何關連，其態度一如《聖經》中對付痲瘋病人，認為我們不潔淨，一沾到邊就會被傳染一樣。反過來看中共一直誓言與美國為敵，極為仇視美國，所作所為和美國一向堅持的價值觀念完全牴觸，但是美國政府對中共的巴結，卑躬屈節，實在令人覺得作為美國的敵人是十分幸福的事，而作為美國誠摯的友人卻處處被美國羞辱。這種作風與美國立國的精神不符，也對作為自由民主國家領袖的美國是一大諷刺。

我也對賴德表示，我們也很瞭解美國政府的戰略構想，那就是在共產集團中，蘇共對美國的威脅遠超過於中共，目前中、蘇共之間發生了衝突，美國企圖利用中共牽制蘇共，這是美國國家安全利益之所繫，作為美國友邦的我們非常清楚，也不會做出任何對美國不利的舉措。不過，在美國、蘇聯和中共的三邊關係裡，我認為三邊距離相等，也就是維持一等邊三角形，是最符合美國的國家利益，因為等邊三角形是一個最穩固的圖形。美國如果對中、蘇共採取類似的政策，也就是形成等邊三角形的基本條件。

現在美國對中共極端討好，而對蘇共敵視，則三邊關係變成美國與中共距離縮短到幾乎重疊成一點，而雙方都仇視蘇共，則三角形成了一直線，其結果必然是對立的，也就是壓迫蘇共鋌而走險，這種做法對美國十分不利。今天美國政府的做法，對中共處處低頭，對中共所要求的曲意奉承，不僅使中共對美國加強勒索，蔑視美國，更可怕的是將使蘇俄走投無路，只有孤注一擲。兵凶戰危，這樣的結果對美國絕對不是有利的。因此，美國與中、蘇共要維持等距的關係，不必對中共過於屈服。

至於美國與我國和中共這個三角關係，也以維持等邊距離為上策，若美國過於巴結中共，同時過於卑視我國，都將使等邊三角形變成容易發生對立衝突的直線圖形。

賴德非常重視我所談的，不時要我重複解釋，甚至取出紙筆詳盡記錄。他也在一九七五年九月七日晚間圓山飯店的餐會中，向《讀者文摘》代表威克斐（Wakefield）和林太乙女士表示此行獲益甚豐，尤其是和我的數次談話使他有茅塞頓開之感。他表示，曾與福特總統在眾院共事長達十八年，感情良好，一定會將我們的觀點詳細報告總統。第二天他返美，我在送行時特別告訴他，美國政府對我國的態度實在令人難以接受，美國對我國愈疏遠、愈冷淡，就使中共更對美國輕視。他說這是一針見血的看法。

## 美政府視我如雠寇

一九七五年九月底，我們由美國洛克斐勒副總統的辦公室獲悉，福特總統將於年底訪問大陸，國務院曾建議在訪問大陸時宣布與中共建交，幸而於國家安全會議討論時遭否決，但是決定藉訪問之便，與中共就太空合作及貿易兩項簽訂協定。為了安排福特的訪問，季辛吉國務卿於一九七五年十月十九日至二十三日先到大陸籌備。這是季氏第八次大陸之行，雙方談論過程顯示，對於蘇俄、朝鮮半島、歐洲合作安全會議以及美蘇第二次限制戰略武器談判等四問題，中共與美國立場並不一致；但是兩方面確認，雙邊關係要向正常化方向逐步推進。根據沈劍虹大使十月二十九日會晤副助理國務卿來天惠獲悉，季氏此行曾與毛澤東會晤一百分鐘，毛談話非常困難，因毛的嘴巴無法合攏，發音不清。毛的講話要由王海容解讀成國語，再由唐聞生翻譯成英語，有時王海容也無法分辨毛的意向，只能利用筆談。

福特隨後於一九七五年十二月一日至五日訪問中共，啟程前於十一月二十六日舉行記者會，說明此行在實質上會有什麼結果，現在還不易預見；但是能會晤諮商而非對立衝突，則是十分重要。兩天後，季辛吉在華府舉行背景說明記者會，說明美國與中共改善關係的必要，植基於地緣政治的重要性，美與中共有許多共同的戰略利益；至於正常化能否實現，則與台灣有關，美國已逐漸減少在台灣的美軍人員。

最後這句話，說明了為什麼美國政府高官視我們如雠寇：因為我們的存在，使美國不能順利完成正常化。這些高官只能千方百計地折磨我們，以稍解恨意，所以他們不肯出售自衛的武器給我們，不斷削減美國在華軍事人員，使我們沒有安全感。

## 福特訪問大陸

福特在大陸的四天訪問於一九七五年十二月五日上午結束，離開前並未與中共方面發表聯合公報，官方的解釋是，雙方對三年九個月前的《上海公報》都很滿意，不需要再有新公報。實際上，雙方領導人物的未來都不確定。美國大選將在十一個月後舉行，而簽署《上海公報》的周恩來，這時在醫院已進入彌留狀態，一個月後就去世了。毛澤東雖然和福特有一小時五十分鐘的會談，但他的健康也不好，九個月後就去世了。

季辛吉在結束訪問時，曾舉行記者會透露雙方會談中，中共表示美國應依循日本模式，與中共進行關係正常化，而美方則答以此點尚需時間，使正常化的過程能臻成熟。駐美沈大使對於這點分析認為，福特一行在北平花了相當長的時間討論台灣問題，美方雖與中共的立場有若干差距，但至少對此一方式願意予以考慮。隨同福特去訪問的重要外交幕僚中，屬於「中國通」的，有國家安全會議亞洲部主任索羅門和國務院的來天惠。一般認為，來氏是積極推動早日完成正常化的人，而索羅門則反對來的立場，認為美國應該考慮本身的安全利益。事實上，我們常向美方官員表示在美國與中共之間，中共所求於美國者多，而美國有求於中共者少，美國沒理由處處向中共示弱或讓步。

福特一行經印尼返美，派遣亞太事務助理國務卿哈比勃（Philip Habib）來台北，向我方簡報訪問經過。一九七五年十二月九日傍晚蔣經國院長接見哈氏，我奉命傳譯，哈氏說明此行主要與中共就全球局勢交換意見，雙方固然有不同意見，但對若干重要問題也有共同觀點。關於美國與中共雙邊關係雖有討論，但為時不多。哈氏認為外界揣測雙方關係已趨冷淡，並非事實，盼我國政府勿以此種揣測作為釐訂政策之依據。福特總統已重申將依《上海公報》，進行全面關係正常化，但美國將以審慎、負責態度考慮我國人民之安全、繁榮福祉等問題。哈氏也應蔣院長之詢問，說明媒體報導福特表示美國與中共在未來時日，將以具體措施顯示關係之改善一節，是指中共將協助美國尋覓失蹤美軍。

蔣院長根據哈氏簡報做了兩點結論：一、福特訪問大陸後，中美關係未發生任何變化；二、中美間之貿易、文化、技術關係以及其他合作事項將繼續。哈氏對此二點表示同意。蔣院長也提到，福特在北平談到美國與中共有不同的哲學、制度、精神及思想，故雙方存在基本分歧；但我國與美則有相同的哲學、制度、精神及思想，雙方雖有時對問題有不同觀點，但基本上無歧見。近年來，中美關係在若干方面有發展，我政府盡其在我，使中華民國能成為美國的資產而非負債。哈氏表示瞭解。

## 中共領導階層嚴重失和

兩天後，一九七五年十二月十一日蔣院長接受了美國廣播公司名電視記者雷森納（Harry

Reasoner）的電視訪問，也是由我傳譯。雷氏先問了院長與哈比勃助卿的晤談，院長簡單敘述了哈氏簡報及他依據簡報所推演的兩點結論。雷氏接著問道：外界有傳言，來年大選後新任總統可能與中共建交而與我國斷交，如此事發生，台灣是否仍能以一獨立國家繼續存在於世界？蔣院長的答覆是，此乃假設性的問題，不能做直接答覆，但萬一發生的話，將不僅對中華民國造成嚴重損害，對美國、亞洲和整個自由世界也是不利的。此舉將有極端不利的結果，決策者必須慎思。

蔣院長這一席話，福特總統曾於一個半月後，一九七六年一月二十四日致函蔣院長表示，美國雖推動對中國大陸的正常化，也對我國人民的重要利益認真關注。同年三月間蔣院長曾二度召見我談論中美關係。

第一次是三月三日上午十一時，他表示各項發展使他非常憂慮，希望外交部能預為籌謀萬一發生不測，應如何肆應。我向他詳細報告我們在國會的努力，當時每月至少有一團國會議員和三、四個議員助理團來訪，為了和他們詳談並款待他們，我每個月要花三、四十個小時。此外，我們也增聘了紐約的公關公司貝隆（Sidney Baron）公司，以加強與民主黨和自由派的聯繫，當時民意調查已顯示福特連任的機會不太大了。

第二次是三月二十二日，院長仍是憂心中美關係發生突變，希望我們再加強國會和地方政府與議會的聯繫。這次談話中有件很有趣的事，當時我們正準備與南非提升關係，由總領事改為大使級，建立完整的外交關係。蔣院長突然說，南非的首任大使是否由李登輝政務委員擔任。我回到外交部後就向沈部長報告，他覺得還是由有經驗的外交官充任較合適，他屬意駐新加坡代表張彼德，但最後出線的卻是另一位常務次長，曾任駐賴索托大使的關鏞。關次長於六月下旬赴新任後，部內又只剩一個常務次長。

所幸這段時間大陸情勢演變，又使中美關係稍有穩定。周恩來於一九七六年一月八日病故，自四月一日起，大批民眾到天安門廣場「人民英雄紀念碑」致送悼祭周恩來的花圈。到四月四日約有數十萬人參加，一週間有百萬人以上，且花圈上附有反毛、反江青、支持鄧小平的詞句，但都被當局移去。

四月五日，群眾發現花圈不見後發生暴動，由清早開始燒汽車、燒房子、發表反毛演說，和軍警民兵發生衝突。到晚間，中共出動大批軍警將現場包圍，捕去領導群眾者數百人。這次「天安門事件」是十三年後「六四事件」的先導，令毛共當局十分驚惶。四月七日，中共中央召開中央政治局會議，決定撤銷鄧小平在黨內外的一切職務，認為「鄧小平問題的性質已經變為對抗性的矛盾」；另外決定任命華國鋒為中共中央第一副主席及國務院總理。

此一發展引起世界各國重視，美國媒體多認為這是中共領導階層嚴重失和，中共政權也顯示極端不穩定。美國國務院雖不願公開對此事表示意見，但是季辛吉國務卿一九七六年四月八日在紐約演說表示，美國與中共的關係正常化完成尚需時日，他提到：「此種關係正常化進程的步驟，必須由國際情勢以及雙方內政上的可能性決定。」

## 抨擊華府政策

一九七六年四月二十四日，由新聞局安排的一批美國中西部新聞界人士共十三位前來訪問我，談到大陸情勢，我指出大陸與我國形成明顯對比，我國是積極追求政治民主、經濟發展和社會安定；大陸則是強調個人崇拜、意識形態掛帥，踐踏自由、民主、人權，「天安門事件」可為最好證明。美國沒理由接受這樣一個殘民以逞的政權所提出的建交條件：斷交、撤軍、廢約，而對一個已證明是長久可靠的盟邦予以全面摒棄。若干美國重要官員認為，拉攏中共是抵制蘇共的最佳策略，殊不知中、蘇共雖有路線之爭，但兩者都是堅持要赤化整個世界，在埋葬資本主義、全球共產化的這項工作上，兩者不但沒有競爭衝突，反而互補互助。美國要與中共發展關係，事實上已有充分的交往與政策對話；再進一步增進關係除了對我國造成嚴重打擊外，實在也沒什麼更進一步的利益了。

我也提到，美國和將近五十個國家訂有雙邊或多邊的協防條約，美國如遵循中共的無理要求，廢棄與我國的協防條約，對於其他締約國的心理影響，是美國不能不審慎考慮的。

這次訪問受到各媒體重視，在四月底和五月初有許多美國中西部的報紙刊登長篇訪問紀要，報導中多指出：「錢次長在抨擊華府政策，並為台北立場辯護，其言詞非常清晰，態度和緩而堅定。」

一九七六年六月四日，美國哥倫比亞廣播公司的全國各電視台同時播出該公司名記者布魯斯鄧寧（Bruce Dunning）在台北對我的專訪，討論中美關係。一週前，眾院外委會主席扎布勞基（Clement Zablocki）表示，他曾聽到國務院正準備在那年（一九七六）十一月初全國大選結束後立即承認中共，國務院強烈否認。另外，眾院外委會亞太小組主席伍爾夫亦說，他最近聽到國務院政策設計局局長勞德（Winston Lord）表示，國務院正在朝此一方向加強作業。事實上，國務院在一九七五年十二月初福特總統訪問大陸時，即已促其及早與中共建交。鄧氏的問題，就由這兩位重量級國會議員談話開始。我指出，我國反對美國與中共提升關係的立場，自尼克森總統於四年前訪問大陸以來，迄未改變，自由世界任何鬆弛對共產集團的警覺，以及任何可能增加此一地區緊張情勢的舉動，都是對中美兩國不利。

## 十項中美關係可能發展

到了一九七六年七月初，駐美沈大使來電認為美國與中共建交迫在眉睫，蔣院長非常憂心，要我研議未來可能發展的各種情況，以及我政府要如何因應。這是一項高度機密的作業，必須靜心思考，不能在辦公室做。我只能利用夜間和週末假日研究分析，再以相當時間撰寫。這文件我在七月下旬擬妥，也不敢交繕，是請在沈部長辦公室擔任祕書的胡為真君親手抄繕，部內和我自己都未留底稿。我直接面呈沈部長轉陳蔣院長。

此一文件以後我還見過兩次，一次是一九七八年五月二十日蔣院長接任第六屆總統，就職典禮結束後，曾召我去總統府辦公室。我進去時桌上只有一黑色薄公文包，他笑著問我：「君復，你知道這裡面是什麼文件？」我完全沒概念，只有誠實回答：「不知道。」他說：「我今早離開行政院到這裡來，只帶了這一件公文，就是你寫的中美關係萬一發生變化的文件。」

第二次是同年十二月十六日凌晨，蔣總統在七海官邸接見了安克志大使後，交代我速與駐美沈大使聯絡，他立即上樓，不一會兒就拿了這一文件交給我說，「你就按這文件做該做的事。」

由於我手邊未留下文件底稿，下面敘述只憑記憶，必有不周全之處，深祈經國先生的文件能早日公布，我可以據以校正。在這一文件中，主要是將未來中美關係可能發展的狀況定為十項，我記得的是：

一、雙重承認。

二、美與中共建立外交關係，與我維持領事關係。

三、主客易位，也就是美將大使館遷往大陸，在台北設聯絡辦事處。

四、與中共建交，和我們維持官方的貿易關係，互設貿易代表團。

五、與我中止外交關係，仍維持協防條約。

六、同意我在美可委託友邦設立「利益小組」（Interests Group），美在我國亦比照辦理。

七、兩國元首在對方首都互派私人代表。

八、美全盤接受中共要求與我斷交、撤軍、廢約。

還有兩個狀況，我已記不清楚，但並不重要。在每一狀況下，分別研擬我政府對內對外應有怎樣的公開宣示，以及政府還要有什麼因應措施。當然最重要的是最後的情況，我們所準備的行動方案，也就是一九七八年十二月十六日採取的各項措施以及各項公開聲明。

對於中美間關係可能變化，有一項影響嚴重的，就是政府各機關在美國所有的動產及不動產，包括土地、房舍、存款等等。一旦美國承認中共，和我們斷交，我們就不能享受美國《國家主權豁免法》的保障，中共可能設法染指。對於動產部分，我們建議由主管部門設法加以防範；對於不動產部分因涉及轉移登記，無法避人耳目。我們若主動處理，會給美國政府錯覺，認為我們已默許美國與我們斷交，然而我們只求保產而已。如此將有助其正常化加速進行，所以我建議以先不處理為宜。

至於動產方面，包括我國最重要的外匯存底，是由中央銀行俞國華總裁，家兄錢純副總裁、外匯局賈新葆局長妥密處理，我也不知道他們是怎麼做的，只是知道在斷交時，這部分事項沒有帶給我們任何困擾。事後局勢穩定了，《台灣關係法》確定對我國政府存款給予法律保障後，中央銀行的首長們又盡責地將外匯存底歸還中央銀行帳戶。若干年前，有少數民意代表和媒體批評俞國華先生，指責他公私不分，實在是時空顛倒下的諷刺。

## 我國的核子研究

接著使我們煩惱的是核能問題。

一九七六年八月二十九日《華盛頓郵報》以首版頭條刊登一則新聞，題目是「台灣被視為再處理核子燃料」，要點是美國在過去半年獲得情報顯示，我國正祕密處理可用於製造核彈之鈾燃料，我駐美大使館雖予以否認，但美國武器管制暨裁軍總署對我國於六月向美國提出申請購入兩套核能設備，已暫時擱置同意，迫我國停止上述祕密作業。次日國務院發言人表示，美國政府已將強烈反對核子武器擴散以及對核能燃料再處理的立場，非常明確告知中華民國政府。

行政院新聞局此時立即發表聲明，我國為防制核子武器繁衍條約的締約國，一直忠實履行條約義務；蔣經國院長亦屢次公開宣布，我國發展原子能以及核能研究純粹為和平用途，我國所有核子反應爐及相關設施、材料，都受國際原子能總署的檢驗與監視，在此一報導發表前一個半月，該署曾派英、法、葡、義、挪籍檢驗專家來台詳盡查核，認為一切正常。

我國原子能委員會祕書長鄭振華的發言，更為直率，他認為這種謠言毫無根據，最近兩年一再傳出，顯然是有心人士故意放話。鄭祕書長指出，我國所有與核能相關的設施和材料，其輸入、裝置、運轉及殘料廢料的儲藏，都受國際原子能總署監察，雖然我國已非聯合國及該總署的會員國，但是透過我國、美國和總署所簽訂的三邊保防協定，我國受總署監察與該總署任何會員國完全相同。美國之所以會對我們做此種揣測，主要是由於該國學術界研究我國有何辦法可以阻止美國和中共關係正常化的發展，常提出來我國可能採取的措施不外：一、發展核武器。二、與蘇俄交往接近。三、與中共談判。四、宣布台灣獨立。美國當局研究認為二、三、四項我國政府會採取的可能性很小，因此他們特別重視我國的核子研究。

當時我國核能研究重心在於龍潭中山科學院的第一所（核能研究所），美方對此單位十分注意。不幸當時中科院負責人對美國有強烈反感，不時峻拒美國大使館或軍方希望參觀該院的請求。他又對以色列和南非有高度好感，經常和這兩國的研究機構進行機密的合作計畫；這二國也是美政府經常懷疑會發展核武器的對象。很自然地，美國對於中科院特別注視。

根據一些與美國情報界有關的友人告訴我，中科院派赴美國深造的研究人員，時常會被美方接觸詢問，是否盼獲美國永久居留權及經濟支助，只要他們返回中科院時能提供美方所需的情報資料，這些好處就可以輕易得到。我深信絕大多數的研究人員是忠貞可靠的，但是有鑑於一九八八年張憲義潛逃，以及後面所敘述的離奇狀況，想必也有些接受這樣條件的個人。這也是為什麼核能問題在中美關係上，經常占有一席之地。

## 被誤為「賣國賊」

數日後（即一九七六年九月九日），毛澤東去世，媒體注意轉向，對於我國核能問題興趣逐漸冷卻。但美國當局仍有疑慮，蔣院長決定由本部以正式節略送達美使館，說明我國坦蕩立場，如果美國還有什麼問題，大可派團來華實地觀察。我在九月十六日約大使館彭博公使來部面交此一節略。過了四天，彭氏告訴我，國務院對本部節略表示滿意。

九月二十日，美國參院外交委員會軍備管制、國際組織與安全協定小組，舉行有關美對我國核能政策的公聽會。國務院主管亞太助理國務卿恆安石出席作證，他說明美對我的核能政策，一方面是在和平使用核能方面的合作，另一方面是限制不得從事濃縮鈾提煉以及核廢料再處理，以免造成核武器的繁衍。不過，恆安石也指出，中科院的各項核能燃料研究計畫，包括一座加拿大製造四百萬瓦的研究反應器，自一九六九年該所又興建一小型再處理研究室，尚未正式運轉。這部分美國並未參與，也是美不以為然之處。恆安石說，美國政府已於九月初將這樣的立場告知我國，我國曾正式以外交節略保證：「中華民國政府絕無任何發展核子武器或核子爆炸裝置的意圖，亦未有任何與再處理有關的任何活動。」

上述這項保證，引起核能研究所內部極端反感。有人告訴我，在中科院和核能所內，我的名字是和「賣國賊」相提並論。他們明白這項保證是蔣院長親自向安克志大使提出，但是不敢批評他；由於我是向美方提出書面保證的人，所以一切不滿就發洩在我身上。他們的不滿持續了三年多，到中美斷交後才停止。

事實上，參院外委會小組的聽證會，除了國務院的公開證詞外，還有中央情報局布希局長擔任祕密會議的作證人，他的證詞和答詢原定半小時，結果延長為一小時半，他攜帶大批圖表向議員說明。一般認為，《華盛頓郵報》一九七六年八月二十九日的報導，是中情局有意透露的。《華盛頓郵報》於一九七六年九月二十四日以「台灣對核子的新承諾」為題的社論，證明了這項揣測。

有趣的是，中共在十月初已舉行一次核子試爆，美國未對大陸有任何表示，一向以自由派聞名的《基督教箴言報》於十月七日撰社論，認為地面核爆隨風飄揚，美國東岸居民可能受到輻射影響，應檢驗飲用牛奶是否輻射感染。中共的核試，正說明了華盛頓與中共建立正常關係的重要性。美國政府和媒體對於同一問題的雙重標準，在此表露無遺。

## 卡特的外交三重點

一九七六年十一月初美國舉行總統大選，結果民主黨的卡特（Jimmy Carter）擊敗了原任的福特總統。卡特在競選過程中，完全不依照美國的傳統政治手法，在獲得民主黨提名前，由於他在各州初選領先，使民主黨高層極為不安，提出了ABC（Anybody But Carter）的呼聲，因為卡特有反華府的觀念，對於黨部也不買帳。在他獲得提名前，為我國擔任公關工作的貝隆曾在六月初和卡特共進早餐，他問卡特未來的中國政策如何，卡特表示毛澤東已風燭殘年，要等他去世後，觀察大陸是否平靜再做定奪。貝隆問他是否採納全國代表大會的政綱上有關外交部分？他說：「那是他人所擬，我怎麼能奉行他人的政綱？有關外交問題，我的立場可等我獲得代表大會提名後所發表的接受提名演說。」

卡特當選後，我們注意到他對外交政策有三項重點，就是**民主、人權和防止核武繁衍**。因此，蔣院長在一九七七年一開始上班，就是在一月五日上午十時半於中央黨部約了重要負責人員討論核能問題，參加者有沈部長、國防部高魁元部長、中科院唐君鉑院長、原能會鄭振華祕書長、黨部張寶樹祕書長和我。我先奉命報告去年（一九七六）九月以來中美有關本案的接觸情形，蔣院長說明已通知美方我絕不製造核子武器，美國對此十分敏感，最好的辦法是邀請美國派人來參加他們對我不放心的研究計畫，共同進行研究。美國將於一九七七年一月十七日派團來華訪問，各接待同仁在對答上必須有一致的意見和看法。美方對我已有成見，如調查結果仍有疑慮，將對兩國關係不利。

沈部長表示美方做法乃國際干預，甚欠妥當，但是這是國際間敏感問題，美國國會已有反應，如我不配合，則在軍事和經濟上都可能發生對我不利的結果。因此我們必須與美方合作，全力祛除疑心。高部長說，燃料再處理原是可供軍事用途，亦可做和平用途，現在已指示核能所取消這項研究計畫，將再處理設施撤除。唐院長也做了類似表示。

最後，蔣院長裁示由原能會接待美國代表團，凡核能所、清華大學和台電都可開放讓該團去看，這是澄清問題最好的機會，盡量公開。

## 美國核能訪問團來台「詳查」

美國的核能訪問團由國務院、能源研究發展總署的專家及情報人員組成，共七人，國務院中國科科長李文（Burton Levin）率領，一九七七年一月十七日至二十九日來我國訪問。他們抵華次日一早就來看我，李文指出卡特不日就職，未來更加強限制國際核能合作，美國現行法律規定不得對取得再處理設備的國家提供任何軍事或經濟援助；防止核子繁衍，乃一全球問題，並非針對單一國家。美對我公開聲明及蔣院長的保證甚為歡迎，但認為中華民國進行研究計畫的潛在風險仍存在，問題導源於「再處理」作業，美國甚為憂心。他們此行主要目的，在瞭解我國核能研究與發展計畫，俾使美國政府詳細認識。

談話中，我問到美國對我的做法咄咄逼人，但是巴基斯坦和巴西仍在進行再處理，美國似無動靜，是否雙重標準？李文表示並非如此，對這兩國也將同樣處理。我問到凡與美國充分合作的國家，美國是否有所鼓勵？反之，與美國不配合的國家，將有何抵制？李文答稱，凡合作者美必將與其合作，保證所需核能原料供應無缺；對於不配合者國會已通過法案，將來有進一步的懲處。我在結論中表示，國家間的關係如夫妻關係，須相互信賴；在過去一百九十餘年間，我國從未對美背信，此次邀請貴團來，也是增進互信的做法，希望美國能開誠布公，與我通力合作。

稍後該團訪問國防部馮啟聰副部長，他說明我國有過一核廢料再處理的設施，但是再處理所能產生的鈽，累積二十年也未必能生產一個核子武器所需；現在我們已將此設施拆除。馮副部長提到，我國最近為了研究核能發電的燃料，曾先通知國際原子能總署，透過一位美國商人準備買鈽240，但該商人轉向某一歐洲國家採購，結果也引起了不必要的誤會。

該團主要關心的仍是核能研究所，用了六天時間，分組詳細訪問各實驗室，也和研究所同仁敘談，自行帶了放射偵測儀器，一處不漏地測試，對於核能材料存量更是詳加核算，詳查耗損原因和耗損數量以及計算方式，特別是對該所的「台灣研究用反應器」（TRR）的性能及容量適合生產武器級的鈽原料，表示嚴重關切；此外，對該所的「有機冷卻重水式反應器」研究計畫設立用意，表示難以瞭解。美方在該所明白指出，美國不願非核國家獲得有關：一、高度濃縮鈾；二、再處理；三、鈽；四、由釷轉變而得的鈾235；五、重水製造技術。

在該團訪華期間，卡特總統正好於一九七七年一月二十三日宣布美國將立即完全停止一切核子試爆，期逐漸達成全面消除全球核子武器。蔣院長在一月二十七日的行政院院會上對此宣布表示支持，他表示我政府一貫主張和平使用核子，我們雖具備發展核子武器的能力，但絕不從事核子武器的製造。

美國代表團對於院長所提的能力又大作文章，一定要我方說明到底是哪些實力，為什麼不讓他們看到？我們同仁一再耐心解釋說明，他們始終不能釋懷。事實上，這是東西文化的差距，東方人總是考量面子問題，而且核子武器的製造方法，大家都知道，只是看是否有意願投入龐大的資金或人力，也就是「知易行難」，說「有能力」不是太離譜的事。而西方人則講求實證，一定要打破砂鍋問到底。

美團離華後，原能會鄭祕書長告稱，美方認為核能所的若干研究計畫如氧化鈽、氧化鈾混合燃料的研發、釷—鈾 233 轉變之研究、重水動力反應器計畫等，均被美方認為有導致核子擴散的可能，未來美方可能派遣更高層次的人士來訪，我方必須先做準備。我和楊次長商量於一月二十四日邀集政府各部門官員來部會商，如何能袪除美方對我的疑慮。

這次會議由楊次長和我共同主持，卻未達到預期目的，因為中科院和核能所仍堅持要用重水動力反應器以及美方擔心的燃料計畫。不過，各有關機關都同意今後要加強聯繫，及早與美方洽商。

## 美方嚴酷要求

一個月後，美國大使館有一節略送到外交部，要求我國採取六項措施以去除任何可能發生的懷疑：一、將所有核子設施開放供美國政府不時抽查。二、所有反應爐已使用的核廢料，應依雙方政府協議條件處理。三、應結束從事任何燃料重轉提煉鈽與鈾233之設施，以及不再發展任何濃縮鈾及重水製造的能力。四、所有目前持有的鈽，應有償移轉予美國。五、將不從事任何涉及核子爆炸能力的計畫。六、台灣研究反應器應停止運轉。

這節略內容嚴酷，令外交部國際組織司的同仁都非常憤慨，認為美方做法過分。沈部長於四月二日上午約相關首長會商，除中科院外，其他首長基於中美全盤關係考量，同時我國到核能第三電廠完工時，發電量的百分之五十將是核電，而美國掌握核燃料的供應，我們也只有接受這些要求。五天後，蔣院長在行政院院會後召見相關首長，指示既然我已決定不生產核武器，可不必與美方計較，即依來略要求予以同意。

當天，一九七七年四月七日，卡特總統在華府發表有關核能政策的談話，要點是美國正全面檢討國內核能發電計畫，期盼各國有核能發電廠者同樣檢討。美方主要是決定進行七項工作：一、無限期停止商用核廢料的再處理，正在南卡州興建中的再處理工廠將得不到美政府的資助或鼓勵。二、美國將對增殖式核子反應爐的興建重行考量，並延後其開放商業使用。三、美國將資助核能研究計畫，以加速變更核燃料的再處理，使不再滋生可供武器使用的物料。四、美國將增產濃縮鈾，以供國內及外國核能發電使用。五、美國將立法以使能與外國簽核燃料供應及保證運送的合約。六、美國將持續禁止濃縮鈾及再處理的設備或技術的輸出。七、美將與相關國家討論，如何使再處理問題能有國際合作，而不致導向核武器繁衍的做法。

同一天，李文科長在華府告知程建人祕書，指出我國已具有製造核武器的人才、技術及資源，二至四年內可自行生產核武器。美國為防患未然，決定盡早消除我製造核武器的能力，所以有三月二十八日節略的提出，我國如能接受其中要求，將可獲得保證對我國核燃料供應無虞。

四月十二日下午我將外交部所擬，經蔣院長親自核定的覆略，當面交給美使館彭博公使，向他說明我國在本案上一向和美國通誠合作。「蔣院長時常訓勉我們，心中想的、口中說的和實際做的，必須一致，不能口是心非。他多次對貴國保證絕不生產核武器，而始終得不到貴國的信任，的確使我政府同仁感到傷心。」彭博顯得非常感動，一再說我國的誠意他極為感激。

## 一場貓捉老鼠的遊戲

以後美方仍不時為核能問題找麻煩，總認為我們必須立即接受其要求，否則即將以核燃料停止供應為要挾，在此似也無必要逐一敘述。不過在中美斷交後有一次的情況，值得提出來。

一九八〇年一月三十一日，我在外交部突然得到美國在台協會主任葛樂士（Charles Cross）的告知，龍潭中科院營區附近有一條飛機跑道，距離跑道不遠有一碉堡，我方在進行與核子武器發展密切關連的「高爆」（high explosive）試驗，顯然我們尚未放棄核子武器發展，和過去承諾不符。我立即找參謀總長宋長志將軍，他正在南部公差，等晚上返回和我聯絡，我將美方所告轉知，宋總長說絕無此事，我說美方言之鑿鑿，還是去查一下好。經過調查，美方所講的果然不錯。稍後美方專業人員現地查勘，原能會鄭祕書長陪同前往。他告訴我，美方到了現場先是用鼻子聞，再在碉堡內外的地上挖了不少泥土分別裝袋，檢驗證明確實有高爆試驗。這則小故事說明了美方一定是有內線情報，否則連我國主管首長都不知道的事，美方不可能如此清楚明瞭。

此外，國家最高行政首長一再信誓旦旦地表示不發展核武，基層研究人員仍堅持要做，最後的結果是一場貓捉老鼠的遊戲。在這場不必要發生的短劇後，蔣總統終於決定更換中科院負責人。

## 卡特的兩岸觀點

就在美國大使館向我們提出核能問題節略的同一天，一九七七年三月二十八日沈部長告訴我，美國卡特政府上台後，沈大使似乎不很適應，希望我能利用美國地區領事會議在華府舉行的機會前往主持，順便加以「撫慰」沈大使。這是因為沈大使自新任國務卿范錫（Cyrus Vance）就任設法求見，兩個月來都無動靜，而卡特總統早就召見中共聯絡辦事處主任黃鎮。同時二月二十七日《華盛頓郵報》刊登名專欄作家克拉甫特（Joseph Kraft）訪問大陸後撰的一篇專文，提到中共方面曾對他表示，一九七二年尼克森訪中國大陸時曾提到，數年內將與我國斷交。

文章刊出，范錫曾下令查明國務院檔案中有無相關談話的紀錄，並無結果。根據國務院官員密告我國大使館同仁，這是一九七三年二月季辛吉訪問大陸時曾向毛澤東暗示先成立聯絡辦事處，等成立後約兩年可升格為大使館。這項談話，季氏只做了個人備忘錄，沒有在國務院或國安會檔案內。

這位國務院官員也告知我使館同仁，卡特新政府曾檢討對我國和對中共的政策，決定：一、**范錫國務卿避免接見我大使。二、美國高級官員，特別是具有政治性的，應勿訪問台北，當然也希望我方具政治性的高官勿訪問華府。三、盡量沖淡台灣作為政治實體或國際社會一份子的地位，例如提到美國關切我國的安全及福祉，不引用國名而稱關切「在台灣的人民」，只提及美國的安全承諾而避免提中美共同防禦條約。四、繼續對我提供軍售及核燃料**。凡此種種，均使沈大使憂心忡忡，蔣院長和沈部長都希望我能為他加油打氣。

此後半個月，我為赴美訪問充分準備了經貿和大陸情勢的有關資料，當時負責大陸事務有國家安全局、國防部情報局、國防部特種軍事情報室、中央委員會大陸工作會和國際關係研究中心。我和這些單位的主管都很熟，取得不少資料。我在一九七七年四月十四日啟程經東京、西雅圖，於當日抵達華府，二十四日由檀香山返國。

## 參加全美領事會議

這次赴美最重要的任務，是參加全美領事會議。會議於一九七七年四月十五、十六兩日在雙橡園舉行，參加者有十二位總領事和領事（關島及美屬薩摩亞兩領事未參加），大使館各單位主管十八人及駐美其他單位主管七人。我首先代表部長對同仁辛勞表示嘉勉，也花了些時間向會議報告國內各項建設、勵精圖治的精神，說明國內必可充分支援在美國前線勤奮工作的同仁。

大使館的政務報告指出，美國政府更迭的時候，不少美國友人認為新政府上任伊始，百事待理，可能無時間處理與中共的關係，而使「正常化」居於次要的地位（in the back burner）；但是，新政府上任三個月，使館的情報資訊顯示「正常化」仍在政策優先地位（in the front burner），沈大使無法會晤美新政府要員，最高只能見到主管政治事務的國務次卿哈比勃。當沈大使希望瞭解中共聯絡辦事處主任黃鎮與卡特和范錫國務卿晤談內容時，哈比勃答覆，今非昔比，過去華沙會談，美均對我詳予簡報，但現在美國不便將與中共晤談內容告知我方，一如美不會將與我方晤談告知中共。沈大使一再促使美高層早日重申，願與我國繼續維持外交關係，尊重中美共同防禦條約的承諾時，美方總是推託要在適當時機酌予表明，在公開談話也只願說：與中共進行關係正常化時，對於台灣人民的安全表示關切。

這篇報告指出，卡特的外交政策雖然明白揭示公開化、民主化、尊重人權和反核子武器繁衍，但是就算我國忠實履行這些原則，對中美關係也沒有什麼助益，而中共不論如何違背這些原則，也不會使關係正常化有任何延宕。換言之，在這一問題上，只是中共何時要，美國就何時給，不講原則，敵友不分，高唱外交道德，實際的行為卻南轅北轍。特別是卡特的首席外交策士布里辛斯基（Zbigniew Brzezinski）極為厭惡蘇俄，美蘇限制戰略武器第二階段的談判停滯不前，使得聯中共對付蘇俄的論點甚囂塵上，對關係正常化更具催化作用。

會議中，也花了不少時間討論國會合作，因為一九七七年初新就任的第九十五屆國會是一面倒的民主黨優勢，眾議院中有二百九十三席，超過共和黨一倍，參議院占六十一席。由於我們過去數年的努力，新任的眾院議長奧尼爾（Tip O'Neill）和國際關係委員會主席扎布勞基，都是我們的朋友；至於參院兩黨新任領袖勃德（Robert C. Byrd）和貝克（Howard Baker），也較卸任的曼斯斐爾德和史高特（Hugh Scott）對我國較為友好。這說明了我們廣結善緣、先燒冷灶的做法是正確的。

更難得的是，過去兩年我們每年邀請將近百名國會助理，在這次政權更迭中，有的出任要職，如新任孟岱爾（Walter Mondale）副總統幕僚長墨迪克（Richard Moe）、新任國務院主管國際組織副助卿達萊（George Dalley）等，都是曾來華訪問一週、對我國各方面有深入瞭解的助理。美國朝野一向密切注視我們在國會的工作，幸而我們的做法一切依照美國法律進行，美國政府只能常常酸葡萄地說：「你們在國會有辦法，有些事我們做不到，要靠你們啊！」

## 韓國門事件

早在一九七六年下半年，華府繼「水門事件」後又發生了「韓國門事件」（Koreagate），韓國一位富商朴東蓀在華府設立了「喬治城俱樂部」，和美國政府高層廣泛交往，包括白宮重要幕僚、內閣閣員及重要官員、重要軍事將領、國會兩院重要議員，甚至聯邦最高法院法官。這所俱樂部無任何不規矩的服務，只是設備高雅，食物、酒品都是一流，停車便利。

一九七六年間，美司法部發現路易西安那州資深眾議員派斯曼（Otto Passman），利用朴氏與韓國政府的關係，以該州生產的米運往韓國收取回扣。消息暴露之初，許多國會議員包括眾院議長亞伯特（Carl Albert），人人自危，而亞伯特議長的機要祕書正是一位韓國女士朴蘇西（Suzy Park）。正如許多弊案的處理情形，「韓國門事件」的處理也是雷聲大雨點小。亞伯特議長、派斯曼議員和其他幾位議員都宣布不再參選連任，朴東蓀去英國避風頭。此後，大家的注意力就轉向議員應邀赴國外訪問，是否屬於以公費做私人遊覽的問題（junket），美國的報紙都將注意力集中我國，特別是大使館負責國會工作的胡旭光公使，當時眾口鑠金，連蔣院長也很擔心，他在一九七六年十月二十九日上午召見我，要我小心將事，我向他報告，我們所做的一切都是合法的。

十二月九日蔣院長再召見，要我告知胡公使返國避避風頭，暗示要調胡公使去西德接替戴安國的工作，我報告這樣反而啟人疑竇，我們一向光明正大，而美國政府部門對我們如此冷淡，我們必須拉緊國會，由各方面的資訊顯示胡旭光公使在國會普遍受到重視，大家視他是我國重量級代表，調去西德雖然地位高收入多，但對國家的貢獻，實在不如留在美國大。

事實上，我們對國會議員和助理的邀訪，主要是由太平洋基金會負責。這個基金會由中華航空公司營利所捐助組成，在教育部登記從事文化教育工作，董事長是東吳大學端木愷校長，執行長是原任教育部國際文教處李鍾桂處長。每次議員或助理團來，華航在機票上給予折扣，並依身分不同，酌予升等到頭等艙或商務艙。到台北後，這些訪賓都是馬不停蹄地參觀訪問，完全符合國會自律規範所訂，出國必須有教育學習的功能。貴賓在結束訪問時，都說這是一趟學習之旅，表示對其在國會的工作十分有幫助。

大使館在每團來訪時，都派一位同仁陪同，將來返回華府，陪同者和訪賓就成為好朋友。最重要的是，我們不但不給予這些訪賓「性招待」，連他們下榻的旅館都是管理最嚴格的，如圓山、亞都、福華，這是防微杜漸的做法。

朴東蓀和我是一九七二年七月經當時韓國國會議長丁一權介紹相識，我們都在美國受教育，年齡相同，很快成為好友。「韓國門事件」前，他常對我說，我們對國會的工作不如韓國做得有效，他說如果國會有涉及韓國利益的議案，他不需動員，就會有至少三分之一的美國議員起立為韓國執言。他的俱樂部是非常有效的工具。他經常很得意地表示，美國最高法院的九位大法官除了在最高法院集會以外，他的俱樂部是唯一九人都會同在的交際場所。

一九七五年三月，我去華府，朴東蓀為我舉行了有兩百位嘉賓參加的宴會，真是冠蓋雲集。樓上樓下各有一個樂隊，分別為飯前酒會和進餐時演奏。但我也知道（雖然他從未說過），韓國當時邀請美國議員往訪，經常是在伎生館舉行非常奢華的宴會，晚餐結束後貴賓回到下榻旅館，套房內都有特別服務，而當晚套房內的活動及談話，都會被錄下來。第二天，韓方的主人會擇一適當時機，將前一晚貴賓高度興奮時所說的一些語句，不經意地向貴賓重述，讓對方心知肚明，一切活動均經錄影存證，自然心甘情願為主人效勞。

正值我在華府參加會議結束時，《華盛頓郵報》於一九七七年四月十七日以頭版頭條並橫跨三版的篇幅，報導美國司法部取得若干國會議員與韓國交往的函件，配了四張朴東蓀和議員們的合影。這些函件對於朴氏主導的韓國遊說工作讚揚有加，但是報導指出，先前美國駐韓大使哈比勃和韓國駐美大使金東祚，對於朴氏的活動都有強烈不滿。

## 中美經貿失衡

此次總領事會議中也曾檢討中美經貿關係，當時中美貿易已發生不平衡現象，我國的順差已超過十億美元。我國自一九七六年起就展開購買美國產品的工作，特別是與糧食有關的麵粉、黃豆、玉米等大宗物資採購。我們在一九七六至一九七八年兩年間組織了五次赴美特別採購團，由經濟部國際貿易局邵學錕副局長（後為局長）連同業者，分赴美國各州簽署採購合約。每次行程總要長達兩個月，真是十分辛勞。各州政府乃至州議會，以及州所選出的國會議員都極讚美，認為許多國家都對美國有順差，只有我國劍及履及設法改善貿易關係。

可惜美國政府不如此看待，國務院官員不斷散播耳語，說這些物品都是我國本來就該買的，這樣大張旗鼓只不過是要引起注意，是玩花招的公關手法。我們聽了實在不服氣，這些物品我們也可以由其他國家進口，不必由美國進口，我們向美國買，他們還要冷言冷語地諷刺，說穿了，美國政府官員就是不希望我們贏得國會、輿論、地方政府的好感。這些官員最希望我們坐以待斃，什麼事都不要做，手腳全綁起來，聽任美國和中共勾搭，等到正常化時，再輕鬆地把我們一腳踢開，也不至於有人會為我們仗義執言。

我們在會中研究美國政府的這種消極態度，認為仍應積極進行對美採購工作，這次會議，經濟部汪彝定次長也參加了，返台後就全力推動，除了增購美國農產品外，我們決定加速購買美製汽車，開放美國蘋果、柑橘與檸檬進口，開放美國品牌酒類進口，國營事業所需設備材料優先向美採購，以及降低美國進口產品的關稅稅率。這些經由各部會認可的決定，由外交部擬成口頭聲明，於同年十一月五日約美國大使館蘇里文（Roger Sullivan）公使來部，由我和汪局長共同接見，告知內容並附上書面文件，蘇氏表示非常感激。

會議中另一項重要討論，是有關加強與各州政府的關係。自一九七四年起，我們就有美國不同州的州議會通過決議案，要求聯邦政府加強與我國的雙邊關係，但以往都是各州自動辦理的，到一九七七年四月已有十八州、二地方、七個重要城市的議會通過。與會者都認為可積極爭取更多的州議會通過友我決議案。這項工作，稍後由各總領事館推動，於一九七八年十二月已有過半數，即三十二個州議會通過。

會議結束時，我曾再度講話勉勵同仁要本「知其不可為而為之」的精神，為國家奉獻智慧能力，在駐在地全心全力地工作奮鬥，不為勢劫，不為利誘。

## 會見副國務卿克里斯多福

以後的兩天半，我在華府的節目非常緊湊。

一九七七年四月十八日清晨，我和使館的基層同仁共進早餐，聽取工作心得、生活問題；我也將部內準備做的人事和會計方面改革計畫，告知他們。接著，我到使館聽取館舍修葺計畫的簡報，分別去使館各組拜訪，和國會組同仁座談，交換意見。中午和華府記者們午餐，他們對中美未來關係的發展多表悲觀。我告訴他們，對於可能的演變我或許更清楚，但是我沒有悲觀的權利，只能義無反顧，全力前進。

當天下午，我去看副國務卿克里斯多福，這是事先託了他的老長官、前加州州長老布朗為我安排的。沈大使和我同往，他表示三個月來要安排和他會面，始終沒有結果，所以他特別提醒副國務卿他曾多次求見。我向克氏表示，自卡特總統就任以來，我在外交上盡量配合美國立場，如核能和平使用方面，我立即呼應；美國宣布兩百浬漁業保護區後，我立即派團來美簽訂漁業協定，凡此種種，均顯示我與美國密切合作。

克氏表示，對於我國在核能方面的合作，他非常瞭解，這種合作精神，有助順利解決兩國間存在的問題。我提到，新政府接任以來尚未公開表示維持中美外交關係及對協防條約的尊重，希望能早日為之。克氏稱美方對此事，常銘記在心，目前美對各種情況正在詳細研討中，對此問題因受《上海公報》的指導，遇有適當時機自當做公開之聲明。我表示中美關係不僅對我國至關重要，亞太各自由國家莫不注視美國對我的態度。中美關係的任何變化，對此一地區將有嚴重影響，盼美方在研討時注意。克氏稱美方深知此點，自當予以顧及。談話時，克氏不時表示前州長老布朗乃是他的長官和師長，對他有提攜之恩，因此老州長囑他安排今日會晤，他一定照辦。

四月十八日晚間，魏德邁將軍在陸海軍俱樂部為我設酒會，介紹其朋友百餘人給我。稍後，二十餘位曾訪華的國會助理，在使館區大飯店（Embassy Row Hotel）款宴，有三位助理發表演說，都深蘊情感，我在備受感動的情緒下，起身講話十餘分鐘。這些國會助理的誠摯友情，使我想起「功不唐捐」這句諺語，也就是說一分耕耘一分收穫。

## 拜訪國會山莊

第二天在華府，主要是去國會山莊，先後拜訪了眾院議長奧尼爾、多數黨領袖萊特（Jim Wright）、外委會主席托布拉基、共和黨的領袖安德遜；參議院的寇蒂斯（Carl Thomas Curtis）、葛倫（John Glenn）、松永正幸（Spark M. Matsunaga）參議員。我一再向他們說明中美關係對於雙方的重要性，以及美國認為在美與中蘇共間的三角關係上可以打「中共牌」，是不妥當的，因為美國打不成「中共牌」，可能反而成為中共打的「美國牌」。葛倫參議員原是太空人出身，曾向我表示將來採取「德國模式」處理正常化，是最好的方式。這是曾任中情局副局長，當時是喬治城大學國際戰略研究中心主任克萊恩博士所積極推動的。克氏曾任中情局台北站站長，與蔣院長交誼甚深，此時正在學術界積極推動「德國模式」，可惜美國政府完全無意考慮。

當日中午（四月十九日），國務院主管亞太事務代助理國務卿來天惠在院內款宴，由李文科長及政策設計局的容安瀾（Alan Romberg）作陪，來氏表示正常化的推動，是基於全球戰略考量，外間多認為美國要聯中共以牽制蘇俄，事實上聯中共並不足以牽制蘇俄，美之所以聯中共是避免中共與蘇俄復合，萬一雙方復合，則兩方目前部署於中蘇邊境的大量部隊，就可重行部署於其他地區，對於日本和西歐的安全將構成嚴重威脅，即使我國安全恐也是如此，因此，美國對中共的政策是使中蘇共繼續分裂為重要目標。

另一方面，由於我國持續發展，使美國絕大多數民意支持維持中美外交關係。如何在此兩極端立場中，找到一合適目標，民意並無指示，美國政府唯有審慎將事，兼顧這兩項立場。我在談話中指出，中蘇共的分裂有其內在原因，不是美國所能掌控，雙方雖然分裂，但是在對外行動時仍相輔相成。美國政策不宜建立在期待敵方繼續分裂的基礎上，而應該兼顧如何加強盟國的力量，包括我國在內。

當天晚上，陳香梅女士在她水門公寓頂樓設宴款待，賓客甚多，晚宴後特別要參加宴會的國務院主管政治事務次卿哈比勃和我，二人到頂樓小室敘談。哈氏表示，新政府就任之初與我使館頗有隔閡，今後將設法改善。我說希望白宮和國務院最高層能延見沈大使，至少給外界一點平衡之感，他表示當盡力設法，盼我安心。我邀他來台北訪問，他表示目前恐難成行。我問他是為了政治原因不能成行，還是時間無法分配？他說絕非政治原因，純係時間不敷，他鼓勵助理國務卿郝爾布魯克（Richard Holbrooke）此時去台北訪問。我也和他就亞太地區，特別是中國大陸的狀況，交換意見頗久。

這次旅行使我感到，中美關係一時還不至於發生遽變，我們仍要積極加強對美的工作，除了已經在做的繼續加強之外，我駐亞特蘭大的總領事館特別對喬治亞州和卡特總統的故鄉平原市展開聯繫。卡特非常重視民間外交，在家鄉由史密斯牧師（Wayne Smith）組成友誼團隊（Friendship Force），和各國進行民間交換訪問的活動。台北方面也由雷法章先生和查良鑑先生組成相對團體，進行交換訪問，當時有人認為非無效益，事實證明，這些鄉親對於卡特的決策沒有任何影響。只不過當他宣布和我國斷交時，他的家鄉一片反對聲浪，的確也是因為很多他的鄉親來過台灣，與我們有深厚友誼，對他的決定不能認同。

## 美國擬採日本模式？

一九七七年年五月十三日，內政部高育仁次長、省政府社會處許水德處長和台北市社會局郝成璞局長連袂訪美，在華府會見了國務院中國科李文科長，他對訪賓說：一、**正常化勢在必行，且是依「日本模式」，現在只是時間的問題。二、一旦正常化後，美將對我斷交、撤軍、廢約。三、台灣的安全將有妥善安排，我們不必擔心。四、這些決定將不會危害我國的生存，美國仍將在經濟上繼續與我配合。五、我國國防能力甚強，中共則有大軍駐防於中蘇邊境，因此不致對台用武。六、美國如此做，是基於其本身長遠利益**。

李文這套說法，以後證明就是美國政府思考的做法，但是很奇怪，在一個月前國務院高層還沒有這種論調，且駐美大使館的同仁經常與李文會晤，也從未聽他有過類似談話。他在此時對高次長等一行提出，實在值得推敲。

六月二十九日，范錫國務卿在華府亞洲協會發表美國亞洲政策，對我國一字不提，引起葛倫參議員和杜爾（Robert Dole）參議員指斥，認為是怯懦的表現。次日卡特在記者會上強調，要正常化並只承認一個中國，並未提到對我國的安全保證，記者以此相詢，他只輕描淡寫地說，要維持台灣人民和平的生活，語調非常曖昧。

七月一日上午，蔣院長召見我詢問卡特的記者會情形，我報告美國擬採「日本模式」已很明顯，我也報告了前一天晚上和史卡拉賓諾（Robert Scalapino）教授的談話，他說范錫的演說可證明主張「聯中共制俄」的奧森伯（Mike Oksenberg）一派人已占上風，將要不顧一切地承認中共，演說中強調一個中國，可知已不再考量我國問題。史氏希望我政府應有強烈反應，否則會被誤為默認。蔣院長表示應有一強硬的聲明稿，以沈部長名義發表。

## 卡特對歐亞新布局

同時間，卡特的其他亞洲政策也使人有親痛仇快之感。例如他就職不久就宣布要自韓國撤除美軍，韓國政府和美國國會都有異議，他仍非常堅持。一九七七年五月二十六日，駐韓美軍總部參謀長辛格勞（John Singlaub）少將因對此政策表示反對，遭到卡特撤職。卡特也主張印度洋非武裝化，公開譴責菲律賓的馬可仕政府違反人權。這許多做法，加上他很明顯要背棄我國，使人感到美國有意自亞洲全面撤退。這些做法受到國會議員的指責，認為有悖美國利益，媒體也不斷撰文抨擊卡特的道德外交，不能有雙重標準。

同年七月底，他召集了最重要的國家安全幕僚，在白宮密集會商討論范錫八月下旬的大陸之行，以及所謂第十號及第二十四號總統檢討備忘錄（PRM-10, PRM-24）。這兩則備忘錄，代表美國新政府對全球的新戰略，以及對中共的做法。前者要旨是，今後美國的全球責任重點在於歐洲，亞洲安全的責任要委諸中共；美國在亞洲的防線也將東移，由韓、日、台、菲改為阿留申群島、日本與關島。後者要旨是，美國應不顧任何顧慮及早與中共完成正常化，與我則切斷外交和協防條約的關係。值得特別指出的是，這兩項備忘錄都是國安局派駐在大使館的汪希苓參事由白宮國安幕僚方面取得的，大使館沒有任何報導。

蔣院長非常重視這一切的演變，曾在六月三日致函卡特總統說明近年我國外交上雖受甚多挫折，仍能與若干重要國家維持實質關係，主要是因為我國與美國仍有正式外交關係及協防條約，因而並不孤立。蔣院長特別指出，協防條約是無法替代的，背棄條約的承諾，將損及美國與共黨國家交涉時的法律立場。

卡特很快就回信，六月十五日的覆函說請蔣院長安心，美國於開拓國際合作及降低全球緊張情勢之時，一定會充分考慮院長的各項顧慮。美國政府倘有可能影響貴國的政策時，必然會適時告知院長（keep you appropriately informed）。

蔣院長在一九七七年七月二十六日又有一封長信給卡特，特別提到范錫亞洲協會的演講以及中共空軍的范園焱義士於七月七日駕機投奔自由，後一事件主要是因中共最近變更海峽巡弋做法，過去從不出海，最近則是不斷出海，飛行於海峽中線，這種做法只能解釋為中共有意炫耀戰力。對於卡特總統六月三十日記者會的發言，蔣院長特別提醒他，中共不斷叫喊要以武力「解放」台灣，顯然是和卡特希望我國民眾能有和平生活是不一致的。這封信卡特似乎沒有回覆。

范錫的演說以及他將於八月下旬訪問大陸，讓許多美國人士認為此行可能傷害到中美關係。

根據外交部當時統計，自六月底到九月底三個月內，國會議員發言支持我國的共一百二十二人，有二十五位參議員、九十七位眾議員，民主黨四十三位、共和黨七十九位。媒體中，《基督教箴言報》於七月五日指出，中共有求於美者，多於美國有求於中共者，美國不應犧牲我國；七月九日《紐約時報》社論指出美國不可能放棄對我國承諾，范錫的訪問將無結果。到了八月中旬，美國政府官員陸續表示，范錫訪問大陸是試探性質，將不會帶去任何正常化的方案，我們才稍感釋懷。

## 交換大使館與聯絡辦事處？

一九七七年八月十七日，哈比勃次卿奉命約晤沈大使說明，范錫之行在結束後將由郝爾布魯克專程來台北向我簡報訪問要點。哈氏表示，此行將討論全球戰略政策性問題，包括蘇俄、中東、日本、韓國以及雙邊問題。對於正常化將予探討，不會完成，也無時間表。沈大使問哈氏接受或拒絕中共三條件？哈氏答覆不會拒絕討論，但接受或拒絕並無定論。沈大使問有關協防條約的承諾未變？哈氏說目前未變，將來發展難答。沈大使表示，如此措詞令人懷疑中美邦交及條約能否繼續。哈氏答以無意予沈此印象，但如沈做此結論也無可奈何，不過正常化將不損及我國立場與權益，以及中美關係的本質。

范錫訪問中共結束後，郝爾布魯克助卿偕容安瀾來華向我說明，他們於一九七七年八月二十六日傍晚六時四十五分到台北，來外交部簡單拜會之外，主要是與蔣院長談話，長達一小時五十分，我在場翻譯。郝氏表示，范錫主要是與中共外長黃華多次會談，曾會晤華國鋒，並在西山頤和園與鄧小平有一次長而認真的談話。雙方討論重點為全球問題，中共對美國面對蘇俄在全球各地擴張是否有實力和決定予以對抗，一再表示質疑。包括南部非州、中東、韓國、限制戰略武器、防止核子擴散等問題，雙方都曾透徹討論，中共立場與其公開發表者並無不同。范錫則重申美政府有決心維持強大實力，對各項雙方所討論的問題，也能有相當程度的共識。

至於雙邊關係方面，范錫表示與中共正常化的同時，須能維持與台灣的實體關係（essential ties），也不能使台灣之安全及人民福祉受損害。但是，美方並未與中共談到正常化的時間表或進度，但同意在未來數月間繼續商談。蔣院長曾引《華盛頓郵報》八月十七日所報導的，美國總統檢討備忘錄所述之內容是否正確？郝氏答以該文純係杜撰，事實上總統檢討備忘錄（PRM）尚需經總統核定，成為「總統決策備忘錄」（PDM）。蔣院長指出美國在西太平洋防線的東移代表撤退，嚴重損傷美國利益，盼美國切勿採取。郝氏允代轉陳。

范錫訪問大陸後不久，鄧小平在一九七七年九月六日接見了美聯社記者博卡迪（Louis D. Boccardi），對於范氏訪問表示不滿，說范氏曾向中共提出以「交換模式」（switch formula）進行正常化，也就是美國將大使館移往北平，而將聯絡辦事處移至台北。鄧指出二十個月前當福特總統訪問大陸時，曾承諾倘當選連任時將立即與中共建交，與我國斷交；而現在范錫的訪問則代表雙方正常化關係的倒退。

報導刊出引起極大震撼。第二天國務院中國科副科長卜道維（David Brown）向大使館同仁表示，經過詳細檢查，范錫在北平的全部談話紀錄美方從未提出「交換模式」，不知鄧小平何以做此解釋，還大肆抨擊。福特前總統也對記者表示，他在一九七五年十二月訪問大陸時曾提過，如能當選將盡速推動正常化，但是美國是否與我斷交或廢約，則從未提過。

## 美決心採取正常化

一九七七年九月十七日范錫國務卿初次約晤沈大使，這是他去大陸前所承諾的，范氏說此行原就無意進行正常化，結果也沒有完成正常化。對於鄧小平的談話，范氏說在北平雙方曾就正常化問題交換各種方式的意見，其中之一就是正常化後，美國要和我國維持何種關係，也就是郝爾布魯克告訴蔣院長的「實體關係」。范錫也明白告訴沈大使，美國決心採取正常化的政策，希望中美雙方能在此一範圍內密切磋商共同相關的各項問題。

九月十七日，安克志大使在長期渡假後返台，和沈部長晤面，他說在國務院內現在暫停推動正常化，但此一政策並未改變。根據他瞭解，如果一九七四年沒有發生水門事件，尼克森原有意在第二任期間（也就是一九七六年底前）完成正常化。

范錫訪問大陸後，美國和中共關係暫時靜止，一般認為是因為美國政府需要全力處理巴拿馬運河條約問題；但是我們政府不斷努力，對於國會輿論和美國各界的聯繫說明，也不能說沒有發生些延緩作用。新加坡英文《海峽時報》在一九七八年三月七日刊登了其華府特派員齊仕（Milton Chase）的長篇報導，題目是：「贏取美國人心之戰：台北遙遙領先北京」，文中指出，我們的工作對象以美國的州和市為主，這和以往「中國遊說團」以金錢影響議員的做法全然不同，這是新而肥沃的土地，撒下的種子所帶來的收穫遠超過台灣期盼的，已有二十五個州通過強烈支持中華民國決議案。這些決議案，對該州選出的聯邦議員和一般民眾，有深遠的影響。

文中亦提到，當時正在美國各地訪問的中華民國採購訪問團，購買約二億五千萬美元的產品，對於疲弱的美國經濟發生相當影響，訪問團的成員不斷向美國業者表示：台灣有蓬勃的私有企業制度，是美國商品和農產品的良好市場，而中共則以國家為唯一的購買者，沒有消費者市場。

## 蔣經國就任總統

一九七八年三月二十一日，國民大會以百分之九十八的高票，選舉蔣經國先生為第六屆中華民國總統，行政院新聞局邀請了許多國際媒體來華採訪。記者們於三月二十四日上午來部看我，訪問長達兩小時。根據法新社記者維耶加（Joseph Veiga）當日所發的報導，我對美國有意承認中共提出一項警告，認為可能導致中共與蘇俄的復合。我談到只要美國不承認中共，美國、中共和蘇聯可以維持一個相當穩定的等邊三角關係。美國一旦承認中共，則會使三角關係的平衡消失；由於美國和中共都是蘇聯的潛在敵人，若兩者相結合，會使蘇聯坐立不安，認為受到威脅，蘇聯一定會盡一切努力設法使中共重回懷抱。縱使中共不接受蘇俄的請求，美國也已經將最後一張王牌「外交承認」用掉，而中共仍然保留一張王牌「與蘇聯復合」。中共可隨時以這張王牌威脅美國，而美國只能聽從中共擺布。

如果美國維持目前與中共的關係，則三方面會有相同距離。首先，美國對蘇聯有和解政策，對中共有正常化政策，其次中共繼續視美國與蘇聯同為「超級強國」，而蘇聯則一方面要「埋葬美國」，同時要對付中共。這三方面維持等距離的關係，是幾何學上的等邊三角形，最穩固的圖形。如果一點移向另外一點，甚至兩點重疊，則三角關係變成直線關係，必然發生衝突對抗。這次訪問，在全球許多媒體都有相當篇幅的刊載。

一九七八年四月二十六日白宮宣布，國家安全顧問布里辛斯基將於五月二十至二十三日訪問大陸，而五月二十日正是蔣經國先生就任總統的日子，我們認為這個日子選得太糟了，駐美沈大使奉命去國務院表示不滿，來天惠副助卿說，決定日期完全沒有想到這問題，既已公開宣布，則難以更改。他說此事純係偶然，絕非故意，盼我們能諒解。這種文過飾非的做法反映了美國政府真正心態，對於我國，任何不妥的事都無所謂；對於中共，千萬不能有一絲一毫的錯失。堂堂民主國家的領袖，竟有這種妾婦心態，實在是明顯的雙重人格。來天惠也對沈大使說，布氏此行不是交涉正常化，只是全盤檢討國際情勢。

過了兩週，沈大使與郝爾布魯克助卿會面，郝氏直指訪問日期選得不當，安全會議亞洲事務主任奧森伯應負全責。郝氏同時向沈大使表示有關正常化的問題，很想和我國談談，若蔣總統能接見，他願專程來台北談。這個電報，沈部長閱後召見我，指示不予置理，他說我們和美國有正式邦交的時候，怎麼能談斷交的安排，這不是等於人還未死，就放進棺材釘了釘子。他也說，除非中共同意和平解決台灣問題，或者我國願與美國談善後問題，否則正常化是無法實現的。

## 卡特試探性發言

一九七八年五月十九日，沈大使又奉命去見主管政治國務次卿紐森（David Newsom），表達我國對布氏訪問大陸的強烈不滿，指出布氏除大陸外還訪問日、韓，卻不來我國；不久前孟岱爾訪問東南亞國家，也避開我國。布氏訪問大陸後，於二十三日轉往東京，與福田赳夫總理會晤，布表示在大陸未與中共談正常化問題，因為美國內部支持台灣的聲勢日益高漲，美國不能改變目前政策。中共方面則對布氏說，這項問題總有一天必須解決。

布氏的訪問，美政府未派專人來台北向我們說明，而是在五月二十九日由安克志大使向蔣總統報告。他表示布氏此去無新發展，不過美國和中共要發展建設性關係，雙方有共同長程戰略利益。中共對越南成為區域霸權，受到蘇俄支持，非常在意。布氏與中共頭子十四小時長的談話，九成是全球問題，正常化曾討論到，但不是談判，也沒有任何協議。蔣總統告訴安克志說，正常化和美國關切我國的安全與福祉是相互牴觸的，正常化對我國是致命打擊。安克志此時說，希望能就正常化的問題做非正式的討論。蔣總統說中美雙方對中共的評估根本不同，現在應該談的是如何保存現存的友好關係，除此之外其他沒有可談的。

半個月後，美、歐、日三邊委員會在華府集會，在一九七八年六月十二、十三兩日卡特總統、范錫國務卿、布里辛斯基安全顧問、國防部長布朗（Harold Brown）均以祕密會議方式，和與會人士探討與中共正常化問題。據說卡特表示將以中共三條件為基礎，加速進行，仍將繼續與我國的貿易與軍售關係，美將在台設貿易辦事處，不過中共必須表明不以武力迫使台灣與大陸統一。三邊委員會的組成，是三方面的重要企業界人士或已不服公職的高官。卡特在會議中做如此發言，我認為是放出一試探性的氣球。

過了一週，駐美大使館發電報告，據接近孟岱爾副總統人士密報，美國與中共建交以年底為目標期，使館分析此種看法代表白宮或國安會的觀點。無論如何，我們仍然力促大使館要發動國會議員設法阻止。

大使館經過審慎研究，決定在《國外安全援助授權法案》上做文章，約了共和黨的杜爾參議員和民主黨的史東（Richard Stone）參議員聯合提案，在法案後加了一段「參院意見」，就是總統在與中共進行正常化時，如有影響美國與中華民國現有外交關係或兩國間的共同防禦條約，應先與參議院諮商。找這兩位參議員是經過仔細的選擇，因為他們在自己黨內都是較傾向自由派，而非一向親我國的保守派。

兩位的提案一經提出，立刻就有許多參議員連署。七月二十日正式提案，七月二十五日就在參院以九十四比零，全數通過。這項法案行政部門不可能否決，因此很快就獲得總統批准。我們的國會友人都十分高興，認為有這個案子，政府要受相當拘束，此外也有助於美政府與中共談判時的籌碼。

## 美方擱置軍售

一九七八年下半年，中美關係不斷萎縮。八月二十四日浦為廉（William Brown）代辦和班立德（Mark Pratt）參事聯袂來看我，說要將「美國海軍醫藥研究所」結束。此研究所是一九五〇年代成立的，在公園路台大醫院內，專門研究熱帶疾病，和我國衛生單位合作密切，雖冠海軍之名，實是純粹的學術機構。

九月八日，安克志往見蔣總統，報告台南機場的亞洲航空公司內有美國 E-System 公司專事維修 F-4 戰機，美國現決定將維修工作整個轉到韓國。轉移時間包括所有維修機件約需一至二年，這是依照《上海公報》所述，將一切美軍及設施撤出台灣的一部分。這項變更，希望我們勿讓媒體知悉；但為了防洩漏，他們也準備了一套問答，安克志接著就自問自答起來。我看經國先生的表情愈來愈嚴肅，他的態度是過去很少看到的憤怒，安克志自問自答結束後，經國先生說：「亞洲航空公司在台南很久了，過去我政府應美國請求給予多種支助，這單位是有合同的，應依合同辦理；聽到美國政府如此突兀的通知，亞航的搬家竟和《上海公報》連在一起，至感遺憾。本案如依普通合約的方式處理，是很單純的，如此單純的事卻和《上海公報》有關，美國的做法實非明智。從中國人的立場看，美國的做法是自欺欺人，也不是和朋友相處應有的做法。我個人始終以美國的忠實友人自居，美國待我們的態度，實在不是對待朋友的態度。」

到了十月底，卡特又裁決擱置售給我國高性能戰機的決定。多年來我們希望能購買 F-4 幽靈機，以後諾索普公司（Northrop Company）希望將我們原有的F-5E戰機的性能大量提升變成F-5G型戰機，賣給我國。另一方面德州的通用動力公司（General Dynamic Company）希望我們購買他們的F-16戰機，雙方相持不下。

一九七八年八月，美國國務院和國防部都同意要售我們F-5G。不料此時突然有裁軍暨武器管制總署跳出來表示，這是與卡特的武器管制政策不符。卡特乃將此案交給白宮管理預算局評估，最後在十月三十日決定不售予我國。

十一月六日上午十時，安克志晉見蔣總統宣讀一項文件，說明美國無法依我國的要求出售F-16或F-18L予我國，因其包含極高層次的技術，不宜引進台海地區，也與美國的國際武器移轉政策不符。而F-4E因同時具有轟炸戰力，其續航力甚高，美國也認為不宜引進台海地區。至於F-5G，美國政府尚未授權諾索普公司生產，也無法提供。因此，為了應付我國替換老舊戰機的需要，將目前共同生產的F-5E，再授權生產四十八架。蔣總統聆聽後表示極為失望，認為F-5G已是美國政府主管機關一致同意售予我國的，實在沒理由再推宕。

## 風雨前的寧靜

一九七八年是美國國會期中選舉年，國會在十月十五日提早休會。十一月七日選舉，共和黨小勝，民主黨仍在兩院掌握絕對多數。十一月十一日，眾院軍事委員會主席普萊士率領了一龐大的議員訪問團來台北訪問兩天。我全程陪同他們，也答覆了許多問題。議員們均表達對我國的友好和支助，也願意設法讓我們獲得高性能戰機。他們表示目前國會休會，卡特政府應不致有所行動，等明年復會後，他們將採更積極的舉措使美國政府加強和我國關係，也期盼我們能考慮到美國經濟和貿易的困境，多採購美國產品。哪知道他們離開不到五週，中美關係就起了劇烈的變化。

# 第二十二章 打開歐洲外交大門

事實上，歐洲地區對於我國甚為重要，要開拓對歐洲的關係，最重要的就是簡化簽證、設單位、促成台北和歐洲城市的直航。這三件事在沒有邦交的國家去爭取，是困難重重。

歐洲當時有三十五個國家，最大的是蘇聯，最小的是教廷。過去，歐洲一些國家曾到全球各地開拓殖民地，現時全球左、右兩大超級強國的形成，與之關係密切。二次世界大戰後，歐洲一分為二，一半是在蘇聯掌控下的華沙公約國家，另一半是美國主導的北大西洋公約組織國家。在經濟方面，又分別屬於「經濟互助會議組織」，由蘇聯領導，採取社會主義分工制度；以及「歐洲共同市場」。東西雙方，直到一九七五年七月，才初次召開由三十五國的元首或政治領袖參加的赫爾辛基第一次歐洲安全合作會議高峰會。會中簽署了一項「最後議定書」，西方國家同意提供貸款和科技協助，而共黨方面承諾避免使用武力、改善人權、促進東西方文化教育的交流。

我國自一九七三年三月九日與西班牙中止外交關係，及葡萄牙於一九七五年一月六日承認中共後，在歐洲的邦交國只有教廷一個。而駐教廷大使館基於宗教性質，不宜涉及與其他歐洲國家的政治或外交接觸。對於東歐國家，我們尚無法交往，至於歐洲自由國家中五個小國：安道爾、列支敦斯坦、馬爾他、摩納哥、聖馬利諾，我們也毋需積極爭取。北歐五國，除了丹麥有新聞局設的單位，其他四國，政府尚未設有單位。剩下來的十三個歐洲國家中，愛爾蘭和葡萄牙我國亦無單位，瑞士有一經濟部的單位，新聞局則在法國、義大利、荷蘭和英國有單位。外交部除了駐教廷大使館外，只有四個據點。我在一九七五年回到外交部工作，奉派主管歐洲業務，發現司內工作清淡，同仁士氣不振，特別是三個歐洲最重要的國家：英、法、西德，外交部都沒有設單位。

## 開拓歐洲外交

事實上，歐洲地區對於我國甚為重要，她是世界政治中心之一，經濟潛力也是舉足輕重。在我國經濟起飛後，必須開拓市場，歐洲無疑是最理想的地區。我國在一九七一年和全體自由歐洲國家的雙邊貿易額只有四億美元左右，收支大致平衡。到了一九七七年已激增為二十億，我國的順差已是四億多美元。

記得一九七三年我去歐洲訪問，看到不少我國商人，單槍匹馬提了一只〇〇七手提箱，到處爭取訂單。他們對我表示，辛苦一點無所謂，只是拿簽證實在困難，遇到問題也沒有政府駐外單位幫忙，並且台北沒有直達歐洲的班機，一再轉機，時常錯失了商機。

因此我認為，要開拓對歐洲的關係，最重要的就是簡化簽證、設單位、促成台北和歐洲城市的直航。這三件事在沒有邦交的國家去爭取，是困難重重。我們先要廣結善緣，多方面邀請歐洲重要人士，特別是國會議員來華訪問。根據我自己的統計，在我返回外交部服務的最初二年，接見及款宴過的歐洲訪賓超過一百人。

## 有驚無險遇共軍

一九七八年一月二十四日沈部長召見我，指示在一個月內去歐洲做兩週訪問。這項任務很簡單但也很不容易辦，簡單的是並沒有交給我任何特定工作；困難的是時間很緊湊，安排節目相當困難，簽證也不容易。我約了歐洲司胡世勳司長研究，選定了希臘、比利時、盧森堡、荷蘭、西班牙、義大利（教廷）、法國、奧地利、西德、英國。後來因沒有拿到西德和英國的簽證，所以實際去了八個國家。我對於此行，確定了三項主要工作：一、鼓舞同仁士氣，發掘駐外單位的困難；二、盡量接觸當地國政府官員；三、與曾訪華的外賓重敘舊誼，盼能加強助我。

我在二月二十四日啟程，當晚由香港搭德航六四一班機飛雅典，不料次日清晨三時降落喀拉蚩時，第二引擎因吸入飛鳥損壞，我原在機上未下機，等了兩個半小時才知無法修好，必須進城。我在候機室即設法與日、韓籍旅客相互自我介紹，並共同行動。九時被送到市區內的玫瑰大飯店（Hotel Melram）。巴基斯坦此時與中共關係密切，我此行持有一本外交護照、一本普通護照，我將有官銜的名片分別放在兩本護照內，而一本護照放在右邊口袋，另一本放在左口袋。如果有中共官員認出我來，要巴方拘捕我，我就可以很快將一本護照交給同機旅客，使他們瞭解我的身分。今天談這些事，也許很突兀，可是在當年要是我真被巴方拘捕，中共一定會宣傳我是去「投共」了。

果然，中午大家在七樓餐廳午餐時，就有一團中共的官員穿了毛裝進來用餐。其中一個年齡較長的直盯著我看，對旁邊的人說：「你看那邊戴眼鏡個子高的人是不是很眼熟？」邊上的人沒答話，我的手已伸到口袋內。吃完飯，我們同機旅客一齊離開，沒什麼問題。飯後我去櫃檯發了個電報給雅典的舒梅生主任，告訴他我將無法如期抵達。

我付了電報費，拿了收據就回到房間，過了半小時有人用力敲門，口中叫著：「開門、開門！」我以為也許是中共人員會同巴方來對付我，所以我拒絕開門，問：「有什麼事？」對方遲疑了半天說：「你剛才發電報沒付錢。」我說已付而且有收據，他要看收據，我就在門縫下塞出去。此人立即離去。

稍後吃晚飯，又遇到中午那一團中共官員，我聽他們的對話知道是來巴國做友好訪問，明天將回大陸。這時四人幫剛結束，大家都沒有長幼尊卑的觀念。我聽到一個年輕人對中午注意我的那個年長者說：「明天就要回去了，快把錢給大家分分。」年長者講話聲音低，我聽不見。事過境遷，我回到台北查看那時候的中共資料，才知道那團人是中共對外友好協會的巴國友好訪問團，年長者是團長，也就是不久前曾任華府聯絡辦事處主任黃鎮。

用畢晚餐不久，就得到德航通知可以回到機場繼續旅程，結果晚了一天，到二十六日凌晨才到雅典，巧遇週日，所以只見到過去訪華的國會議員，原先約晤的政府首長都無法見面。

## 第一次與荷蘭人打交道

一九七八年二月二十七日至三月四日訪問比、荷、盧。此時我們在荷蘭尚無單位，飛利浦公司在台灣有相當的投資，董事長菲利浦先生與我國政要都很熟，建議可由他在荷蘭設一單位，我們提供經費及祕書，此行我要去拜訪他，研究如何進行。三月二日我和內定擔任駐荷單位主管劉伯倫同往該公司所在地恩荷芬（Eindhoven）拜會菲氏。他很堅持每年我需提供不報銷的經費二、三十萬美元，由他支配，而劉伯倫主任只能擔任祕書。我婉告這是我國法令所不許可的，國家任何預算開支必須有單據，否則無法核銷，外交部要受處分。菲氏一聽，立即發怒，表示如他不支持，劉就無法在荷居留，如不照他的意思撥款，他將關閉海牙的孫逸仙中心。我只能慢慢向他解釋，作為一個公務員必須遵守法令規章，大概一個多小時的談話，這是我第一次體驗到與荷蘭人打交道的滋味。我在由安多汶回來的車上，對劉主任表示此事不外：一、依荷人擺布。二、撤退。三、另起爐灶。我認為恐怕需要考慮第三條路。

在比、荷、盧三國，外交部是請駐比中山文化中心劉藎章主任督導。因此我曾於二月二十七日在比京，約了在三國所有國內派駐同仁舉行會報，一共有十位參加，分別就他們所負責的業務提出報告。我對同仁予以慰勉，並期盼他們加強橫的聯繫，不要單打獨鬥。

三月四日至七日訪問西班牙，西班牙國王正將訪問大陸，而中共又大量購西班牙鋼材，姚守中主任原安排若干西國官員會晤，因此被迫取消。不過我還是拜會了西國攝政阿雷格里雅（Diaz

Alegria）將軍，他表示中西兩國的前途很樂觀，願在可能範圍內協助我方工作。我也拜會了前外長博拉弗（Lopez Bravo），他屬於天主教一個重要的組織主業會（Opus Dei），對中美關係極感興趣，問了許多問題，談話超過一小時。我上次訪西班牙是二十三年前，這次發現左派力量大增，經濟問題嚴重，物價飛騰，人民生活較過去為差。

## 商談購買法國空中巴士

一九七八年三月七日至九日我在巴黎訪問，由龔政定主任安排和剛卸任法國外交部政務次長，轉任季斯卡（Valéry Giscard d'Estaing）總統的部長級裁軍顧問台坦傑（Pierre Christian Taittinger）先生，有長時間晤談。他是法國世家子弟，家族經營拉法葉廣場的協和大旅館，生產以他家族為名的香檳酒。我們初次見面就非常投契，他問了許多關於亞洲的問題，我也向他請教若干裁軍相關問題，他的答案極為悲觀，認為美蘇雙方只是以裁軍作為削減預算的障眼法，對卡特批評尤多。他允諾稍後偕夫人來我國做祕密訪問。果然於同年九月五日至十三日來訪，一週內我們多次長談，對於世局不斷交換意見，觀點相當契合。他一再表示盼我盡早再去巴黎訪問，他一定為我安排政府高官會晤，對兩國合作進行懇談。

我在巴黎也會晤了巴黎市長席拉克（Jacques Chirac）的首席經濟顧問巴農（Gabriel Bannon），他是戴高樂派的重要人士。另外我和法國海外航空公司總裁韋爾（Antoine Weil）會晤，他兼任法國企業協會遠東組主席，負責在台北籌設單位，他密告法方將派現任駐亞洲開發銀行大使級代表羅塞特（Roset）來台北擔任主任。我提到他的公司由法飛往新卡里冬尼亞的班機，可否以台北作為中途站，如此即可形成中法通航，他表示可予考慮，但是對於我國原已決定購買「空中巴士」客機，因美國介入改購波音機，表示十分失望。我返國後，將此狀況呈報層峰，政府於同年七月間重新考慮「空中巴士」。但華航認為，此型飛機維護必須重新安排，不符經濟效益，要政府多補貼。孫運璿院長於八月十五日指示，如果能取得法國航權，華航可購買空中巴士。九月一日，華航就向空中巴士公司發出購買四架飛機的意願書。

## 訪問羅馬

三月九日至十二日訪問羅馬。在教廷，我會晤了國務卿維洛特樞機（Jean Cardinal Villot）、副國務卿高里耀（Guiseppi Capri）總主教、公共事務委員會祕書長（常被稱為教廷的季辛吉）卡沙洛利（Agostino Casaroli）總主教。我告訴他們，中共迫害宗教情況以及天主教在我國的昌盛，尤其是輔仁大學對我國高等教育有甚大貢獻。我也提到越南陷共前，曾有和尚為越共利用自焚，以影響國際輿論對阮文紹政府不滿。美方曾質疑為何和尚協助共黨，我曾解釋，和尚雖不喜好共黨，但共黨可以喬裝和尚。今天中共自行冊封「總主教」，不理會教廷，並命「總主教」參加政協，如出一轍。我也請教廷派特使來華，參加經國先生就任總統的大典。在教廷，亦與許多重要官員餐敘，包括數位樞機、教宗府的總管及宗座大學校長。

我在三月十一日上午前往義大利總理府，拜會新聞局長齊卡里尼（Giorgio Cecchirini），他是舊識，所以在週末例假、安德利歐弟總理正在組閣的緊張關頭，還是抽了時間和我見面。他說，這次內閣是基督教民主黨與共產黨合組，但合作僅限於國會，兩黨商定共同綱領，其中屬於經濟者三項，屬於外交者二項，包括國營事業逐漸民營化，繼續參與北約和歐市等。他也表示，周書楷大使今後有任何問題，包括對在義僑胞的照料，都可以找他協助。

## 會見奧地利總理與外長

在歐洲最後一站是維也納，先與駐德、奧同仁舉行協調會報，之後由前維也納大學校長溫克勒（Gunther Winkler）的安排，逐一拜會奧國總理柯萊斯基（Bruno Kreisky）、外交部長派爾（Willibald Pahr）、科學研究部長芬柏女士（Hertha Firnberg）、外交部政務署長史坦納（Ludwig Steiner）、奧國各政黨負責人、奧國工商總會長，行程十分緊湊，所有官員都是在官署中接見。我見到柯總理時表示，他八年主政使奧國在國際社會中日益重要，不少國際機構均在奧設總部，奧國民眾也在繁榮、安定、充分就業的情況生活，與其他歐洲國家成強烈對比。總理對中共第五屆政協和人大的會議甚感興趣，提出不少問題，我逐一回答，並且對歐洲國家「聯中共以制蘇俄」的觀念，設法予以駁斥。

我也表示中華民國實行的民生主義與社會主義極為類似，目前總理擔任國際社會黨聯盟主席，我國的官式外交受制於中共的打壓，盼能在政黨交流上得其奧援。他說，該聯盟是一閉鎖的組織，凡非社會黨名稱的政黨，甚難參與，但是他將在未來聯盟會議中廣為介紹我國存在的事實；他也建議我們多和日本社會黨及民社黨交往，則可與他配合共同發言。談話四十分鐘，結束時他表示此一談話極有價值，盼我能常去訪問。

我和派爾外長的談話是三月十五日下午五時，那天正好是巴勒斯坦解放組織在以色列的暴行，奧政府發言同情巴解，引起以色列不滿，對奧國嚴重抗議，要求奧政府召回其駐以大使。我在他辦公室時，多次有重要電話找他，甚至有總理召見的電話，他答覆說：「錢先生在此，我稍後即來。」他昨日剛由中東返回，明日又將訪捷克，能抽空約談，實在可感。

外長見我之初即表示，我國的存在為一政治現實，奧國自宜面對，他對我的接待乃是份內之事。我請他在歐洲各地訪問時，能將其觀感代為告知各國政要，勿需恐懼中共的干擾，不敢與我交往，我亦當極端審慎，不使各國遭受困窘。他表示，和英、西、瑞典、西德外長均有特殊關係，甚願為我進言。我和外長及政務署長談完，就於十六日晨經哥本哈根、曼谷返回台北。

## 歐市不容輕忽

這次歐洲之行，訪問了共同市場九國中的五國，以及即將加入的希臘與西班牙。這個區域組織有一百五十三萬平方公里（不含希、西），兩億五千六百萬人口，全體國民生產總額近九千億美元。特別是兩年前由前比利時總理丁德曼斯主稿的一項報告具體建議，這個組織將統一會員國的經濟和貨幣，並且在援助開發國家的做法上協調一致。報告中，也建議此一組織應邁向歐洲統一，以應付美、蘇兩超強，在外交政策上也要有共同一致的立場；建議會員國要有共同防衛計畫，合作生產武器。此外，原已存在的歐洲議會要加強其功能，自一九七八年起，直接由人民投票選舉議員（過去是由九國政府指派），同時建議有共同護照。

這項發展不容忽視，因此我在返國時向層峰建議加強與「歐市」的貿易，爭取歐洲各國來華投資，在可能情形下從事經濟合作（用今天的名詞應該說是「策略聯盟」）。我們若想達到這些目標，目前在歐洲所設的單位、人員及經費，都要有結構性的改變。在單位方面不能各自為政，各事其主，應該有統一協調的做法。我指出，這次訪歐很深刻的一個印象是歐洲人的「勢利」，對於交往者的家世、背景、地位，乃至配偶的家世都非常注意。我建議如果想和歐洲國家發展政治關係，甚至運用歐洲國家，以影響其他我們的盟邦或友邦，必須指派大員前往歐洲擔任館長，目前如果不能這樣調整，也應經常派遣重要人員不時去歐洲訪問。

我也建議因歐洲國家與我均無外交關係，要發展實質關係，必須借重當地人士的合作。依過去經驗與我合作之外國人士多為以下三類：一、年老退休，由於精神無所寄託，因而樂於為我工作，以資消遣。二、由於本身經濟需求，盼我能給予財物支援。三、由於愛好中華文化對我國產生感情，不計代價樂於為我效力。

在我此次赴歐訪問中，只有奧地利的溫克勒教授屬於第三類，自動自發、無怨無悔、衷心地為我國拓展關係。今後我們選擇合作對象，應以溫氏為範本，慎選對象。

訪問期間，曾在八國與我駐在單位同仁個別談話，分別前往他們的寓所參觀，發現同仁因美元對各國貨幣相對貶值，且他們沒有免稅待遇，居住環境甚差，影響工作情緒。我在訪歐時就兩次電報外交部陳斐聲會計長，請他盡速洽請行政院主計處設法對滙差問題補救。在我離開歐洲前，各單位都已收到依滙率改變的程度給予滙差津貼。稍後，我們也依照各地租屋的實際需要，彈性調整，各地同仁依不同職務，符合其地位所需的房租津貼，使同仁們都能安居。

## 巧遇馬侃上將夫婦

期間發生了一件極有趣的事。我在喀拉蚩延誤了一天，因此原定二月二十五日抵達雅典，改為二十六日抵達。我在雅典希爾頓旅社登記時，有人告訴我前美軍太平洋總司令馬侃上將伉儷也在該旅社居住，我設法聯絡他們，剛好他們去了外島，我在他們房間裡留了一封便箋致意。兩個月後我收到了一封三頁手寫信。先是在四月三日他們倦遊歐洲，回到華府家中寫的，又因報所得稅耽誤了兩週，到四月十六日再接著寫。

信中提到美國在一九五二年建了驅逐艦，以馬侃上將的父親名字作為艦名，當時命名者是馬侃上將夫人，經過二十六年服役，這條軍艦在聖地牙哥除役。除役典禮由馬侃夫人主持，馬侃上將致詞，他們的公子，曾於越戰被俘的馬侃中校，此時在華府海軍部擔任國會聯絡組組長，後來作為當地眾議員威爾遜的侍從官。這位軍官三年後，在亞利桑那州當選眾議員，連任一屆後又當選參議員，現已擔任十七年；曾宣稱要競選總統兩次，但並未真正投入提名的競爭。

馬侃上將一直是我國的忠實友人，可惜天不假年，不久就去世了；馬侃夫人仍健在，每年聖誕節總會寫些簡單的近況，和我們保持聯繫。

# 第二十三章
# 中美斷交

斷交之初，最重要的事當然是中美談判。

我在三天內逐一拜訪國防部、財政部、經濟部、交通部、央行、原能會、新聞局和他們的首長，洽商如何使談判結果能符合其願望。

一九七八年十二月十五日星期五，我在部內工作，下午二時許新聞局宋楚瑜副局長來電告知，美國安克志大使想在次日上午九時晉見蔣經國總統，他意識到一定有嚴重問題，但對方未明言，也無法揣測。當晚沈部長款宴泰國前外長他納柯滿，因兩人是多年老友，敘談甚歡，我奉命作陪，到家已約十一時。

剛上床不久，又接到宋副局長來電告以安克志剛才來電，盼立即晉謁總統，他將立即向總統報告。到了十六日凌晨一時許，又來電話要我即刻趕往七海官邸，我說要搭計程車去，希望在北安路安排車接駁我進入官邸。掛下電話我即出門攔車，趕往七海，看到經國先生已在樓下客廳，他問我要如何應付。我根據一年半前所擬的十項情況，判斷美方採取的大致是第九或第十狀況，也就是接受中共的三項條件最惡劣之狀況，或者是在條約方面不立即廢約而是依條約規定，一年前通知將結束條約的效力；我扼要報告應對要點。剛報告完，經國先生還未指示，武官通報安克志大使和班立德政治參事已到，我看手錶是凌晨二時十五分。

## 凌晨的噩耗

四人坐定，大使先宣讀卡特致蔣總統的訊息：

台北時間十六日上午十時（即七小時多以後），卡特將宣布美國與中共已協議自次年一月一日開始建立外交關係，同日中美外交關係將終止。卡特保證美國與我國的實質關係將不停止，兩國人民間的交往不致有任何影響。美國計畫將共同防禦條約以外的其他現存條約繼續生效，直到其他「代用品」產生之時。協防條約將依第十條規定，於一年後終止。美國將繼續提供經審慎選擇的防衛性武器予我國，也將此一意圖告知中共。為研商今後關係的調整，美國將於近期內派全權代表來華商談，人選何人為宜，亦請蔣總統表示意見。美方將盡一切努力確保台灣繼續安定與繁榮，以及此地民眾的信心。卡特總統特別讚佩中華民國在面對痛苦現實，所表現的力量與自立自強的精神。

安克志接著宣讀了美國的聲明以及與中共簽署的聯合公報。雖然這些是即將公布的文件，安氏仍說這些是極重要、有高度機密性，務請保密，因為迄今為止，還沒有其他人知道內容。

蔣總統答覆：「**中美兩國歷史悠久，關係深厚，如此重大的決定竟然在七小時前才通知我們，實深感遺憾，也是不可思議的事。我願坦白以言，美國以為如此仍可保持台灣內部安全及繼續發展，事實亦斷不可能，美國在如此倉促時間內決定此一重大問題，其方式及決策本身，不僅失信於中華民國政府及人民，亦失信於整個自由世界人民。對於今後可能引起的一切嚴重後果應由美國政府負其全部責任。此一決定對台灣之未來將有嚴重的損害，我身為總統，有責任告訴政府及人民，並且不能在上午十時以後才宣布。**」

安克志仍不斷希望在十時後宣布，甚至說在美國也只有國務卿范錫及國家安全顧問布里辛斯基二人知道（事實上，蘇里文副助卿表示他是早一日知道，費浩偉中國科長是宣布前十二小時獲悉，安氏所言並非事實），要求我們一定要十時以後發表。蔣總統說：「此事本人無法承諾，如此重大決定，美國竟在七小時前才通知我國，此實為對我國重大打擊，對我個人係一大侮辱。個人對中美關係的可能變化曾詳加思量，惟從未料到美國會如此輕言寡信，驟然宣布，而不容我國有表達意見的機會，此事的後果極為惡劣。」

## 徹夜商討對策

美大使於三時半告辭，蔣總統指示我立即通知嚴家淦前總統、行政院孫運璿院長、總統府蔣彥士祕書長、外交部沈昌煥部長、國防部高魁元部長、宋長志參謀總長、黨部張寶樹祕書長，速來七海官邸。總統上樓，不久就拿了本部準備的狀況資料下來，指示我立即將原擬的政府聲明予以刪節，又指示增邀中央銀行俞國華總裁、國安會黃少谷祕書長和汪道淵國策顧問。

不久沈部長先到，囑我立即找駐美沈劍虹大使，因為他公出，找到陳岱礎公使，這時他剛獲國務院通知要他八時前往，我將剛發生的事告訴他，並要他轉告全館同仁務必鎮定，沉著應付，並且立即與大使聯繫，趕回華府。

不久，各位大老先後來到客廳會商。我則分別修改政府聲明的中、英文稿，在餐廳和我一起工作的，還有宋副局長草擬談話紀錄，以及剛趕到的外交部胡為真祕書草擬發給駐外各館的通電告知此一發展，要同仁安心鎮定，等待本部進一步指示。

大老們的會商到七時半結束，有兩項重要決定，一**是原定下週舉行的「公職人員增補選舉」因國家重大變故，立即停止舉行**；一**是外交部沈昌煥部長為斷交負責，辭職照准**。不久，大家又轉往國民黨中央黨部舉行臨時中常會，聽取我報告半夜發生的事以及政府準備發表的聲明，不少中常委發言，會議到十時結束。我們若干人又轉到行政院舉行臨時院會，仍是由我報告，院會通過沈部長的辭職，部長職務由孫院長暫時署理。

上午十一時回到部內，邀相關同仁，分別交代各項應辦事務，要求同仁盡速將未來美國派團來談所需要協議的項目，先行蒐集資料。政府的聲明也立即發布，其中指出：「數年來，美國政府曾一再重申其對中華民國維持外交關係，並信守條約承諾之保證，而今竟背信毀約，此後自將難以取信於任何自由國家。」另指出：「美國進行……『關係正常化』……鼓勵共黨之顛覆與滲透活動，加速中南半島各國之淪入共黨魔掌。中華民國政府與人民確信，持久之國際和平與安全絕不能建立於一項權宜運用之不穩定基礎上。」

事情發生時，楊西崑次長正在菲律賓訪問，聞訊立即趕回國，在十六日下午四時抵達，我將過去十四小時的變化向他簡單報告。之後他在一九七八年十二月二十一日奉派前往華府督導大使館的結束工作，而沈劍虹大使在十二月三十一日返抵台北。

## 面對媒體詢問

一九七八年十二月十七日星期日，我一早就約了同仁到部內，分別展開各項準備工作。這時報紙刊出消息，說美國國務院為了做斷交後的準備，公文堆起來有幾呎高，而我國外交部則什麼事也沒做。這種無的放矢的批評，實在是對正在積極投入奮戰的本部同仁極為無情的打擊。我們從未對外說過，事實上各單位十二月十七日上午送到我辦公室的資料已超過我一人的高度。我的辦公桌無法放，饒清政祕書只能堆在桌前的地上，大概有二呎高的六、七堆。以後在十二月二十八日的談判中，我提出許多問題要美方作答，他們全無答案，我覺得很奇怪，就問蘇里文副助卿：「報上說你們準備多時的資料有好幾呎，為什麼任何一項我所提出的問題，你們都說尚未考慮？」他笑著說：「我們根本毫無任何準備，你們記者來問，我們隨便說說，他們就信了。」每個新聞從業人員一定要記住這活生生的教材！

十二月十七日上午，在辦公室接到新聞局丁懋時局長的電話，說今天由全球各大媒體派來採訪斷交新聞的記者為數甚多，無人應對，要我接待。我因此決定於十一時在部內大接待室舉行記者會，到的人非常多，提的問題也是形形色色，由反攻大陸到未來中美關係，由質疑我們說只有七小時的預先告知，認為美方已告知七年，到軍售和軍事上的措施問題，我來者不拒，一一對答。

有關通知時間，我的答覆是，如果我的記憶不錯，在一九七二年二月（《上海公報》）以後，美國政府至少有四十次向我們保證，雖然美國簽了《上海公報》，美國政府仍將與中華民國維持完整的外交關係，並且尊重協防條約。這是一項事實，而美國昨日聲明所做的是對中共的要脅予以全盤接受。美國在其二百另二年的歷史上，始終認為外交承認是一項主權行為，以往從無任何國家在獲得美國外交承認的同時，向美國指示在給予承認時，應先履行若干條件。此次很不幸的是，美國政府第一次偏離過去的做法，而向中共所提的三條件屈服。我認為，這是美國光輝歷史上十分不幸的一頁。

也有記者問到，有許多支持中華民國的美國友人已公開譴責卡特，如高華德參議員即公開表示要向法院控告卡特廢約之舉。我的答覆是，首先我認為我們不應該介入美國的國內政治，但是有許多美國友人或以電話或以信件，向我駐美大使館和總領事館表示善意，這是我們衷心感謝的。在國內，我們也接到很多海外來電表達支持與同情。同時許多海外僑胞一向支持中華民國，也表示了他們的擁戴和鼓勵。對於這些真正的友人，我們要誠摯感激。

記者也問到日本模式是否可能成為未來中美關係的藍本。我的答覆是，很坦白說，我認為不可能。不但我認為不可能，千千萬萬的美國人民也知道不可能。首先，美國和中華民國訂有共同防禦條約，當年日本並沒有。其次，中美之間，長期以來是盟邦與親密友邦的關係，而當年中日間並無這種關係。最後，我認為，日本方面亦有這種看法，就是日本模式在中日間能實施，主要是因為中華民國與美國仍有外交關係和協防條約。

## 卡特宣布的時機涵義

記者會中有一個很有趣的問題是，卡特宣布的時機我是否認為有何涵義？我的答覆是：個人的評估是當卡特的中東外交遭受挫折之際，他期盼能有項「外交突破」。我也認為美國大企業基於某些大陸市場的幻想，對卡特施加壓力。他們認為中國大陸有龐大市場，盼望能經由建交，在這市場分一杯羹。我猜想近因大概是大企業的壓力，但是企業家們不久就會失望，因為期待的市場並不存在，大陸對於所需採購的物品亦無支付能力。數週前，也就是十一月下旬，北京有大字報貼出，質問當局，為何在大陸的中國人不能像在台灣的中國人具有同等的經濟力量？這是極重要的問題，也是合理的問題。中國大陸的民眾對於共產黨的迫害和經濟蕭條已受夠了。我認為，目前中共政權正處於極困難的狀況，而美國政府竟選擇此一時間界予中共外交承認，並接受其三條件。這等於在中共最困難時及時伸出援手。

這一訪問，新聞局錄音後轉成文字，印成摺頁，在國內外廣為分送，成為當時各界對外界發問的一致答案。

至於外國媒體詢問的，卡特何以在此時做出此一重大決定，稍後我也得到若干答案。事實上，美國政府於十五日晚九時在白宮記者會宣布與中共建交，布里辛斯基對記者表示，此事進行極為機密，除了卡特以外，知道的人不超過五名。既然如此保密，外界似乎不應該知道它如何進行以及為何要進行。不過，天下事往往紙包不住火，不久就有人向我透露。

一九七九年二月十四日，事情發生不到兩個月，美國《華盛頓郵報》名專欄作家卡諾來看我，他對此事前因後果瞭若指掌，向我娓娓道來。我有些懷疑：「不是只有五個人知道嗎？你怎麼可能知道？」他反問我：「如果你是那五人之一，你會完全保密，還是有機會就向人炫耀？」我說我所受的職業外交官訓練一定不可洩密。他大笑說這五個人中沒有一個是有專業訓練，有的還願意以機密資料討好媒體。卡諾是華府極資深、極受重視的新聞從業人士，難怪有要員要討好他。

根據卡諾敘述，卡特在一九七八年九月中旬認為中東問題已在大衛營舉行高峰會，第二階段限制戰略武器談判已將完成；他希望實現與中共的正常化，以期在總統任期的前兩年完成外交上的「三冠」（triple crown），這樣他就可以在以後兩年全神貫注於國內問題，如此可順利連任。基於此一想法，他召布里辛斯基來，要他以接受中共三條件為基礎，草擬一項美國與中共建交的聯合公報稿。卡特初次交代布氏時，只是簡單說要他草擬公報稿，沒有談到其他問題。當時布氏甚忙，就將指示延後處理。卡特等了兩週還沒有看到稿件，又找布氏來，告訴他要速辦。十月初，美駐北京的伍考克主任，就收到這一稿子，指示他立刻約見當時任國務院常務副總理的鄧小平，向他提出，但以後一直沒有音訊。到了十一月下旬鄧才叫伍去，告訴伍，稿中有關美將繼續以防衛性武器售予台灣一節，中共不能接受，不過基本上中共對卡特這項建議極感興趣，鄧也表示建交後他要盡快去美國訪問。以後兩週，雙方只是就售武器一事進行商討，最後是在聯合公報中不提此問題解決，而在卡特對蔣總統的訊息中提到。雙方在一九七八年十二月九日就已談妥，約定在十六日公布（華府時間十五日）。

以上就是卡諾對我談的內容。

## 卡特惹惱國會

一九八七年五月十八日我去密西根州安娜堡，應密西根大學中國研究中心之邀演講，結束後斷交時的國安會亞洲事務主任奧森伯傍晚來旅社和我談當年處理斷交情形。他說卡特不能不接受中共的三條件，因福特政府時代已同意接受，卡特只是承襲上任政府的立場。但是他曾建議美方在二十四小時以前告知蔣總統，卡特不同意，認為早通知我方，我們一定會發動國會議員攻擊他；且美國政府認為，我國政府早該在布里辛斯基不見沈劍虹大使一事中，察覺美已決定將與我國斷交。

稍後，一九九〇年十一月郝爾布魯克來台北，我們曾談起此事。他說他在一九七八年十二月十五日上午九時（華府時間）即致電安克志大使，讓他能早些告知我方，但找不到安，直到中午（即台北午夜）才找到。那天正好是美僑商會的聖誕舞會，大使館和家中不瞭解問題的嚴重，沒有去找他，而當時也沒有「手機」，所以延擱了時間。不過，郝氏最不快的是，一切在一週前都已確定，應及早告知我方；但是布里辛斯基和奧森伯堅決反對，他們認為過早讓我們知道，使我們有機會動員國會中對我友好的議員來反對，可能使此事功敗垂成。雙方這點歧見，以後使國會對卡特極為不滿，也在《台灣關係法》加入許多有利我方的條文，增加助力。

卡特是在十五日傍晚六時十五分，臨時約了兩院資深議員到白宮便餐，向他們簡報與中共建交之事，結束後所有議員都被留在白宮，直到記者會開始，才讓他們離開。這做法也使國會對卡特的反感增強。

## 朝野一致為國效力

在台北，執政黨於一九七八年十二月十八日在三軍軍官俱樂部舉行臨時中全會，我奉命報告，將近年我們維護邦交的努力、此次突變的原因、最近數日的敘述及本案的影響和今後的努力等項，詳予說明，獲得全會讚許。會中，最突出的發言是元老輩的胡健中先生，大聲疾呼政府採取聯俄政策；但更多發言者反對。當天也確定由總統府蔣彥士祕書長接任外交部長，行政院祕書長馬紀壯接他的遺缺。

接下來，就是要處理未來和美國派來的代表團談判，以及如何使我國多年所培植的美國友人，能在此艱困時刻為我仗義執言。行政院孫院長發揮了他無比的毅力和韌力，不斷會商、不停指示。先是請中央銀行俞國華總裁和經濟部張光世部長，要他們找我國金融和企業界的負責人去美國，訪問常聯絡的客戶，告知中美斷交後可能引發的困難，請他們影響本州的國會議員在修法時，務必設法克服這些困難；有的則是利用電話或函件與美國友人聯絡。我記得當時的中油公司胡新南董事長和台電公司陳蘭皋董事長貢獻很大。至於私人企業方面，辜濂松、侯貞雄、衣治凡、徐小波、張安平、苗豐強等七位組成的私人訪問團，僱了美國公關公司，在華府安排拜會立法及行政部門，表達了我國民間意見。當時這幾位先生都是四十歲上下，精力充沛，語文極佳，到了華府贏得美方很高評價，媒體稱他們為「七壯士」。

記得他們在一九七九年二月返國，送了一本比英文《中華民國年鑑》還厚的訪問報告，對於每一次談話都有詳細說明，非常有價值。他們拋下事業，在農曆新年期間離妻別子，出錢出力，無怨無悔，默默為國家奉獻。我常想這才是真正的國民外交，他們基於義憤，不計個人名利，為國效力，我們國家能有這樣的企業家，所以才能創造「經濟奇蹟」。

律師界也一樣，聯鼎法律事務所的丁懋松律師，幾乎在第一時間就拋開手中工作，義務擔任我們的法律顧問，幕前和幕後都非常認真地提供政府專業知識。一九七九年初中美談判搬到華府舉行，他在一、二月間多次往返台北華府，幾乎成了空中飛人。他貢獻的法律專業知識，連他的對手、國務院的副法律顧問李馬克（Lee Marks）也欽佩得很。他以將近三個月的時間全力投入斷交後的談判工作，我曾向他開玩笑，如果他要向外交部開律師的帳單，金額不知是七位數還是八位數，我們可能負擔不起。除了丁律師，還有台北美僑商會會長派克（Robert Parker）律師，殷之浩先生的快婿楊大智律師及其同僚狄爾伍（Bob Dilworth）律師，理律事務所的徐小波、陳長文、李光燾，也常在週末假日義務提供我們專業建議。他們的協助，對嗣後中美關係得以順利繼續，有一定程度的貢獻。

## 中美談判展開

斷交之初，最重要的事當然是中美談判。蔣彥士部長於一九七八年十二月二十一日下午正式接任，楊西崑次長於十二月二十二日中午飛往華府，蔣總統和孫院長在此以前就指示我要負責今後關係的談判。我在十二月十八日深夜就寫了幾項必須解決的問題，包括：未來辦公室的名稱、分支單位、功能、人員地位、政府所有的財產包括動產與不動產、軍售、信用貸款、文教交流活動、貿易談判如配額問題、科技合作包括核燃料供應、司法互助、民航及海運、電信與衛星、投資、安全防衛，以及美國法律上有關「外國代理人登記」的豁免等等。稍後，我在三天內逐一拜訪國防部、財政部、經濟部、交通部、央行、原能會、新聞局和他們的首長，洽商如何使談判結果能符合其願望。

我自一九七八年十二月十九日起，逐日和安克志大使商權善後事務。十九日安氏亦向我表達在台北的美僑強烈的不安全感，我說明我國對於在華美僑沒有任何不滿，我們一定設法使他們的安全和生活品質得到保障，不因外交關係的終止生變。我也提出六件事：**首先是保僑**，希望旅美僑胞不致因斷交而受到中共騷擾，如強迫換領護照；**其次是保產**，我政府在美國的存款以及各地的不動產，請予妥善保護；**第三、切勿因美已與中共建交，而去遊說目前仍與我維持邦交的國家**

**跟進**，日前外電報導美駐韓大使來天惠正致力拉攏中共與韓國之關係，實極不妥；**第四、維護條約協定效力**，除五十九項外尚有若干行政性及技術性之安排與諒解，盼能一併包括在內；**第五、設立新機構，我盼使用「中華民國聯絡辦事處」名稱**，小甘迺迪參議員於一九七三年已在參院做此表示，希望能使用，至於十四處領館盼均能保留，所有工作同仁均相互給予外交待遇；**最後，是繼續提供軍售**，因華國鋒、鄧小平近日均發言不許美國提供武器予我，更形敏感，盼美方速採取具體行動。

安克志對第一、三兩點表示無困難，二、四兩點盼我方能提供清單，第五點最為困難，因美方擬成立一個「公司」，第六點雙方軍事單位已在磋商。他表示將立即報告上級。我對美方擬成立「公司」一點，表示絕無接受之可能，請美方慎思。

十二月二十日上午安克志再度來部看我，表示美方特使團正在積極籌組中，但該團能停留時間甚短，將來真正談判將由大使館擔當，主要是由副館長浦為廉公使負責，他將在使館結束後續留台北擔任新機構副主管。安氏繼續說明昨日所談已詳細報告政府，但是有關名稱除我方所提「聯絡辦事處」及美方所提「公司」之外，不知尚有其他可能使用之名稱？我說中方對名稱較美國更為重視，因儒家思想「名不正則言不順」，如不用「聯絡辦事處」，至少要用「代表團」（Mission）。

我也提到我國的安全問題，假如中共對台使用核子武器，我是否仍在美國的核子傘防護範圍？安氏表示，美政府日前已公開表示關心西太平洋地區的和平安定，自然包括台灣在內。安大使並建議我們，應發動友好的國會議員在國會中通過維持台灣安全的決議案。

## 安排雙方代表人選

一九七八年十二月二十一日上午，安克志大使又來告知，美國代表團由副國務卿克里斯多福率領，包括國務院法律顧問韓瑟爾（Herbert Hansell）、太平洋總司令魏斯納（Maurice Wiesner）上將、副助理國務卿蘇里文、副助理國防部長阿瑪寇斯（Michael Armacost）及若干助理。該團乘專機訂十二月二十七日晚抵台北，十二月二十九日中午離開。盼能安排晉見總統、院長、外長以及其他相關首長。我詢問該團來此的主要使命是否有明確的指導綱領，安氏表示尚未獲悉，但盼能晉見總統。

外交部此時已為未來談判草擬了一公報稿，是依照我們盼望的談判結果撰寫的，所以我向安克志建議，代表團離華前發表公報，並表示最好雙方早日商討公報稿。我也基於沈大使在十九日會晤郝爾布魯克助卿時，郝氏表示「今後中美關係的安排，多將仿效日本的先例」一節，鄭重指出中美關係與一九七二年九月二十九日以前的中日關係截然不同，不能相提並論。

我們草擬的公報稿包括：美國政府承認台灣從未為中華人民共和國的一部分，美國將立法保證持續履行其在協防條約下的義務，美國將繼續供應我國安全所需的武器，中美雙方將以立法措施使雙方現存條約協定能繼續有效，雙方應在對方首都設立非官方代表機構及分支機構，其人員應享同於外交領事人員之待遇，並得與對方政府機構充分接觸。這份稿子反映了我國的主要立場。

我國方面參加談判的代表團，也由政府核定由外交部蔣彥士部長、國防部宋長志總長、我、經濟部汪彝定次長、交通部朱登皋次長、外交部北美司王孟顯司長、新聞局宋楚瑜副局長、外交部條約司錢愛虔司長、外交部情報司金樹基司長等九人。以後陸續增加顧問諮詢人員，有國關研究中心蔡維屏主任、研考會魏鏞主委、國防部葛敦華次長、駐美軍事採購團溫哈熊團長、民航局毛瀛初局長、國防部聯五葉昌桐次長、丘宏達教授、丁懋松律師。另外尚有幕僚人員胡為真秘書、章孝嚴科長及王愷科長。蔣部長是代表團團長，我是主談人。蔣部長非常周到，在十二月二十四、二十五、二十六日中午和下午都約了參加談判同仁和學者專家座談，交換對未來談判的意見。二十四日中午，在信義路聯勤俱樂部餐敘，一位剛到黨部擔任主管的較年輕朋友，慷慨激昂地表示，美國如此虧待我國，其代表團在華期間要不斷發動反美示威遊行，以示我國民意，可迫使美方接受我方意見。蔣部長徵詢我的看法，我表示萬萬不可如此，外交談判是專業工作，不是憑藉威脅或示威。我一再表示請讓我們不受干擾地談判，千萬不可引進群眾。蔣部長裁示不要遊行，但是黨部仍在暗中安排，以致美代表團抵華時受到嚴重騷擾。

## 美代表團來台立場

安克志大使於十二月二十六日上午來部看我，提到美代表團可能在二十九日提早離華，我問他美方在如此短暫的停留，對於討論議程有無先做準備？安氏表示並無，他問是否可依我前幾天所提的六項議題。我即指出十六日凌晨安氏報告蔣總統，卡特總統將派其信賴的顧問，賦予全權來華討論兩國未來關係，但現在安排似未盡相符。安氏表示，副國務卿是為此一問題來，只就廣泛大綱磋商，細節不擬討論。我說中美未來關係的基本原則不可能在此一短暫時間完成；代表團來去匆匆，恐將予人缺乏誠意之感。我也指出，中美雙方對於未來關係的基本原則可能有不同看法，如美方來此只是送交一份已擬妥的安排，我們無法接受，則代表團來台北實在是多此一舉。我的這些話，不幸就是以後發展的寫照。安大使仍建議我不要在此時就下斷語，是否待代表團離華後再做評斷。

在華府，克里斯多福副國務卿於十二月二十三日以代理國務卿身分約見沈劍虹大使話別，態度友好，說明他來台北只能討論未來關係的架構，無法討論細節。而楊西崑次長於二十四日會見蘇里文副助卿，蘇已表示美國將成立一機構，由退休大使擔任主管，有兩個月過渡時間。換言之，在一九七九年二月底以前，雙方要設立非官方機構，並接收原來的大使館業務。

一九七八年十二月二十四日已離任中情局長的布希在《華盛頓郵報》以「我們與北京的交易：完全付出，沒有利益」為題撰文痛批卡特。他說：「美國不可思議地全盤接受中共三條件，拋棄一名忠實友人。在吾人歷史上首次在和平時期，無理由也無利益地廢除一個與盟邦的條約。」

當然，國會對於卡特在休會期間，不顧國會決議的作為極感不滿，無論參議員或眾議員，不分民主黨或共和黨都對卡特大加撻伐。十二月二十七日《國會季刊週報》報導國會普遍不滿，將衍及限制戰略武器談判第二階段協定的批准。

這些朋友對我們的善意，對我國民心士氣極具鼓舞振奮的作用，卻也使得心胸狹隘的卡特把一切的帳都算到我們頭上。

## 一篇堅強有力的公開講話

克里斯多福一行在一九七八年十二月二十七日晚十時抵台北。當天下午宋楚瑜副局長送給我一篇中英文講詞，說是蔣總統希望我當晚在機場使用的。我看了一下，講詞非常長且措詞嚴峻，我有些遲疑，宋副局長就說這是經國先生身邊某大老，連日來不斷增刪的結果，希望我勉為其難，照章宣讀。

我在那晚九時半抵松山軍用機場，當時民權東路四段尚未拓寬，由敦化北路右轉入一條可供二車對行的巷道，我看到道路兩旁都站滿了民眾和學生，有憲警維持秩序，交通相當順暢，秩序也還不錯，很多學生看到我就鼓掌喊加油。我的心情頗為複雜，感到振奮鼓舞，又擔心等一下是否會有失控狀況。

我進入軍用機場候機室後，就找了大使館副館長浦為廉公使，問他稍後代表團是否應由機場後方轉往圓山？他鎮定表示大使館和情治單位有密切聯繫，要我不需擔心，代表團仍應由正門走大路去旅館。我認為美方既然有信心，我就不宜多做主張。

不久專機抵達，宋長志總長和我上前迎接。代表團成員都是舊識，但是在這個場合見面，當然極不自然。我們都不用「歡迎」的辭句，而是詢問飛行是否順暢，不久就到機場的新聞室坐定，我詢問了來賓的意見後就開始了講話。這篇講話以後為我帶來許多讚賞，卡特政府也因而對我恨之入骨。我對於各方的溢美之詞，多年來始終認為是不虞之譽，因為依照我的習慣，在這種場合講話一定簡短且不會如此直率，這些話是要在談判場合中說的。但是在那個時間點，海內外的同胞期盼一篇堅強有力的公開講話，我恰好奉派宣讀了這樣一篇講話，因此多少年來有人當面稱讚，我都會感到十分不安。

那篇講話一開始表達在這樣場合與美代表團會面內心的沉重與遺憾，接著說明多年來我國珍惜中美友誼所做各種努力，但是美國在十二月十五日的決定，破壞此一友誼，也損害亞太地區的和平安定。我要求美方此來要對錯誤決定採取第一個減輕災害的步驟，並提出我政府四項基本立場，其中第三點，就是未來雙方關係必須建立於政府與政府的基礎上，第四點要美方澄清未來的安全保障上要採取何種具體措施。這篇講話有一千五百字。接著，克里斯多福副國務卿宣讀了他一百五十字的抵達聲明，強調雙方未來關係是在非正式基礎上（這是美方的翻譯，英文原文應是「非官方」而不是「非正式」）。

雙方宣讀了聲明後，美方不同意記者有任何答問的機會，媒體不太滿意，加上克副卿雖是聲譽卓著的名律師，在美國政府有豐富並優異的服務與談判經驗，但是他的臉好像武俠小說所稱戴了「人皮面具」，極少有笑容，也看不出他的內心感情。他在宣讀短暫聲明時臉色非常僵硬，以後美方有人對我說那是由我的講話所引起，他期待我有一篇熱情歡迎，不料卻聽到我對美國很嚴厲的批評，這時他內心深處已有了第一度的強烈反感。

## 民眾包圍克副卿座車

記者會結束後，時間已晚，代表團次晨八時就有約會，我建議他們登車赴旅館休息，但是團員之一的蘇里文副助卿因不久前在台北擔任副館長，熟人極多，不斷招呼，不願離開，我就先上車回家。出了松山基地大門，群眾和一小時多前完全不同，車子一出現立刻就有雞蛋番茄投擲過來。我的駕駛非常緊張，有些不知所措，我告訴他將四扇車窗搖下來讓群眾知道是誰在車內。果然，兩旁民眾有的鼓掌，有的叫加油。不過這中間有人高喊：「管他是誰，拉下來打死再說！」喊的人的面孔我看得清楚，極其猙獰醜陋；所幸周邊沒人附和。

當時沒有手機，我的車子無法和機場內聯繫，由松山基地門口到敦化北路口，不過是三、五分鐘的路程，車子寸步難行，竟走了二十分鐘，回到家中已十一時多。不久就接到電話獲悉美代表團車輛受到竹竿木棍的襲擊，有人受傷，群眾失控，代表團已轉往陽明山美軍協防司令的官舍休息。據說克副卿受驚甚厲，要立即返華府。我設法找安克志大使也找不到，以後才知道他的顏面受傷，差一點可能發生大禍。到凌晨接到電話說代表團將稍緩返美，堅持早上要先見蔣總統。

十二月二十八日上午七時許，我就被召往七海官邸，蔣總統也是一夜難眠，氣色很不好，他要我報告詳情。我將目睹狀況詳為報告，他大怒之下要將警總汪敬煦總司令、憲兵劉磬敵司令、警政署孔令晟署長召來，立即免職。我為他們緩頰，說明原來不該有示威遊行，是黨部方面堅持，而發動來的都是很善良的，但是一成為群眾就難以掌控，想必是為歹徒所乘。此時三位情治首長抵達，孔署長報告二十七日傍晚是有數輛計程車，由中壢方面向台北松山機場駛來，車上的人持有竹桿木棍和雞蛋、番茄等物。我問現場憲警有無照相蒐證，因為當時我對向我喊叫的那位人士記憶甚明顯，可協助指認以求破案。然而，此後情治方面沒送來什麼調查報告，政府對此案也沒有任何交代。美方則認為既然沒有認真調查，想必是我政府指使的。我在機場講話如此激烈，還在代表團車隊前離開，使克副卿一行受到危及生命的險遇，因而認定是我發動示威，給美方下馬威，克氏的內心深處又有了第二度的強烈反感。

我由七海官邸返回外交部時，才發現介壽路已因群眾聚集而無法通行，只能自後邊巷道由西側門的停車場出入。稍後，群眾中又傳出有人要點火自焚，我認定雙方談判已不能在部內舉行，決定改往代表團下榻的圓山飯店十二樓崑崙廳。

## 美方準備一意孤行

十時許我又轉往總統府，準備陪同接見克副卿一行。此時蔣總統正與央行俞國華總裁商談，將於一九七九年元旦開始實施的觀光護照問題。俞總裁表示，自月中斷交後黑市美元匯率高漲，不少人要將資金外移，如四天後又開放出國觀光，將對國家外匯存底造成重大衝擊，他建議暫停開放。蔣總統要我表示意見，我即指出目前人心確有浮動，俞總裁的顧慮是正確的，不過在此艱困時刻，人民對政府的信心比平日更殷切，政府任何舉措，民眾都會自行解讀。如果觀光出國按期實施，民眾一定認為政府對未來有信心，民心一定安定；反之如取消或延緩實施，則民心可能浮動，以當時我國外匯存底考量，是禁得起觀光出國的需求；我們愈開放，民眾對國家愈有信心。短時間外匯存底可能反而增加。蔣總統對我的分析很能接受，當場裁示一切依預定時程進行。以後果然證明這是安定人心最有效的政策措施。

克副卿等一行於十一時來見蔣總統，臉上仍是餘悸猶存，蔣總統先予慰問並表示遺憾。克氏說明此行是為未來中美關係做建設性商討，現在個人安全受到威脅，需我方給予安全保證，否則將立即返美，蔣總統承諾必將給予充分保護。

克氏即說奉卡特總統之命轉告，過去雙方種種不愉快以及我方對卡特之不滿，他都很清楚，希望今後不再彼此批評指責，克氏繼續提出未來關係的四點意見：一、**除協防條約外，其他條約均仍有效，包括終止規定亦同樣有效**。二、**雙方使館在二月底前仍繼續工作**。三、**在此期間，雙方均應根據國內法規定成立非官方機構，以執行雙方各項合作事項**。四、**關於設立機構問題因停留時間短暫無法多談，盼另成立工作小組繼續討論**。**本日下午將就其他細節提出討論**。蔣總統表示，我方亦有意見將於下午提出，俟談得有結果後，當再約晤。

從克氏與蔣總統的談話中可看出美方原就準備一意孤行，不論我國立場如何，一切以與中共已達成的協議為考慮，根本不考量我方主張。不過由於二十七日晚間暴徒惡行，給予他們很好的藉口。因此我們必須明瞭，外交談判切不可借用民眾的力量。「水能載舟，亦能覆舟」，群眾聚集後，任何不能預期的事都可能發生。我在二十四日中午會商時就已明白指出，只可惜有關方面不能領悟外交談判的重要性。這個事件，我們原來是得到國際輿論和美國民意的完全支持，不幸因二十七日晚間群眾聚集，轉移了大家的焦點，反而指責我們不該對代表團加以暴力威脅。克里斯多福於二〇〇一年出版他的回憶錄，在九十二頁詳細描述當晚的感受，字裡行間一再影射這項示威是我國政府策劃的，並且指責警察對於暴行毫無行動。

## 第一日會商——台灣的法律地位

一九七八年十二月二十八日下午三時，中、美代表團在圓山崑崙廳會商三小時，先由蔣部長致詞強調我國是一主權獨立的國家，美國必須予以確認；此外，我國安全及武器供應由美國立法保證；以及雙方以立法方式，使現行條約協定繼續有效並得締結新協定。克副卿發言仍重複向蔣總統所提的四點。接著，宋總長就我國當前軍事情勢、兵力分配、敵情狀況及未來安全武器需求，做一簡報。

接著蔣部長指示我發言，我提出自斷交宣布以後，我國朝野各界對未來關係極為關切，許多人貢獻寶貴建議。綜合大家的意見，由於兩國終止外交關係立即發生一連串問題，如不妥善處理，則兩國未來關係必將荊棘遍地。這些需立即處理的事項，包括安全維護、軍事採購、核子保護傘、法律地位、代表機構、官方財產（包括動產與不動產）的保護、存款及資產、僑民的保護、最惠國待遇、外銷產品配額、貿易事宜與未來貿易談判、法律的適用、司法合作、貸款及信用、護照簽證、航運安排、電信、海底電纜及商用衛星的使用等等。我又提到二十一日，已和安克志大使談到其中若干問題，為了使這些問題有所處理，我方已擬了一公報稿，並在當場分發。

克副卿立刻表示不能討論公報稿，而希望設立一工作小組，以討論未來雙方成立非官方機構一事。我說美方期盼模仿日本成立非政府的法人單位，但是中日在斷交前的關係，和以往中美關係全然不同。日本的政府部門權力甚大，美國則三權分立，行政部門縱有善意，如無法律明文規定，司法機構會對我們做出不利的裁決。因此在討論任何其他問題前，美國必須給予我國明確的法律地位，也就是我國現實行使統治權的地區，我政府是合法的政府。

克副卿則說美國已承認中共為中國唯一合法政府，中國只有一個，台灣為中國的一部分，這是海峽兩邊中國人民的共同立場。基於此一考量，美國無法同意我方的主張。我一再指出，在美國與中共《建交公報》只提到美國「認知」中共的立場，並非「承認」。至於所謂台灣是中國的一部分，並不是中共的一部分，美方對我的承諾與《建交公報》並不衝突。克副卿則說，由於卡特總統承認中共，如果未來中共在美國法院提出有關我國的訴訟，對我方將造成困擾，美國政府亦無可奈何。

我說美國政府的立場竟然如此偏袒中共，實在令人駭異，仍請美方對我國的法律地位先予確認。克副卿說美國只能認定我方為「台灣當局」。我說古諺「皮之不存，毛將焉附」，美國承認中共對我已造成重大損害，若再不承認我的存在為一事實，而堅持要先成立非官方法人單位，實在是本末倒置。此時，我看到美方魏斯納總司令和阿瑪寇斯副次長都在點頭，好像同意我的意見，而克副卿勃然變色，表示不能同意我有關美承認中共的批評，美將續售防衛武器以及美方所做台灣問題要和平解決，都是美方善意。

我就問，如果美國不對我國法律地位有所認定，則將來中共主張其法律可及於台灣，美國法院是否可能裁決應予肯定？克氏不能答覆，要韓瑟爾法律顧問答覆，韓氏支吾了半天，表示未獲授權答覆此一問題。這很有趣，克氏是特使來商討中美未來關係，韓氏是國務院最高的法律事務主管，我問的是有關美國國內法的問題，他無法答覆，實在詭異。這種與韓氏有關的詭異狀況，在次日會商中不斷出現，未來參議院處理《綜合法案》（Omnibus legislation）時，在許多參議員的質問下也頻頻出現。

克副卿想為韓氏解圍，就舉我國與日本、加拿大、英國為例，說明雖然我國與他們無邦交但貿易額仍大幅度增加。我答覆說，以中日斷交後的關係為例，正因我國在日本無法律上的地位，在一九七二年九月斷交後又發生了一九七四年四月的斷航，而斷航原因正是日本一再接受中共的壓迫，每次退讓，甚至大平正芳外相說我國國旗不代表任何國家，我國受盡屈辱才毅然斷航，使日本政府有所覺醒。美國倘以日本為例，實使我失望。這次三小時的會商完全沒有進展，美方的基本立場是已有定見，我們必須屈從。任何我方的顧慮，美方均不願答覆，只令我們接受成立法人機構，其他則由美方訂立《綜合法案》，但是美方沒有準備此法案草案，也不願和我們探討內容。

當天晚上原是蔣部長在外交部內款宴，但是介壽路上仍是滿布群眾，決定取消。我在會後回到外交部，向維持秩序的憲警感謝他們的辛勞。

## 第二日會商——台灣防務

二十九日晨，外交部前已無群眾聚集，九時的談判仍在圓山崑崙廳進行。這次會商以台灣防務開始，克副卿說美國與中共拖延甚久，主要爭論點是對我的武器銷售。在協防條約仍有效的期間（一九七九年），美方將以過去已同意的武器運送供我，但這一年內將無新的銷售，俟一九八〇年開始，美將依過去方式繼續售我防禦性武器。

美軍太平洋總司令魏斯納上將接著分析台海情勢，認為中共無進犯台灣的部署。中共現有九十個師的部隊在北方邊境，越南邊界亦有大軍布置。他也將在西太平洋地區的美軍布置做一簡報。國防部阿瑪寇斯副助理部長指出，中、蘇共在外交戰場上競相爭取友邦的鬥爭日趨激烈，中共如對台動武，必將影響其與此一地區其他國家的關係與合作，凡此均有助於台灣的安全保障。他明確表示在卡特宣布與中共建交後，美國政府不可能再對我國提供安全保證。此時，我指出美國不願提供對我安全保證或核子保護傘，其邏輯思考是中共將不會對台用武，這種假定是非常危險的。

上午的會談因蔣總統將再度接見美代表團，而於十時半暫時休息，結束前我再度提出我國的法律地位，請美方慎重考慮給予承認，並請美國政府於中共一旦向美國法院承認其擁有我政府在美資產的所有權時，國務院能向法院證明中華民國為一合法政府。克副卿終於答應於返美後，研究未來可能產生的財產訴訟問題。

蔣總統於上午十一時再度接見代表團，談話一小時，總統對美國突然宣布斷交，再度提出最嚴重的抗議，接著提出五項原則就是持續不變、事實基礎、安全保障、妥定法律和政府關係，作為中美未來關係的基礎。克副卿表示當妥為轉陳卡特總統，美方雖未必完全同意，但願詳予研究。

中美雙方於下午二時半再度會商。進入崑崙廳前，行政院孫院長緊急找我說甫獲美方消息來源告知，郝爾布魯克助卿於過去兩日內與中共聯絡辦事處人員研商，要協助中共取得我國在美的財產。因此會談一開始，我就提出此事請美方澄清。克副卿表示關於郝氏的行動他不甚明瞭，但是有關財產問題，凡以「中國」為所有人的財產，美政府無能為力；凡我方在台自力所獲的財產如外匯存底，則又不同，現時他無法做確切答覆。我乃具體要求美方，倘未來中共在美國法院提出訴訟時，國務院宜出具證明書聲明財產屬於我國。我國亦將對美國在華財產予以保護。克副卿表示，在此問題上中美兩方情形並非平行，此事甚複雜，但美將本法律觀點研究處理。

蔣部長將三次商談綜合為三重點：一、兩國間現行條約協定，除共同防禦條約外，仍將繼續有效。二、兩國在對方所設使領館及其他官方機構，在次年二月底前仍照常工作。三、雙方在此次會談後，將於近期內繼續會談。這次會談到三時十分結束。克副卿顯得非常不耐，立即趨車到機場登機離去，很多同行團員連行李都還在旅館。因為三次會談，我們沒有全盤接受美方的要求將未來關係改成純民間交流，而我所提的許多保障我國權益的問題，美方又無法答對，克副卿內心深處更有了第三度的強烈反感。

## 美方嚴重關切

美代表團於一九七八年十二月二十七日晚在台北機場外遭受委屈，郝爾布魯克助卿於二十八日在華府邀楊西崑次長去國務院會晤，說明奉范錫國務卿之命對該團安全表示嚴重關切。郝助卿說，就在蔣總統於二十八日上午對該團提出安全保證後的三、四小時，有一美國駐華人員的座車遭到破壞。郝助卿也說，我堅持要美方承認中華民國在實際控制地區為法律上的政府，而不容許克副卿有所回應。此時楊次長已接到外交部有關會談的電報，立即答覆不是如此，雙方交換意見全非如郝氏所述（稍後，郝氏才承認是他閱讀電報不夠仔細而有所誤會）。郝氏堅持美方絕不可能給予我方傳統的法律承認。他認為我方應即刻同意美方主張，雙方合設民間機構，俾美方可及早提出《綜合法案》，雙方早日互設單位。此項談判今後將在華府進行，美方將不再派員赴台北。

二十九日，楊次長又和國務院政治事務次卿紐森會晤。紐次卿與楊次長是舊識，一開口就說台北的群眾騷動實在極為不幸，對於未來中美關係甚為不利。又說大陸與我方過去均主張一個中國，反對兩個中國；美國此時已承認中共，絕不可能再與我方建立政府對政府的關係，因為如此就是變成兩個中國，所以蔣總統對克副卿所提的五項原則中的第五原則政府關係，是不可能的。

## 美方指定我方談判代表

在台北，政府當局在研究第二階段的談判，克副卿已提到美將不再派人來台北，因此必須由我們派人前往華府。一九七八年十二月二十九日送走了美代表團後，孫院長就邀相關首長檢討第一階段的談判，與會者均認為要我前往，但是我指出政府已派楊西崑次長在華府，我再由台北去是否恰當？如果兩人均出國，新任蔣部長將只有一人在台北應付公文、訪客、開會、應酬，一定會有困難。過了兩天，是民國一九七八年最後一天，也是星期日，蔣總統在下午四時於七海官邸召見我，指示立即準備前往華府。我將二十九日晚在行政院所呈報的兩項顧慮，再次陳述，他表示都不成問題，楊次長可請他早日返國，外交部可增一位次長。他問起哪個人業務較熟，我報告丁局長在部內外長時間工作，應很熟悉，尤其在新聞局三年多對全球各地的情況亦甚瞭解；同時也決定由宋楚瑜副局長暫代局長，稍後真除。

然而，正當本部將我和準備同去美國談判的同仁所持之外交護照送到美國大使館辦簽證時，使館表示一月一日起中美已無邦交，因此不能給予簽證。一月五日上午大使館浦為廉代辦來看我，轉達美國政府立場，那就是根本不願意和台北去的官員討論未來兩國的關係；我政府已有楊次長在美，國務院將與他談未來非官方機構的事，台北毋需派人前往協助。這是我首次經歷到兩國談判時，由對方政府指定我們的談判代表，且不同意對方政府派人協助。我當場對浦表示：「貴國政府這種做法不是對待朋友之道，縱使中美外交關係終止，我們並未從地球上消失，我們作為主權國家的事實也未變更，將來貴國在台北設機構，其人員來台北，究竟是拿我國的簽證還是拿中共的簽證？」浦氏是謙謙君子，聽了我的話，完全無詞以對，非常尷尬。我安慰他，中國古訓是兩國相爭不斬來使，縱令發生戰爭，對於使者仍要照顧。我知道他無法答覆，只是要他將我的意見報回國務院。美國作為一個大國，要有大國風度，要以理服人，不能只是一味地要無賴。

同一天，郝爾布魯克也找楊次長去，告知美國將在一週後成立「在台協會」，由丁大衛任主任。至於雙方未來關係，楊次長既已在美，國務院願與他繼續討論，我方不必另派人，希望盡快談好，談判愈早結束愈平順；如不這樣做，另一途徑將有嚴重的後果。第二天，國務院的中共處處長傅立民（Charles Freeman）告訴大使館程建人祕書說，國務院高層有人主張在二月底以前，如果中美雙方仍未就非官方機構獲得協議，屆時我國所有駐美人員將被要求一律離境。這兩位官員對我們表達的立場很明白，美國根本不是要和我們談判，他們有一方案，我們只有照單全收，「順我者昌，逆我者亡」。對於熟讀我國外交史的人來說，這一段令我想起了六十四年前，日本對袁世凱提二十一條的往事。

## 在華府第二階段談判

在此情形下，我們唯一可以借力的就是美國國會。當然，國會中由於卡特總統未遵照一九七八年九月的決議案，明顯忽視國會議員的尊嚴，很自然使他們對卡特產生不滿。駐美大使館國會組同仁由胡旭光公使領導，包括程建人、仉家彪，袁健生、馮寄台祕書，也竭盡所能向議員和助理們闡述我國所遭受的不公平待遇。因此不少參、眾議員公開批評卡特的作為，對於我國未來安全備感關切，要在國會中通過相關法案。但仍有若干自由派的議員全力支持卡特，稱頌他的決定，認為是現實的做法，這些議員包括民主黨參議院領袖勃德、小甘迺迪、克蘭斯頓、賈克遜；共和黨眾議員芬德萊（Paul Findley）等。

敘述國會如何協助我們之前，應簡單說明在華府的第二階段談判。由於美方堅持在華府進行，並指定楊次長為主談人，政府也改變原先決定，授權楊次長負責。一九七九年一月七日，外交部致電楊次長有關談判事項六點：一、我方機構名稱希望用中華民國駐美代表團，如不能用代表團可用局或辦事處，其次可用中美關係委員會（或局或辦事處）。美方機構則建議，用美國在自由中國國際關係代表團（或委員會或局或署）。二、我方認為協會（Institute）一詞不妥，不能反映中美實質關係。三、在美我盼仍能維持有十四個分支機構。四、雙方新機構及人員的特權豁免及與對方政府充分接觸。五、美方將如何透過立法保障我國的安全。六、美方對未來雙方實質關係早有準備，盼將全部方案早日交我方研究。此外，政府亦擬派員赴美協助談判。

郝爾布魯克助卿於一九七九年一月八日下午二時約楊次長前往商談，但屆時郝不在，由蘇里文副助卿接談，以後在華府絕大多數的商談都是如此，這也是美方缺乏國際禮儀、過度自我膨脹的具體表現。關於我方提的機構名稱，蘇氏一概表示不能接受，明白指出不能用「中國」或有官方意義的名稱，亦不同意用「中美」二字。對於分支機構數額及特權事，蘇氏表示無法答覆。關於與政府接觸雖說應無問題，但只能是非官方及非正式的接觸。至於安全問題，蘇氏說美方認為我國無安全威脅，他也認為協防條約並非安全保障。談到美方對實質關係的準備，蘇氏說只有《綜合法案》一項，但也只是概念，立法草案亦未完成。

外交部收到此次商談的電報後，就由我約浦為廉代辦於一月十日下午來部，我對郝助卿約晤而由蘇里文談，表示遺憾。我也指出，克副卿在台北談到新機構及人員應有特權及豁免；此外《綜合法案》涉及對我關係，在提出國會前，我應有機會知其內容並表示意見。浦代辦說他感覺華府方面好像有一股壓力，行政部門盼將新機構一事立即解決。我說這是能瞭解的，因國會還有五天就復會，如在復會前機構一事已解決，卡特可以很輕鬆地地對不滿的議員說，「台灣方面都已接受新的安排，你們何必起鬨？」但是，外交談判基本上就是「給與取」(give and take)，要有結果，雙方都要讓步，美方只是壓迫我國讓步是不合理的。

## 磋商未來機構的名稱及事務

一九七九年一月十日，本部也請丁懋松律師專程赴華府，帶了第一階段三次談判的逐字紀錄，呈給楊次長參考。

此後到二月十日，楊次長曾十一次前往國務院與美方洽談機構問題，爭執的主軸仍是美方無論如何不能接受蔣總統的第五項原則：政府關係，最後只能各說各話。美方說美國在台協會是一非營利性的法人，不是政府機構，未來中美間的關係是非官方關係；我方在美方提供的一連串辭彙中，選擇了使用「北美事務協調委員會」，作為美國在台協會的對等機構，由總統明令設置，是行政院附屬機構，其人員非現職官員，但是我們認為未來中美關係具有官方性質。彼此的說詞，對方不予批駁。我們是在忍辱負重的心情下接受這種安排，國人尚能體諒，可是很多美國友人則認為我們沒有堅持下去，如克萊恩教授就認為如果堅持下去，美國國會可能通過兩國是官方關係的條款。不過在稍後的國會投票中可以看出，這樣的條款是無法獲得足夠票數的。

一月十三日上午，浦為廉代辦來部看我，說明《綜合法案》將於最近送往國會，此法案在克副卿來台北時尚未完成，因為此一法案是美國國內事務，無法與我方磋商。我對浦說，美方在談判上太重視未來機構的名稱，而迴避討論實質部分，如特權豁免、如何與對方政府接觸及分支機構問題。我也提到最近美國眾議院國際事務委員會亞太小組主席伍爾夫率團來華訪問，我方並未提及雙方談判情形，但是該團每一成員均主張，未來雙方交往應以政府與政府間關係為基礎。他們不是普通人，而是美國人民的發言人，其主張與我政府不謀而合，可見我方立場正確。

我也指出，美方在談判時一再引用日本模式，我國經驗已顯示該模式極不妥善，我國不幸有許多與無邦交國家交往的經驗，美則缺乏此種經驗。依我們的經驗，日本模式是非官方、非政府為基礎，無論如何無法順利推動。

這次談話後，國務院即通知楊次長，一月十六日起將與我方談實質問題，我們可以派員前往協助。外交部立即指定由北美司王孟顯司長和王愷科長剋日前往協助談判。

一月十五日上午，浦為廉代辦又來部看我，轉達國務院對大使館的指示，就是在二月十日前，如雙方對新機構事無法確定，美方將現有在華四十餘名外交人員，自該日起分批撤離台北。

浦氏表示此點如實現，必將造成極大不便。我答以我方絕無拖延談判意圖，但是未來中美關係，如無良好開始必將遺禍無窮。有精通貴國法律的專家告知，雙方關係如不能以政府交往，將來我國使用的商標，中共都可以提出主張；也可能對我採取經濟抵制，對我影響甚巨。

一月十五日，美中經濟合作促進會會長大衛甘迺迪（David Kennedy）與祕書長莫偉禮（William Morell）及全體董事應邀赴國務院，參加范錫國務卿為該會和親中共的美中全國貿易委員會所舉辦的簡報會，獲悉國務院將有五十六位官員退職後重新簽約，派往台北和高雄的在台協會。我方官員可與美方官員有完全接觸，如汪彝定次長可與史屈勞斯（Robert Strauss）特別貿易談判代表就配額會商，仍可持外交護照，獲得協議時由新設單位簽訂協定。范卿在演說中指出，我國為美第八大貿易夥伴，而美與中共的貿易遠景則不樂觀。大衛甘迺迪詢問，倘中共威脅我安全或干預中美貿易時，美方將如何處理？國務院仍以制式答案對答，也就是中共已一再表明其和平處理台灣問題的決心，美國政府認為甘氏所問的情況不致發生。甘氏對我方表示美方所設的新機構由美政府設立，經費由政府預算供應，因此我可視其為官方機構。

## 美方的雙重標準

卡特在一九七九年一月十七日的記者會中，透露與中共談判情況。他說曾要求中共公開聲明保證不對台灣使用武力，但是中共未表同意。因此美政府只能片面聲明，今後兩岸任何糾紛應以和平方式解決，而中共不予否定；此外美方亦堅持不立即廢止協防條約，而依條約規定通知後一年終止，中共最初不同意，但終於接受。此外，有關美將與我方繼續文化、商務等關係，以及除協防條約外其他現有條約協定均將維持兩點，是因為美方堅持，而雙方終於同意。至於對我出售防衛性武器，中共原不同意，但瞭解此為美國堅定立場後，並未堅決反對，而使正常化得以實現。

一月二十日下午，蔣總統邀孫院長、蔣部長和我，在總統府研商對外交涉如何進行，這天是週末沒有其他公務，因此我以很長時間向三位長官報告在華府商談的情形。簡言之，美國希望愈早結束愈好；我方則以拖延為宜，因為我們想要的政府與政府的關係，美方無同意的可能。而美方對我們和中共，則明顯有雙重標準，例如《建交公報》中有關美國「認知」（acknowledge）中共的立場一句，中共自行譯為「承認」，分明是誤譯，美國不吭一聲；對於我們的談判，則字斟句酌，英文如此，中文更認真。這種情形下，如要協議，只有依美方的要求，克里斯多福來時是如此，今天也沒有絲毫變更。我們將來最好是爭取到各說各話，即是美方說雙方關係是非官方、非正式，而我們說是官方的，彼此容忍對方的說法。所以，談判要結束並不難，問題是時機，一九七九年一月二十八日至二月五日鄧小平赴美訪問，時間不宜，而美方威脅二月十日無結果，將全部撤回雙方駐對方使館人員，的確可能對未來關係造成相當程度的衝擊。因此要達成協議，可能這是個適當時間。幾位長官都認可我的分析，蔣總統指示在談判結束時應有一公開聲明。

在此要附帶述明，一月二十七日布里辛斯基在國務院對媒體就鄧小平訪美做背景說明時說，這次訪問是美國與中共初次平等交往。有趣的是，兩天後這位中共國務院常務副總理鄧小平抵華府時，是美國總統卡特以元首之尊親自在白宮草坪舉行歡迎儀式，這是「平等交往」嗎？鄧在美國各地訪問，全程由不同的閣員陪同：華府至亞特蘭大，是商務部長克莉普斯（Juanita M. Kreps）女士和特別貿易談判代表史屈勞斯；亞特蘭大至休士頓，是能源部長史萊辛吉（James R. Schleisinger）和史屈勞斯；休士頓至西雅圖，由運輸部長亞當斯（Brock Adams）和農業部長柏格蘭（Robert S. Bergland）；而伍考克大使則全程陪伴。歷來訪問美國的外國元首或內閣總理，似乎還未有過如此隆重接待。而鄧在華府與卡特談話中最有名的一句話，是卡特建議他放寬移民出國，鄧很快答道：「你要移民嗎，我可以馬上送一千萬來美國。」嚇得卡特立即亂以他語。此外，鄧在一月三十一日在華府與記者午餐，趾高氣揚表示不久將給越南教訓。果然正當美國陶醉在結交了中共這樣一個重大新朋友，可使亞太地區享受和平與安定時，中共在一九七九年二月十七日悍然出兵攻打越南。不過，這個教訓越南的軍事行動，卻使中共弄得灰頭土臉。

## 夏功權為首任駐美代表

華府的談判在二月五日已大致完成，雙方新機構名稱確定，各說各話的套招也差不多確定，只有我在美的分支機構，我們盼望有十個，國務院認為大概可能有八個，卡特僅核定舊金山、紐約、芝加哥、洛杉磯、休士頓五個。至於特權豁免，則將等待《綜合法案》立法通過，但不能用「外交特權」字眼。

一九七九年二月七日，我遵蔣總統指示於下午二時約浦為廉代辦來部，正式洽告我政府同意美國在台協會的設立，並提供信義路美軍顧問團營址供該機構作為辦公室。我也說明我方機構設立的命令及組織規程草案，均已擬妥呈核中，將由行政院命令設置。

二月十日最後的談判，美方同意增加三個辦事處是火奴魯魯、亞特蘭大、西雅圖，一共八處。至此在華府的第二階段談判告一段落。二月十四日下午四時半，蔣總統召孫院長、蔣部長、馬紀壯祕書長、宋楚瑜代局長和我到總統府，就十五日我方正式宣布談判結果的宣布預為研擬，計有蔣總統的談話稿及宋代局長的正式宣布稿，在會中大家研究首任駐美代表人選，大家僉以我最合適，我則表示父親需要我們夫婦侍奉，同時楊次長已在美主持多時，美方對他甚為器重，似為妥當人選。蔣總統仍裁示由蔣部長向美國浦為廉代辦提出我的名字，徵求美方同意。事實上，我心中十分清楚美方對我極為不滿，這點由他們拒絕我去華府擔任第二階段談判工作，就可以清晰瞭解。

二月十五日蔣總統談話指出，我們與美方折衝交涉主要是維護國家和人民的權益，對於海內外全體同胞始終如一給予政府充分的信任和鼓勵，表示感謝。如今為了繼續推展兩國間今後種種關係，我國決定設立新機構，是基於現實需要，不得不以「打落牙齒和血吞」的堅忍沉毅，來處理當前變局。宋代局長同日代表政府宣布設立北美事務協調委員會，指定蔡維屏為主任委員，設於台北，並在華府設立駐美辦事機構，另在若干地點設立分處，負責處理及協調兩國間一切有關事宜。宋代局長也表示，兩國間未來關係將具有官方性質。

二月十七日上午，蔣總統召我去總統府，指示楊次長在美工作已可結束，應速電其返國。我回部報告蔣部長後即擬電稿。數日後才知道蔣夫人對於這次在華府的談判非常不滿，曾致函張寶樹祕書長辭去一切黨職，最後是由蔣孝勇於三月初前往紐約當面解釋後，才解除誤會。

關於向美方提出由我擔任駐美代表一事，美方在兩週後由浦為廉代辦向蔣部長回話，表示美政府認為由於雙方不能有官方色彩的關係，我方代表不宜由政府官員出任，最好找已退休者或民間人士為宜。政府乃於三月九日改提原為駐紐約總領事，因侍母疾請退休的夏功權為首任駐美代表，美方不久即予同意。

## 《綜合法案》的角力戰

前面曾提到美國國會對卡特與中共建交，和我國斷交、毀約的反應，其中有若干議員對卡特的做法表示讚許，但大多數議員，無論共和、民主兩黨，保守、溫和及自由等派別，均表示不同程度的不滿。他們對卡特與中共建交並無異議，但對於其利用國會休會期間且事先未與國會磋商，片面終止中美共同防禦條約極為不滿。若干議員認為，卡特在未獲得中共不對台灣用武的明確保證，率爾與中共建交，不僅未顧及我國未來安全，亦有損美國身為自由世界領袖的聲譽。他們認為卡特全面接受中共的三條件，沒有使美國獲得相對利益，除在言詞上譴責卡特，並以實際行動於一月十五日國會復會後，紛紛就中美未來關係提出若干法案和決議案，在一個半月內兩院共提出法案三項、聯合決議案七項、共同決議案二項、其餘單純決議案十一項。依照美國國會制度，法案與聯合決議案均需兩院通過，經總統簽署成為美國法律。共同決議案需兩院通過，毋需總統簽署，僅表示兩院的意見，無法律拘束力。單純決議案僅需一院通過，表達該院意見而已，亦無法律拘束力。

以上所提二十三項法案及決議案中，關於我安全保障者有七項，關於中美雙方機構的地位及待遇共四項，關於限制總統片面廢約者計四項，餘為其他項目。卡特政府所擬的《綜合法案》在一月二十六日，委由參議院外交委員會主席邱池參議員在參院提出，編為參院第二四五號法案；相同此案也在眾院由國際事務委員會主席扎布勞基提出，編號為眾院第一六一四號。有趣的是，《綜合法案》雖由邱池提出，他卻表示這法案有三大缺失，就是未提供美國對台灣未來安全的保證、未規定保障我在美國的資產，以及未規範我將在美成立的新機構與人員的特權與豁免。

這項由美國國務院草擬、千呼萬喚才出來的《綜合法案》，美方以為是萬靈丹，多次告訴我們：未來中美關係，我們不必擔憂，它都可以有所規範。然而，實際上它只有三條：第一條規定美國法律如同以往，將繼續適用於台灣人民，包括美國政府機構得依法律繼續與台灣推動及執行各項計畫、交易或其他關係。第二條規定美國在台協會可獲得美國各官方機構的支援，毋需再建立其他機構，又規定美官員可接受該協會聘僱而暫時離開公職，但不必喪失其權益與福利。第三條則規定該協會的授權與撥款。這項法案起草極為粗糙，一如邱池主席所說的，確不足以規範未來的中美關係。

## 召開聽證會

參院外委會於一九七九年二月五日，為《綜合法案》舉行聽證會邀請朝野各方作證。會中邱池主席抨擊政府的草案內容十分曖昧、不足。當日有十一位參議員參加，其中完全支持卡特，認為法案應照案通過的，只有一位穆斯基（Edmund S. Muskie）參議員，也許因為他的全力支持，一年多後范錫國務卿因伊朗人質案失敗辭職時，卡特就派穆接任國務卿。

在那次聽證會中，最有趣的，就是史東參議員詢問國務院法律顧問韓瑟爾。韓在外委會中表示，《綜合法案》需盡速通過，史東問何以如此？韓答因為美國政府不承認台灣的政府存在，但仍擬與其統治當局交往，此項關係甚為特殊，故需經國會立法確定，因雙方大使館只有兩個月的過渡時間，國會需於三月一日中共在華府設立大使館之前，完成法案的立法程序。史東聽到這些話，立刻斥責韓的發言一如對國會的最後通牒，以其國務院法律顧問的地位，竟有此等發言，實屬極為不當。韓被斥後，低頭不語十分狼狽。史東接著不斷提出法律性的問題，韓難以招架。這段對話的錄影，送來台北後，我們不斷觀賞，看到韓氏的窘態，不少人都對史東參議員敬佩不已。

眾院國際事務委員會及該會亞太小組也分別於二月七日及十四日舉行聽證會，應邀作證者，大致與參院外委會所邀相同，除了美政府官員外，多數對我方有利。國際事務委員會主席扎布勞基在行政當局表示盼早日完成立法程序時，直接指出，行政當局既然如此著急，早應在決定承認中共前與國會諮商。已退休的馬康衛大使在亞太小組作證表示，卡特處理對台關係十分不當，他有痛苦之感。台灣為美國多年盟友，且為運用美援最成功的國家，其人民福祉應為美國所關切。台灣的存在為一現實，不能對此不顧。美國不能以日本模式維繫今後對台灣的關係，今後美應與台灣維持官方關係，國會應運用立法權補救行政當局不當的措施。

## 給台灣下定義

參眾院外委會（國際事務委員會）在有關對華關係的聽證會結束後，即著手準備法案審查工作。參院外委會大多數成員認為《綜合法案》極不充實，尤其在保障台灣安全方面更付之闕如，故決定對法案做某些修正以資補救。

關於安全保障，賈維茨參議員原擬訂一修正草案，獲邱池主席及少數黨領袖貝克的支持，但卡特政府及參院外委會亞太小組主席葛倫反對。為協調各方意見，該會原訂二月八日舉行法案審查會一再拖延，到二月二十一日才召開。在協調折衝期間，我駐美同仁曾與議員及幕僚人員密切聯繫，提供有關資料與建議，使該會處理此問題時能充分符合我國權益。二月二十一日參院外委會開始審議法案，進行順利，賈維茨參議員有關我國安全保障的提案，成為法案的第三條，要點是：一、任何以非和平方式解決台灣問題的舉措，將構成對西太平洋地區和平安全的威脅，並將引起美國嚴重關切。二、美國將維持能力，以抵抗任何訴諸武力或其他強制方式足以危害台灣人民的安全及社會經濟制度。三、美國將供給防禦性武器，以協助台灣人民保持足夠的自衛能力。四、任何威脅台灣安全而使美國利益面臨危險情勢發生時，總統應立即通知國會。五、為因應前述情勢，美國將依照《憲法》和法律程序採取行動。

參院外委會也對《綜合法案》作了不少重要修正，包括：一、對「台灣人民」一詞下一定義，指台灣統治當局，其機構、政治區域及台灣、澎湖兩島的民眾。二、我國在美設立的機構及台灣當局可在美國法院提起訴訟。三、在一九七九年一月一日繼續有效的中美各項條約協定，將繼續有效。四、美國在台協會將加強美國人民與所有台灣人民的關係，並增進所有台灣人民的人權。五、我國在美財產所有權，除一九四九年十月一日以前取得的外交不動產外，均不受美國與中共建交的影響。六、對美國海外私人投資公司，給予為期五年的延長商業保證。七、在互惠基礎上給予我國駐美機構及工作人員特權與豁免；八、自三月一日起以兩年為期，國務院每六個月須就今後中美雙邊關係實況向國會提出一次報告。

## 《美國——台灣關係法案》

至於眾議院國際事務委員會在主席扎布勞基領導下，對於行政當局提的《綜合法案》非常不滿，他與亞太小組主席伍爾夫聯手，督導委員會幕僚將《綜合法案》大幅修改，重新清稿，以《嶄新法案》（Clean Bill）方式於二月二十二日正式公布，定名為《美國——台灣關係法案》，獲得多數黨領袖萊特及二十七名該委員會議員的連署。此一新案，除包括參院外委會所修正的各點外，扎布勞基主席指出仍有若干不同如：一、對美方所設新機構未指定名稱。二、將「台灣人民」一詞改為「台灣」。三、賦予美方新機構工作人員領事權力。

眾議院國際事務委員會，於二月二十六日召開審查會議。會中拉哥馬西諾（Robert Lagomarsino）議員提出修正案，建議我國於一九七九年一月一日以前取得的所有財產，都不受美與中共建交的影響，此一建議以十三比七票獲得通過，稍後該法案以口頭表決通過。

眾議院先於三月六日開始處理《美國——台灣關係法案》，在討論過程中，拉哥馬西諾議員提出一項修正案，主張若中共威脅台灣安全，美國總統應撤銷對中共的外交承認，表決結果一百六十九票對一百九十七票未獲通過。另外，以後在一九八八至一九九二年擔任副總統的奎爾（Dan Quayle）議員，提出修正案，要求美國政府透過「聯絡辦事處」與台灣維持關係，表決結果一百七十二票對一百八十一票未獲通過。所羅門（Gerald Solomon）議員提出修正案，要求與台灣維持領事關係，表決結果一百七十九票對二百二十五票未獲通過。三月十三日眾院院會表決整個法案，以三百四十五票對五十五票壓倒多數通過，反對者多為極端保守的議員。

參議院於三月七日開始審議被定名為《台灣授權法案》，共和黨的亨福瑞（Gordon Humphrey）參議員提出修正案，建議廢除在台協會，而代以具官方性質的美國聯絡辦事處，經法案會場負責人外委會亞太小組主席葛倫提議擱置，經表決以五十七比三十八票予以擱置。

## 雙橡園之爭

一九七九年三月九日來自奧克拉荷馬州的博倫（David Boren）參議員提出修正案，要求使我國能保有雙橡園。雙橡園自一九三〇年代初，就是我國駐美大使的官邸，先是租用，抗戰勝利後政府價購成為我國財產。中美斷交時蔣總統很關心這一具有象徵性的房產，曾指示可洽請友邦沙烏地阿拉伯政府接管，但是在華府沈大使建議以象徵性價格售予高華德參議員主持的非營利組織「自由中國之友協會」，政府即予同意。沈大使在一九七八年十二月二十三日將雙橡園、麻省大道的大使館辦公室及對門武官處辦公室，三處房舍的產權轉移予自由中國之友協會，由該會共同會長柯克蘭（Tommy Corcoran）律師辦理一應法律手續。但是，美國政府認為這些房產應歸屬中共，並建議中共向法院追訴，美國務院將證明此等房產產權屬於中共。在中美第一和第二階段談判時，我們都曾向美方提出交涉，希望美方不要支持中共的主張，美方都予峻拒。

二月十六日上午，博倫參議員打長途電話給我，詢問在未來參院處理《綜合法案》時他有什麼可協助我們的地方，我表示長途電話不便談話，我將請胡旭光代辦去看他，我立即擬了一件電報給胡代辦，請他去看博氏，提出軍售、特權豁免、未來雙方機構簽署協定應有法律效力，以及雙橡園館產四項，盼他協助。

三月十二日我正在榮總做例行體檢，博倫又有長途電話找我，告訴我正在聯絡同仁提出支持我繼續擁有雙橡園的提案，因為他是民主黨資深參議員，將邀南部民主黨大老朗恩（Russell Long）參議員支持，問我是否必須要做這一件事。我說這件事對我國民心士氣助益很大，請他務必全力支助，他很爽快答應了，並說明天就會有好消息。博倫在提案時曾發表演說，指出保留這些房舍，對於一個長期可靠的盟邦是一種小小的補償，我們在台灣的盟友所受到的不誠實待遇以後，再也沒有理由將他們從自己的房舍中逐出。

博倫的提案提出後，白宮和國務院聽聞就大加阻止，這是他十二日二度打電話給我的原因。參議院會討論時，邱池、賈維茨這兩位外委會民主、共和黨的最資深議員全力反對，葛倫也反對，小甘迺迪乃與他們共同提出修改為保障我在美國外交不動產以外的所有資產，不過經唱名表決，這些領袖們提的修正案被擱置，票數是三十六票比四十九票。博倫修正案則以口頭表決獲得通過。

博倫和我是一九六〇年在耶魯大學的同學，我在研究院，他在皮爾遜學院（Pierson College）二年級。當時他參加學院的辯論隊，邀請我擔任教練因而結識。他在耶魯畢業後獲得羅茲獎學金（the Rhodes Scholarship），到英國牛津大學深造，一九七五年膺選奧州州長，一任後就擔任參議員。在州長任內曾率團來華訪問，與我重逢並長談，對我國艱困處境有很深認識。雙橡園經他和拉哥馬西諾眾議員的仗義協助，得以保全。五年後我奉派赴美工作，將雙橡園由自由中國之友協會手中收回，加以修葺，重行使用，一九八四年九月十日舉行第一次宴會，邀請的貴賓就是他們兩位和夫人，那是一次充滿友情和感恩的餐會。

## 《台灣關係法》通過

參議院院會在三月十三日投票表決《台灣授權法案》，結果是九十票比六票通過。和眾院的表決相同，反對者都是我國好友，他們認為經修正後的法案仍不夠堅強。

由於兩院通過的法案內容並不一致，因此依照規定要由兩院聯席協調會議處理，由各院分別委由八位議員參加、五位民主黨、三位共和黨參加。他們在三月十九日集會討論，一個下午四小時為文字發生了許多爭執，主要的是參院方面的版本較符合行政部門意願，政府方面促使參院代表堅持立場。但眾院方面的扎布勞基主席熟稔議事技巧，促使聯席協調會能接受眾院版本。他很坦率地說，他對於行政部門僅願與台灣維持非政府關係感到不悅，很多修正案實在是刪去「非政府」的色彩，他也指出參院版本所用的名稱《台灣授權法》，是再度掌摑一個已受夠傷害的美國盟友。

三月二十日聯席協調會議第二次開會，經過二小時三十五分的討論，終於對第二四五號公法定名為《台灣關係法》完成協商工作，再由幕僚撰妥會議報告於二十四日分別提報兩院。眾院於二十八日討論報告，扎布勞基向院會表示中華民國政府對該法案感到欣慰，僅有中共表示不悅，投票反對協調報告將使中共高興。表決結果三百三十九票比五十票順利通過。參議院院會於三月二十九日也以八十五票比四票的多數通過，多數議員認為，今後中美關係雖無官方之名而有官方之實，是卡特錯誤決策後所做的一項合理妥協。

中共對於《台灣關係法》極為不滿，數次在北京及華府向美國政府提出抗議，也對國會議員及幕僚表示不快。三月二十四日，更由新華社正式發表不滿的新聞稿。不過除了口頭和書面的不滿抗議外，中共沒有採取任何行動，也沒有威脅如果卡特簽署此一法案後將做何等報復。因此《台灣關係法》於一九七九年三月三十日送抵白宮，卡特在十個工作天將屆滿的前一天，也就是在四月十日簽署，但他並未舉行任何儀式，以此表達不悅。

自尼克森一九七二年訪問中國大陸簽訂《上海公報》後，大家都知道美國和中共建交只是時間問題。但卡特的做法，受到美國國內和國際輿論的批評。可惜在美國代表團來台北時，群眾失控的表現，令許多本來同情我國的人士，轉而指責我國治安當局對暴行既未能防阻，事後亦無檢討、調查，因而認定是政府在幕後指使，對我國處境有很不利的影響。所幸我們十年來在美國國會培養的友誼，使行政部門所提無任何效益的《綜合法案》，經國會的認真審議後脫胎換骨，成為《台灣關係法》，使中美斷交後仍能維持並增進雙方的關係。

# 第二十四章
# 軍援北葉門

南、北葉門曾先後於一九七二、一九七七年兩度談判合併，都功敗垂成。沙國為了使北葉門不與南葉門合併，又能有充分自衛能力，洽請友邦支援。我國在沙國各項合作計畫都是付出多、回收少，找我國協助對沙國有利無弊。

我在外交部服務，初次接觸中東事務是一九七七年十月。那年四月，一向與我國關係十分密切友好的約旦王國突然和中共在美國華盛頓簽署建交公報，中共是由駐美聯絡辦事處主任黃鎮簽字，約旦是由駐美大使館薩拉赫（Abdullah Salah）簽字，曾有傳聞是由美國牽的線。

半年後，我奉命隨蔣經國院長去高雄，接待乘專機來訪的約旦王儲哈山（Hassan）親王。他認為其兄胡笙國王是在不得已的情況下與我斷交，但真正能協助約旦的是我國，因此特別偕王妃在訪問韓國途中停留高雄兩天。之所以不停台北卻停高雄，主要是擔心在台北容易曝光。十月二十二日傍晚，我和內人在小港機場迎接王儲伉儷，陪他們去圓山飯店，晚間蔣院長款宴，就中東問題充分交換意見。第二天清早蔣院長又約了王儲同進早餐，之後院長返回台北，我和內人繼續陪伴王儲伉儷參觀陸戰隊、中鋼、中船、高雄港，再送他們登機前往漢城。

這兩天我陪伴王儲，和他就國際問題和大陸問題交換很多意見，雙方感到彼此在觀點上有不少相似之處。中美斷交後不久，李國鼎政務委員於一九七九年三月赴中東訪問，在約旦期間曾與王儲會晤。哈山親王對李說，中美斷交時曾在電視上看到我和各國記者的對答，印象極為深刻，現在胡笙國王將於四月中旬訪問大陸，他深盼我能在四月初專程到約旦一趟，由他安排晉謁胡笙國王簡報大陸實況，以及中美斷交後我們如何在毫無前例可循的情況下爭取《台灣關係法》所規範的保障與權益。李政務委員的電報到台北時，我正忙於處理冬季奧會事項，未向部長請示。

## 沙烏地請我支援北葉門

過了兩天，一九七九年三月二十日傍晚，蔣部長約楊次長和我討論沙烏地阿拉伯擬請我空軍支援北葉門事。我對案情完全不瞭解，未敢表示意見。到了晚上八時半，蔣部長致電家中找我，說奉總統指示，希望我立即前往沙烏地處理此事，結束後再去約旦。我向部長報告，亞西司是楊次長主管業務，我並不熟悉，但他堅持這是總統的指示。

第二天到部後，我一方面安排行程，一方面找亞西司瞭解案情。原來北葉門有七百萬人口，其中一百多萬在沙烏地任勞工，北葉門和沙國關係極為密切。南葉門人口二百多萬，知識水準遠高於北葉門，早受蘇聯滲透，極為親共，與沙國積不相容。南葉門掌控紅海進入印度洋的關卡，極具戰略地位。南、北葉門曾先後於一九七二、一九七七年兩度談判合併，都功敗垂成。一九七九年四月一日，兩國又在科威特簽署協議，成立葉門人民共和國，都非沙烏地所願見的。

南葉門得到蘇俄支援，軍事力量甚強，對北葉門構成威脅。沙國為了使北葉門不與南葉門合併，又能有充分自衛能力，為北葉門購置了F-5E型戰鬥機一中隊，但是沙國空軍無法協助飛行、維護，因而須洽請友邦支援。根據沙國評估，他們不願向美國洽商，因為不希望美國介入阿拉伯半島。韓國很願意支助，但是沙國擔心韓國會藉此再擴大在沙國的經濟勢力。沙國當局考慮的結果，認為我國最為友好，在沙國各項合作計畫都是付出多、回收少，找我國協助對沙國有利無弊。

## 非正式管道的誤解

然而，沙國這項企盼沒有循外交途徑告知我國外交部或駐沙大使館，而是由沙國的軍方和情報單位向我國的合作對象提出。先在三月初，由沙國駐華大使館武官史威倫中校在網球場打球時，向我國防部一位將領表示，南葉門在蘇俄指使下，聯絡北葉門叛亂份子組成「國家民主陣線」，並以金錢收買北葉門的若干部落，合力進攻北葉門，意圖推翻其政府，赤化北葉門。蘇俄除了提供飛機、大砲、坦克給南葉門之外，也派古巴、衣索比亞及東德部隊支援。北葉門若干重要城市，甚至首都薩那（Sana）以北，均遭轟炸，叛軍也已占領若干地區。如再無急速支援，北葉門將有淪陷之虞，屆時對沙國構成嚴重威脅。目前沙國本身空軍不足，為支援北葉門作戰，必須給予空中支援，至盼我國空軍能予以協助。

我方這位將領非軍令作戰系統，場所又是網球場，聽了武官的話，只能用外交辭令回答，我國與沙國都是堅決反共國家，沙國如有請求，我自當從優考慮。不料這位武官卻將此一非常不正式的談話，加油加醬報回沙國家，說我國一定會派人來幫助。沙國當局十分興奮，立刻就由沙國情報總局局長突奇（Turki al Faisal）親王致函我國國家安全局王永樹局長請求支援。突奇親王是沙國故費瑟（Faisal bin Abdul Aziz）國王的幼子，美國喬治城大學畢業，曾應王局長之邀來華訪問，與我政府官員多有接觸，其長兄為沙國外長，在任至今已近三十年。突奇親王三月九日的函件明白指出，是奉哈立德國王諭洽請蔣總統，鑑於南北葉門的衝突，同意支援一中隊F-5E戰鬥機所需要的飛行員及地面支援勤務。

這封信由王局長呈給蔣總統，他頗為訝異，從未看到這方面的報告，問了外交部蔣部長和國防部宋總長也不得要領，經過雙方查詢，才弄清楚本案經過。這時我們剛從中美斷交衝擊中舒了一口氣，外交上再禁不起差錯；但我們的社會已經日趨開放，派軍人到國外去，且可能介入戰鬥是萬萬不可以的。蔣總統經過一番思考，很明快做了決定，由國防部立即派高層人員組團前往沙國，表示我們誠心支持，但團長要向沙方懇切說明我們可以派遣空軍人員支援沙國的空防，至於要去北葉門，由於該國已承認中共，與我無邦交，我空軍人員的安全十分可慮，這是我們無法做到的。國防部立即派遣空軍陳鴻銓副總司令，率領作戰署陳燊齡署長等多位軍官組團趕往沙國。

## 無法拒絕的請求

駐沙國的薛毓麒大使也是得到外交部詢問電報，才知道此事。他立即和朱晉康公使、郭昌慎武官及國安局鄧煥之祕書研商，決定趕往沙京會晤突奇親王，提出洽商的腹案為：一、我提供一中隊空軍官兵協助沙國防衛其領土，如需往沙國以外地點使用，須先經兩國政府會商；二、沙國如需我方代訓空軍，我可派遣教官前來，亦可由沙國派員來華受訓；三、有關本案將由官方即外交途徑處理，對外保密。

陳副總司令一行於一九七九年三月十六日抵沙，次日拜會參謀總長胡美德上將及空軍總司令扎海爾將軍，交談後才知沙方只是要我方人員入駐薩那，擔任防衛作戰任務；沙國本身飛行員勉可支應國內防務需求，無法支應國外需求，而沙國基於政治考量，必須以其本國飛行員駐守沙國以安定政權。

陳副總司令談話後，認為本案經沙國國家安全會議決定，且沙國已向北葉門總統做此承諾，希望國內能予同意。此外，沙國已告北葉門須先將蘇俄於該國的顧問撤離國境後，本案才能開始。因此本案實有國際反共戰略意義。

三月十八日，薛大使與陳副總司令在沙京拜會國防航空部長蘇坦親王（Prince Sultan bin Abdul Aziz，為故費瑟國王以及哈立德國王之弟），部長表示目前南北葉門已實施停火，我方人員進駐後可能不必作戰；且所有我國人員將易穿沙國制服，可使我方憂慮降至最低，此舉對提高北葉門士氣及落實沙國的承諾助益甚大。蘇坦親王說沙國期待我國的，並非是否同意沙國的請求，而是我空軍人員抵達的日期。薛大使詳細陳報談話內容，第二天又補了個電報指出，本案為沙國安危所繫，王宮權力中心主持，其重要性非建電廠或整頓港務等合作可比擬，故我予同意或拒絕的後果勢必都極其深遠。

過了一天，三月二十日薛大使又來一電，說陳副總司令由沙京長途電話（使館位於吉達），用密語探詢政府是否有所決定，他們全團受沙方隆重款待，住於國防部豪華招待所，但心情則如坐針氈，請求急速電示。我估量大概是這一天（二十日）的電報，使蔣總統決定要我去沙國。

二十日晚外交部致電薛大使，一再表達我國協助沙國的誠意，但是我與北葉門無外交關係，我不能不顧慮安全問題及在國際上與國內可能引起的後果，請薛大使婉洽沙方諒解，錢次長將於日內前來，向沙國當局面呈種切。這電報是送給宋總長過目後才拍發，大使館收到立刻備節略通知沙國外交部，我將於二十三日抵達沙國。

不料沙國外交部將節略退回大使館表示抵達時間為週末，在前兩日才通知，已無法簽報部次長安排妥當節目。事實上，沙國外交部始終不知道有這樣一件重大案件進行。所幸王永樹局長將我奉命赴沙國的事，告知在吉達的鄧煥之祕書，他向突奇親王報告，親王非常高興說我是他的老友，來沙國是他的客人，一切由他負責接待。

## 中沙立場南轅北轍

一九七九年三月二十一日我詳細閱讀本案卷宗，並向楊次長請益，他推薦我由亞西司葉家梧副司長陪同前往沙、約兩國。葉副司長對中東事務十分嫻熟，我則對中東的政情、風俗、習慣全無瞭解，凡事都向他請教，他也竭盡所知告訴我。當天傍晚，蔣部長帶了我去看孫院長，他對沙烏地很有感情，因為石油危機時沙國曾給予供油不斷的最好保證。我向他報告全案癥結，表示接受或不接受兩者都有其弊。接受沙方要求，可能在國內引起軒然大波；不接受沙方要求，在外交和經濟上都將有大衝擊。兩者權衡輕重，前者仍是操諸在我（當時的政治情況，保密仍可以辦到），後者則是操諸在人。孫院長非常同意我的分析，指示我要將這些向蔣總統報告，「說是我的意見。」

三月二十二日早上，我去見蔣總統請訓，他說就依照原先決定，可在沙國，不能去北葉門。我將昨日報告孫院長的各點陳報，說明是院長的意見，又提建議是：一、我方人員調離沙境需中、沙雙方協議。二、我飛行員及其他人員駐於沙國基地，但可巡弋北葉門上空。總統對於兩項建議均予否決，告訴我這樣做會「動搖國本」。我離開總統府時心情十分沉重，明知道中沙雙方立場南轅北轍，沒有任何的交集點，這實在是「不可能的任務」，但是身為公務員，接到命令，只有勇往直前。

三月二十三日晨，我和葉副司長乘華航班機經香港、吉隆坡、達赫爾，於晚間十一時四十五分抵吉達，全天坐了二十小時的飛機，沙國外交部禮賓司長孫珀大使及使館同仁在機場迎接，薛大使告以次晨將赴沙京。當晚他和我大概都只有三個小時的睡眠。

二十四日晨八時，薛大使即來接往機場，突奇親王的噴射座機已在等候，我們立即起飛，約七十分鐘抵沙京，由陳副總司令接往他和同事所住的國防部貴賓招待所，的確非常奢華。空總同仁向我簡報當前僵局，也就是因為我未同意人員進駐北葉門，沙方與我團已無任何接觸，他們過著度日如年的生活。

三月二十四日十一時二十分，我們去情報總局與突奇親王會晤，談話一百分鐘。我先表示此次來沙，奉命表達我政府對本案的立場。中沙關係友好密切，我對沙國歷年來予我支助表示感謝，故我政府對此事已有過詳細研議，決定於三月三十日派遣一中隊所需之飛行員與維修後勤人員來沙，協助沙國防空訓練及沙方指定在沙國境內的適當任務，此係我國基於中沙友誼，願盡棉薄之誠摯舉措。

至於我空軍人員進駐北葉門一事，經一再審慎考慮，由於：一、國際方面中共正向我展開和平統戰攻勢，我基於反共國策，拒與和談；此時如我空軍介入南北葉門戰爭，將使中共得有攻擊我國好戰的口實。二、國內自美國與中共建交後，全民重視國防，認為須全力加強國防力量，方克圖存，此時如我最好友邦沙國需我派遣空軍協助其巡防國界，自屬義無反顧，也能獲全民贊同；但北葉門已承認中共與我無邦交，我空軍如赴北葉門，則師出無名，政府無法向民眾解釋，亦將影響我人民對政府的支持與信心。以上兩點都是機密分析，茲掬誠奉告，至盼沙國能諒解。

## 突奇親王告知沙國軍機

突奇親王說，蔣總統派我專程來沙說明我方立場，足見我國對本案的重視與誠意。他原盼我方對派員赴北葉門仍有研商餘地，不料已做決定；他深切瞭解我國須以國家利益為重，無意強我所難，但基於中沙兩國的密切友誼，他願將本案沙方需我協助的理由坦白說明如下：

一、沙國的安危與北葉門的安危是不可分的，沙國如不能協助北葉門抵禦共同敵人，沙國即面臨共黨直接威脅。沙國境內現有北葉門工人一百多萬，如其中有一千人受共黨控制，沙國安全即受影響，所以北葉門與南葉門的邊界，也就是沙國的邊界。基於沙國重大國家利益，沙國必須加強北葉門的國防。

二、在北葉門駐紮有作戰能力的空軍，對該國及沙國均極重要，沙國可有坦克及砲兵部隊支援北葉門，唯獨空軍方面力有未逮，念及我係沙國親密友邦，故向我求助。沙國非不能僱用前曾參加越戰的美國退役軍人或向韓國求助，主要在於對他們沒有信心。

三、沙政府對於我空軍人員以沙國空軍身分，持沙國護照進駐北葉門，已洽獲該國政府同意。北葉門也曾向中共洽助，但未獲同意。至於原在薩那空軍基地的蘇俄戰管人員也將於四月一日撤離。

四、我空軍人員援助沙國，進駐北葉門主要作用在於嚇阻。前此沙國坦克部隊進駐北葉門，南葉門的坦克即撤退，砲兵亦然，如沙空軍（我方駕駛員）進駐，南葉門空軍即不敢入侵，所以此舉不但不會使緊張情勢升高，反有和緩作用。

五、南北葉門已簽署停火協定，短期內不致再燃戰火，沙國正協助北葉門訓練空軍，現已有六名飛行員，包括北葉門總統之子在沙受訓，三個月後可結訓，此外尚在訓練更多該國飛行員，此項建軍訓練需時六至九個月，緩不濟急，亟需我協助填補此一空隙。現沙國為北葉門購買F-5E一中隊已運抵該國，急待我方人員擔任空防及地勤工作，俟該國人員訓練完成，即可撤離。

六、南北葉門戰事發生後，多數阿拉伯國家均支持北葉門，我們的支助在國際上不致對我不利，且可顯示中沙密切友好關係。中共上月入侵越南，其偽善面目在國際上已不能欺騙世人，縱使我空軍人員進駐北葉門受到中共宣傳攻勢的批評，也難有效果。

七、我空軍人員進駐北葉門的安全問題，沙方將會同北葉門妥為安排，沙方將對此負全責。

突奇親王推心置腹將沙國的國家機密坦誠告知，我相當感動。對於他講的若干要點，我政府也不是完全瞭解。因此我告訴他將詳細陳報政府，如接到指示，將再來沙京面告。我問他我國空軍人員已訂三月三十日來沙，是否仍應前來？他答稱，如果只能限於沙國境內，由於該F-5E一中隊飛機都已飛往北葉門，則無可借重之處。

## 直陳利害得失

我們談完後，又回到國防部招待所研究處理方案，薛大使、陳副總司令和我一致認為這件事如破局，對我國的傷害將很深遠，我們必須竭盡所能向長官痛陳利害。我們於午餐後就乘專機返回吉達。到了使館，我們分頭工作，葉副司長將談話詳細撰寫，電稿報外交部。薛大使詳加分析全案關鍵，並擬建議電部。我則提筆寫了六頁長的簽函給蔣部長。

薛大使的分析是根據突奇親王所述，當沙國遭遇困難，首先想到我國是沙國唯一可靠的友人，可見沙國不是對我施壓。其次，沙國正為北葉門訓練空軍，正值空窗期，需我暫時前往協助，為期不會太久。再加以沙國境內並不需要我方空軍人員支援，所需要的是在沙國的戰略邊境北葉門。

至於我空軍人員到沙國後將有沙國公民身分，持沙國護照，著沙國制服，編入沙國部隊，駐紮於沙國營區，所有安全均由沙國負責，且南北葉門已協議停火，至少六個月不致發生戰鬥，我方人員在北葉門空軍訓練結束即可分批撤退，所冒戰爭危險極小。基於以上考量，我們認為同意沙方要求，所付代價有限，卻可使沙國確知其對我國的信任與友誼確實無誤，故請國內重新考慮。

在我呈蔣部長的簽函中，特別強調沙方對我方期待之殷切，特別是沙國國防航空部長蘇坦親王，自從由陳副總司令處獲悉我空軍人員不能離開沙國國境以後，就拒絕和我方人員有任何接觸。因此本案，我政府倘仍堅持此一決定，沙方的反應是可以想像的。我在簽函最後寫道：

> 職雖知國內已有決策，仍不得不將淺見詳細報告，區區之誠，尚祈鈞座鑒察。職自週二晚間奉命擔任此一任務，內心至感惶恐，因茲事體大，稍一不慎，將使國家利益蒙受重大損害。自抵達沙國後晝夜與薛大使、陳副總司令等反覆研商，自各角度研究此一問題，深感此事倘不做肯定

之答覆，中沙間多年辛勤經營之友好關係，不免遭受嚴重傷害。目前幸有突奇親王居間協調，此一機會極為難得，因敢不揣冒昧。謹將一得芻見臚陳。尚祈鈞座婉向層峰報告，賜與重行考慮。以本案關係我國國家利益至深且巨，用敢坦陳拙見。

二十五日在大使館，與館內同仁逐一個別談話，聽取意見，其中以對沙國氣候炎熱，稍具水準的房屋租金過昂，家人對當地生活不習慣三點，可說是同仁們一致的困擾。當天晚上，薛大使約我和同仁聚餐，我就這三項問題表示，天氣炎熱和生活不習慣是我的能力不能解決的，只有在增加地域加給和稍稍縮短任期方面著手。至於租金偏高較容易處理，只要同仁提出當地合理租金資料，以及其他主要使館各級官員租房所需資金資料，外交部就可以適當調整。

## 中東成為第二個古巴？

一九七九年三月二十六日上午，拜會沙國外交部首席次長蘇迺揚（Sheikh Abdul Aziz Al-Thunaiyan），他是部長紹德（Saud Al-Faisal bin Abdul Aziz）親王的妹婿，實際負責部務處理。他先問我中共進軍越南可能的發展，又問中、蘇共間的關係究將改善或惡化？我逐一詳加答覆。他表示在沙國很少有人研究這些問題，所以特別感到興趣。

我對沙國多年來在國際場合及能源供應方面給予我國支持，表示謝意；尤其我國在沙國泰乙府（Taif）有不少僑胞，在該處安居樂業，深受沙國照料，亦表示謝意。蘇迺揚說，外長剛去索馬利亞參加阿拉伯聯盟會議，次日又將赴伊拉克開會，因此這次不能和我見面。他指出，沙國近年積極從事經濟建設，承我國提供協助，深盼今後合作關係能繼續加強。

蘇迺揚次長指出十五年前，也就是一九六四年，埃及的納塞推翻北葉門王室，沙國曾為維護北葉門王室而戰；今日又面對相同情勢。沙國必須先能維持充分的國防，才能進行經濟發展。目前北葉門的情況，就是蘇俄利用第三者作戰。

我曾詢問他，對於行將簽訂的以色列埃及和平條約和中東情勢的看法。他說，以埃和約未能達成阿拉伯方面最低限度的要求，敘利亞外長已聲稱此地區如出現第二個古巴，是很可能的，伊拉克總理也有激烈的反應。但是沙國認為阿拉伯國家應以負責任的態度處理，不能感情用事，以避免分裂。沙國對以阿問題的合理解決仍持樂觀態度，但需要若干時間才能解決。我對於沙國在阿拉伯國家的領導地位以及所表現的安定力量，表示讚揚。但我卻沒有從蘇迺揚引述敘利亞外長的談話中，窺視出中東地區在二十二年後會造成對美國重大傷害的「九一一事件」。

## 助外館入境隨俗

與蘇迺揚談話後，我又回到大使館繼續與同仁個別談話，其中一位多年在館服務的老同事隋承禮主事，對我提出兩件極有價值的建議：一是伊斯蘭教的曆法，和我們常用的西曆或農曆完全不同。現在國內首長常在西曆十二月二十五日向沙國首長賀「聖誕」或賀「新年」，實在不是很妥當，應該是在每年的伊斯蘭曆「開齋節」（每年的日子都不同），向沙國首長賀「開齋節」，這才是「入境從俗」。其次，他建議外交部行之多年每月數十美元的眷屬津貼，實在可以停止了，眷屬對於使館或國家的貢獻，絕對不是那小額眷貼可以衡量的。外交部不如用這筆經費在使館開設阿文班，要求全體館員不諳阿拉伯語文的一律參加研習。

這兩項建議很有價值，前者我立刻請部內的亞西司如此辦理；後者更是我們長期忽略的，很多同仁被派赴使用不太普及語文的國家服務，多無意學這種語文，久而久之，他們在當地便成瞎子、聾子和啞吧，到街上不能讀路牌或市招，不能看當地報紙；當地的廣播電視也無法聽，當地人的談話也不懂；更重要的是，一切生活、工作全仰賴當地僱員傳譯，無法直接和當地國政府和民眾溝通。

數日後，我在約旦發現一位資深同仁在該國工作已六年，對最基本的阿拉伯語不能說一個字。我回國後痛下決心，嚴格要求這類外館同仁必須研習當地語文，部內給予經費，並可在上班時間研習，但須有不斷進步，如有推拖情況，立即調部；研習成績不佳者，考績不能列甲等。這兩種處分，對外館同仁的收入有直接不利的影響，所以實施後，同仁都很認真研習。

## 權宜之計

三月二十六日下午五時，我們收到部內的覆電指示要沙方，特別是沙國國王，向我總統提出正式請求。更使我們感到鼓勵的是，覆電表示鑑於中沙兩國深厚友誼，我方願再做鄭重考慮，指示要陳鴻銓副總司令立即返國面商，俾做定案。我們立即致電沙京請陳副總司令速來吉達，同時與薛大使研商如何電覆外交部。此時鄧煥之祕書將突奇親王致王永樹局長的函件拿出來，其中明白述及是奉沙國國王之命，向我國政府提出這項請求。所以，我們的覆電就以這封函件為基礎，作為沙國國王已提出請求。如果未來國內對沙國的期盼能予支持，再促沙國國王正式來函，應非難事；如我對沙國的期盼未能同意，先要國王來函恐非所宜。覆電中亦敘明陳副總司令已在來吉達途中，當囑其兼程返回台北。

三月二十七日，我利用陳副總司令等待返國飛機的時間，與他和薛大使長談，並以午餐款待他們。我也注意到陳將於三月二十八日晚到台北，次日為例假，要請蔣部長先向蔣總統報告，預留及早約見陳的時間。薛大使和我也將陳應該向總統提出報告的內容，逐項列出，針對國內若干首長基於對全局不盡瞭解，可能有反對的理由逐一演練如何答覆。

薛大使和我特別向陳副總司令細述，如何可使整個計畫不致對我政府有任何損害。首先，所有計畫前來服務的空軍人員應自國軍辦妥退役手續，以退役身分前來中東應聘。其次，所有應聘人員均使用沙國護照、著沙國軍服、使用沙國姓名。再者，我方人員在中東服務期間的安全應由沙國負責，倘有傷亡，應比照沙國人員予以救治或撫卹。此外，倘我方人員將進駐薩那基地，沙國應經常保留C-130運輸機一架在該基地，供我方人員使用。最後，中沙雙方將就本案的行政支援、薪俸、津貼、休假、撫卹等事宜，訂定一項諒解備忘錄；中沙雙方各指派一名高級軍官，專責本案的聯絡工作。

當日晚間八時，使館接到台北外交部的電報，奉總統指示我政府決定循沙國國王的請求，派遣退役空軍官兵前往沙國協助其空軍，人數及啟程日期另電知。我空軍官兵到沙後，將改華裔沙國公民身分、著沙國空軍制服、改用沙國姓名。彼等可由沙國政府派往北葉門擔任飛行、修護工作及巡邏任務，如必須支援地面作戰，應先經中沙協商同意。蘇俄在北葉門的顧問須先行撤離，我方人員始可進入。萬一我國國內因戰事需要此批人員回國時，沙方必須同意。支援時間以九個月為期，屆滿如需延長，可由雙方再行協議。陳副總司令抵台北後，總統將於三月二十九日上午在官邸召見，其後官兵即可啟程。部電也指示我與薛大使，根據電內指示撰擬中沙諒解備忘錄報部憑核。部電也認為本案應洽告美方，如何通知盼與沙方聯繫。

收到這件電報後，薛大使、陳副總司令和我都鬆了一口氣，至少我們一直擔心的最惡劣狀況是可以避免了。二十七日夜晚，我們就本案應如何分頭進行再做研討，直到午夜後才分手。

## 達成了五項共識

三月二十八日上午，陳副總司令啟程返國，我和薛大使等仍搭突奇親王提供的專機前往沙京利雅德。上午十一時抵達，先與特遣組同仁陳燊齡署長等晤面，轉達政府最新指示。他們也提出不少問題，主要是關於人員的任務和待遇方面。

下午一時往晤突奇親王，將昨晚收到的指示逐項告知，說明蔣總統將備函致沙國國王，將由薛大使轉致。本案有關細節問題，請沙方指定專人與薛大使、陳署長洽商。我表示，本案在我政府方面是十分困難的決定，之所以在四日內有全然不同的決定，純是基於我國極端重視沙國友誼，而本案能有今日結果，突奇親王四日前的坦誠說明，使我國政府能透徹瞭解沙方的各項顧慮，因此今日決定，主要是親王促成。突奇親王聽我的講述，表情非常激動，一再感激蔣總統的德意，並指出我國重視兩國友誼，俯允沙方請求，沙國政府及人民同深感激。由於此一決定，中沙兩國友誼及全面合作，今後遠景至為光明。

關於我方所告的第三項，也就是如須作戰，應先經中沙雙方協商同意一點，他問道在北葉門境內的作戰（指支援地面作戰）是否不在其限？我答覆，這點曾和此間同仁再三研究，初步看法，在執行巡邏任務時，如遭遇攻擊，自須採取自衛行動，至於支援地面作戰則不同。我特別指出上次會晤時，親王曾告我空軍人員援沙赴北葉門的主要作用，在於顯示有具有威力的空軍存在，可增強北葉門人民的信心，作用不在作戰。突奇親王說，由於南葉門利用北葉門叛亂組織「國家民主陣線」，經常越界在北葉門境內騷擾，故可能需要我方人員支援地面作戰。我立即答以此點前此未經提出，當再呈報請示。

我們的談話達成了五項共識：一、我方人員依原定計畫在三月三十日來沙，人數由陳署長及郭昌慎武官與沙國空軍總部洽定。華航載運上述人員的專機在沙降落許可，即由沙民航局發給各該人員在達赫蘭辦理入境手續，無需在台北辦簽證。二、中沙兩國政府將於三月二十九日台北時間下午二時（沙京上午九時）同時通知美國政府，且說明我空軍退役人員是以沙國空軍人員身分前往北葉門。三、我方人員的安全由沙方負責。四、沙軍方指派專人在北葉門，我空軍派專人在沙京從事聯絡工作。五、有關細節及行政支援等問題，統由陳署長、郭武官等與沙國空軍總部洽商決定。

談完後就在沙京擬好電報，傍晚乘專機返回吉達譯發。當晚中沙空軍人員在沙京商談，我方由陳署長及郭武官，沙方是空軍總司令舒海爾（Asaad Abdul Aziz Al-Zuhair，後派來我國擔任大使）。他們議定初期需要飛行員八人，維護修理、訓練的地勤人員七十三人。我空軍特遣組定四月一日派員赴薩那空軍基地現地勘察，該組人員將於四月三日在達赫蘭等待來沙人員並簡報。

三月二十九日，我接到外交部電報，要我與薛大使擬妥諒解備忘錄，並與沙方簽署。薛大使是這方面專家，立時擬好一件英文稿，分六節敘明雙方的協議。

## 清真寺的誦音

當天下午（三月二十九日），輔導會榮工處沙國分處陳豫主任接我到吉達軍港該處工地聽取簡報。原來他們在一九七三年初獲得沙國麥哈公路（Mecca-Hawiya Road）工程的競標，這是一項國際標，共有十一家國際工程公司競標，榮工處得標，以後五年中承接近六億美元的工程，分別是公路、海港、機場，以及軍港岸上設施與房屋等四大項。我當天參觀的是吉達軍港擴建的海岸工程和岸上設施部分。前者是水深九公尺的軍用碼頭，要打二千七百支預力混凝土樁，鑄造並安置一萬二千個預鑄混凝土構件和碼頭面，以及修理用的船塢。後者是港區道路、辦公廳舍、各類宿舍、倉庫、修理廠及綠化工程。

我們在工地參觀了造磚廠、宿舍工程和碼頭工程，後又搭乘該處的榮興號公務輪遊覽吉達港。整個沙國多數地區是沙漠，但是吉達沿紅海，較有西方城市的規模。沿紅海海濱一帶，在白天赤熱的太陽照曬下，固然是酷熱難忍，但是太陽下山後，夜幕初垂，海風徐來，許多沙國人或駐沙外交人員常常三、五成群，享受這難得的涼爽。不過沙國的宗教戒律嚴格，絕不容許男女愛侶在海邊散步，縱使夫妻有時也會被查問。我在吉達港遊港時正值黃昏，才看到難得一見的人群聚集。

談到人群聚集，任何清真寺前，每天都有五次人群聚集的景象。伊斯蘭教教規每天日初升、正午、下午四時左右、日落以及午夜，教徒必須先淨身到清真寺禮拜真主。為了宣布禮拜時間，每個清真寺都裝有強力的擴音設備，屆時由嗓音高亢的教長朗誦《古蘭經》中宣召祈禱的章節，使全城每一角落的信徒即刻放下手上的工作，清潔手腳，前往清真寺禮拜。最初聽到擴音器中傳來朗誦的聲音，很像有人在喊冤，聽久了以後，每位朗誦的教長功力都不相同，起承轉合，十分悅耳，我後來去任何伊斯蘭教信徒眾多的城市，總是盼望能聽到這朗誦的聲音。

## 代號「大陵案」

一九七九年三月三十日星期五是沙國禮拜日，我一早就由陳豫主任陪同去泰乙府。由吉達去泰乙府，如經由麥加，不是很長的路，但這條路只有信奉伊斯蘭教的人才能走；我們教外人要繞道而行，很像是在台北上陽明山的公路，需時兩小時三十分。我們先到當地華僑會館，僑胞們稱為哈齊（朝聖）館，參加由台大同學馬國祥主持的歡迎會，我講了話，大家發表意見，到了正午是禮拜時間，就散會了。我們就由當地榮工處施工主任程龍光陪同，參觀他們正在興建的一條名為「沙耳驟降公路」（Sha'ar Descent Highway），看到施工品質十分好，果然以後這條路完工後得到國際大獎。程主任在榮工處的外號叫「山大王」，因他的工作地點在沙國高原，而且他令出必行，賞罰分明，深受工作夥伴愛戴。

傍晚回到旅館，接到部電表示已核定諒解備忘錄。我兩天後將離沙赴約旦，所以指示由薛大使代表政府簽署。稍後，鄧煥之組長來告知突奇親王通知，次日下午一時國防及航空部長蘇坦親王將約晤。我們在三十一日上午又專機飛往沙京。抵達後，先和我方特遣組資深軍官陳燊齡署長晤面，他將剛收到宋長志總長的來電給我看，電文是本案代號為「大陵案」，我方除應沙方請求的八名飛行員、七十三名地勤人員外，擬派聯絡組十人由陳鴻銓中將領隊，共九十一員於四月三日由台北搭機赴達赫蘭，應即安排各項接送事宜。也指示陳署長協調沙方四事：一、通知沙方我聯絡組包括電台是應任務需求編成。二、本案人員待遇應比照沙國外聘他國人員，不多、不少。三、聯絡組人員待遇應盡量併入本案辦理。四、我方人員的安全與應變措施應妥洽沙方。

這一電報經過大使、武官和鄧組長看後，認為有可推敲的地方：一、沙方已表示由將級軍官擔任聯絡組長，階級太高，似以改由校級軍官擔任為宜。二、聯絡組人員的薪金不宜洽沙方支付，應由我方比照駐外人員支領薪金，但可洽沙方提供宿舍、交通、通信與醫療福利。三、沙國外聘人員待遇並無標準，也不一致，我方人員的待遇，宜依其退役時階級完全比照沙國軍人的俸給。這些意見我們草擬成電報，在當晚電呈蔣部長。

三月三十一日下午一時，我在沙京拜會國防航空部長蘇坦親王。我先說明與他的姪兒突奇親王兩度會談所達成的協議，他表示中華民國政府重視中沙友誼，就本案給予沙國協助，甚為感謝。我再說明我方人員將於四月三日飛抵達赫蘭對沙國提供支助，我總統將正式致函沙國國王，俟奉到後將由薛大使面呈國王。

關於我空軍人員在北葉門擔任的任務，茲奉政府指示，主要為負責訓練及巡邏，重點在防衛而非攻擊，巡邏時遭遇攻擊必須自衛，但如屬正式作戰而係攻擊性者，需先經中沙雙方協商同意。我方之所以如此審慎，是基於以下理由：一、南北葉門邊境有北葉門叛亂組織「國家民主陣線」的武裝活動，我空軍人員如從事地面攻擊，萬一失事落入叛黨之手將引起極嚴重後果。二、空軍支援地面作戰必須與陸軍密切聯繫，我空軍人員與北葉門陸軍素乏聯繫，萬一因聯繫錯誤誤炸友軍或平民，後果不堪設想。三、據悉北葉門有多種軍機，我方人員使用之F-5E機可專限於擔任巡邏任務，至於攻擊作戰可由其他軍機擔任。

蘇坦親王對我方人員能立即來沙表示歡迎，並稱彼等抵達達赫蘭後將由沙方接待，後前往泰乙府空軍基地整備待命。蘇坦親王極為注意我所說的不宜從事攻擊任務的三點理由，曾一再用阿拉伯語與突奇親王商談，後表示他認為我方如派遣數人在北葉門陸軍擔任聯絡工作，則支援地面作戰應屬可行，他請突奇親王全權處理，請他、參謀總長、空軍總司令再與薛大使等研商細節。告辭後，我又和突奇親王談到此次中沙軍事合作，為雙方最高階層的政策決定，今後實際執行時，雙方基層人員未必能完全瞭解上級觀點，務盼雙方高級首長能將彼此坦誠合作的至意告知部屬。此外，雙方幹部語言溝通也可能引起問題，請告所屬倘有不能溝通之處，務盼在較高階層協調。突奇親王表示完全同意。

## 拜會約旦哈山親王王妃

當晚趕返吉達，收拾好行李。第二天四月一日凌晨七時，我和葉家梧副司長就搭約旦航空班機前往約旦首都安曼，因有一小時時差，抵達時是早上八時半。項士揆主任和王儲辦公室顧問涂堪（Touken）來接，此時才知道哈山王儲訪問馬來西亞，但因該國元首突然逝世，訪問節目要延後，原定昨天返國，要延到四月二日返回約旦。而胡笙國王原在安曼，卻因王后在倫敦小產，也兼程趕往倫敦。目前在安曼擔任攝政的是國王的二弟默罕謨德親王。王儲哈山親王後日回國不能來安曼，因他是王儲，將接任攝政，如此對擔任攝政的二哥似有欠尊重。因此他將不回安曼，而是回到南部濱海的阿卡巴（Aqaba），他希望我能在四月三日中午飛往阿卡巴會面。

我訪問約旦的主要目的是與王儲會晤，倘有可能將由他安排晉謁國王，現在這種情況，兩件事都無法在安曼辦到。所以我利用這兩天與約旦的要員會晤，並且和國內派在約旦的同仁敘談。

一日上午，我和葉副司長到旅館略事安頓，就前往項主任的官舍和館舍參觀，聽取同仁意見。午後出城到死海旁的史威瑪（Sweimeh），參觀榮工處正在興建的沿死海、由史威瑪到查拉（Zara）的公路，全長十五公里，造價約五百餘萬美元。這條公路的特點是全線都在水平面以下，我去看的地方在水平面以下兩百多公尺。很多人在死海上俯泳，因海水鹽度過高，人或物都很容易漂浮起來。

由工地回安曼後，我立即更衣攜帶禮品去王儲宮內拜訪王儲妃。她前一年曾隨王儲訪問高雄，與我有數次晤面，這次她因有孕在身未隨王儲出訪。他們兩位已有三位公主，非常企盼能有一位王子。我帶去的禮物中有一件就是一對銀色的筷子，我特別告訴王妃，我們送筷子的意義，是用同音意義，希望快快有個兒子。當時還沒有超音波的測試可先知道胎兒性別，王妃對我的說明非常高興。以後果然是一位王子，哈山親王特別來信報喜，說我國的銀筷子真的帶給他們夫婦好運。

王妃約見我，主要是代表王儲表示歉意，特別是解釋為什麼不能在安曼與王儲會晤，要我遠赴阿卡巴，這純粹是王室的一些禁忌，外人不易明瞭，她特別要讓我知道。我說能去阿卡巴讓我多在貴國走一個地方，實在是難得的經驗。她把三個公主也叫出來，逐一向我致意，我給她們每人一個圖章。這三位公主現早已成家、有自己的孩子，遇到新年寄賀年片還不忘蓋上圖章。

四月二日，我去總理府拜會曾來台北訪問過的朱瑪（Said Uddin Juma）祕書長。他因約旦剛和埃及斷交，忙得不可開交，但是對兩年多前來台北訪問時我們的接待，仍是念念不忘。接著去拜訪安曼市市長努瓦（Nuwar），他表示希望能和台北市加強關係，共同研究解決都市發展遭遇的各項問題。

## 向約旦王儲分析中共情勢

下午繼續拜訪曾來華訪問過的供應部部長卡希姆（Marwan Qassem），他曾擔任宮廷大臣，夫人是美國人，所以親自以茶點款待。他表示，約旦雖與中共建交，但是對我國的友誼不渝。以後去拜會國王的親家前參議員米阿薩（Wasif Mirzar），正好參議院議長、曾任總理的塔虎尼亦在座，他很坦誠地表示，心中認為約旦真正的友人是我國。

四月三日，薛毓麒大使由吉達乘突奇親王的專機於十一時抵安曼，接了我和葉副司長飛往阿卡巴，飛行約五十分鐘。這個城市是在約旦河注入阿卡巴灣的右側，對岸就是以色列的土地，戒備非常森嚴。

飛機到了阿卡巴後，我們前往王儲行宮，談話兩小時多。我向王儲表達對他長久以來對我國的支持，以及對駐約旦我國同仁的支助，我政府誠摯的謝意。我指出，我國政府一向堅持原則，是與約旦最近表現的不屈不撓精神相同。上月王儲告訴李國鼎政務委員要我來約旦簡報中美關係，以及中國大陸目前的情況，政府甚為重視，特別派我前來。我先分析卡特何以急於與中共建交，其原因不外：一、為謀連任，必須迎合工商界人士的心意，他們夢想大陸的廣大市場。二、企盼運用中共的力量以制衡蘇俄的力量進入亞、非。三、中共正對美示好，卡特乃把握機會。

我再說明近年來，我政府致力與美國會、地方政府及民間輿論加強聯繫，斷交後，我經歷數月艱苦交涉，所獲結果雖不盡滿意，在實質上仍是政府與政府的關係，故願竭誠建議約旦除與美政府聯繫以外，宜設法多與國會、輿論界及有影響力人士多加交往。

王儲對我的說明表示感謝，並坦率表示，約旦缺乏這種人才，而卡特政府對中東的做法實在令人失望。所謂的埃以和約，完全不顧約旦或其他阿拉伯國家的立場，美號稱民主，在外交舉措上與獨裁極權的蘇聯並無不同。約旦在此情況下，只有加強與友好國家如中華民國者的關係。我趁機建議，為使中約實質關係能真正強化，並減少推動工作時的困擾，我在約旦單位仍宜比照新加坡之例，改為中華民國貿易代表團，同時依照互惠原則，我駐約旦單位宜能與約旦外交部直接交往。王儲表示當盡量設法改進。

## 四階段說明中共歷史

接著，王儲要他的隨員和我方的項士揆主任、葉家梧副司長留在室內，他邀了薛大使和我至花園中續談。首先，他說國王不久將往大陸訪問，他很希望我能在約旦多事逗留，等國王自倫敦返國後，向他詳細說明中共情勢。但是國王何時返國並無確期，而我在台北的工作繁重，因此無法從命。我於是將大陸過去三十年政策的變化分成四個階段說明，每個階段是一個週期，由緊而鬆。

第一階段自中共政權開始到一九五八年，先是整風運動，轉變為和平共存和百家爭鳴、百花齊放。第二階段是一九五八至一九六五，先是三面紅旗、大躍進，轉變為劉少奇和鄧小平主導的經濟發展與一連串國外訪問。第三階段是一九六六至一九七六年，開始是文化大革命，轉變為乒乓外交。第四階段是一九七六至一九七九年，由四人幫的被捕，到四個現代化運動。這四個階段的政策都是「緊」開始，而「鬆」結束。現在第五階段又將開始，鄧小平在美國訪問之時就公開表示要對越南施以教訓，在他回到大陸不久就發動了「懲越戰爭」。

王儲聽了我的簡報，感到極有意義，就要我將所談的撰為書面，以便他轉呈給國王。我在四月八日即刻撰寫十八頁的簡報，題為「中共政權政策轉變的週期」英文說帖，請項主任轉陳王儲。

王儲接著提出了兩項請求，一是希望我們能協助約旦展開對美國的工作，因為美國對約旦極不友好，現已停止對約旦的社會經濟援助。另外，他請求我國繼續過去對約旦提供的軍事援助。對於後者，我立刻答覆因中約現無邦交，似乎沒有可能；對於前者，我的答覆是如約旦主管對美外交的官員，有意知道如何加強其對美的工作，我們樂於分享經驗和心得，但是這種事是「知易行難」，所謂「運用之妙，在於一心」，我們自己也有很優秀的外交官，對美國很瞭解也有經驗，但是實際運作起來，不一定有用。

我們的談話到四時許結束，王儲親自駕車送我到機場。由於他自己駕車，我準備坐右方前座，一打開車門大吃一驚，原來是一挺輕機槍，我可能有些遲疑，王儲就輕鬆地將機槍放到後座，讓我可以坐下來。他駕車技術高超，車行迅速，後面的車很難跟上。他將車子直接駛到飛機旁邊，再度表示今天的談話非常有價值，希望我隨時來約旦訪問。這項邀請，我等了十五年才履行，那是後話。

## 增進中沙關係

由阿卡巴飛往吉達，花了兩小時半。到了吉達我們進晚餐後就赴機場。在候機時看到外交部的電報告知「大陵案」已更名為「大漠案」。薛大使也將他四月一日在沙京空軍總部與突奇親王等會商的電報給我看，他們決定由我方為北葉門陸軍訓練空軍管制人員，並為他們建立申請空中支援的作業程序，要在這些工作完成後才能考慮空援地面作戰。此外，中沙空軍幕僚人員應立即會商，對於在北葉門可能發生的各種緊急情況開列成表，明訂作授權前線指揮官逕行決定由駐薩那空軍支援作戰；至於其他不在表列情況，必須中沙雙方會商協議後始予支援。

看完這些電報後，我就辭別薛毓麒大使，與葉副司長登機返回台北。這次出差雖然只有十天，但是感到無比壓力，回程因此一路安睡。到新加坡，新外交部又為我安排了兩天節目，返回台北已是四月六日。

次日一早，蔣總統召往聽取我的報告，對於訪問沙、約兩國的成果獎勉備至。我也很坦率向總統報告，我方人員前往中東，發生傷亡的可能性不大；但是中沙軍方溝通不良，因語文、宗教、文化的不同而引起誤會的可能性很大。總統很同意我的看法，表示將指示軍方對派往人員加強語文及其他各方面的訓練。

一九七九年五月二十八日，美國《華盛頓郵報》以「台灣人受僱在北葉門駕駛美國噴射戰機」為題，在頭版刊登長篇報導，指出根據國務院的亞洲專家表示，台灣顯然無任何其他軍事人員駐於海外，也無法提供與北葉門協議的任何細節。

我在一九七九年四月三日後就沒有接觸到這案子，我只是在一個非常偶然的機會中，參與了這案子的肇始，而主要動機，正是設法增進中沙關係。沒想到二十年後，若干參與此案的軍方人員經由訪談，將此案描述得十分詳盡。

【附錄一】

# 錢復紀事

## 一九三五年

・三月二十一日——生於北平。

## 一九三七年

・秋，全家人自北平移居上海。

## 一九四〇年

・就讀上海古柏小學。

・七月二十九日——祖父錢鴻業在上海遇刺身亡。

## 一九四六年

・九月——就讀上海大同大學附設中學初中部。

・九月——父親錢思亮返北大任化學系主任。

## 一九四七年

・九月——轉學北平育英中學。

**一九四八年**

・十二月下旬——全家遷居上海。

**一九四九年**

・二月下旬——全家隨國民政府遷台。

・三月——登記就讀建國中學。

**一九五一年**

・父親接任台灣大學校長。

**一九五二年**

・九月——就讀台灣大學政治系。

・十二月一日——中美簽訂「中美共同防禦條約」。

**一九五五年**

・當選台大代聯會主席。

・考入救國團青年友好團，赴土耳其、西班牙訪問。

**一九五六年**

・七月——國立台灣大學政治系畢業。

・通過全國性公務人員高等考試外交官領事官考試。

**一九五七年**

・五月——分發至國防部連絡局服預官役。

**一九五八年**

・九月十日——赴美留學。

**一九五九年**

・六月——獲美國耶魯大學國際關係碩士。

**一九六〇年**

・十月十七日——通過耶魯大學國際關係博士口試。

**一九六一年**

・九月十六日——與田玲玲在美訂婚。

・十月十八日——學成歸國。

**一九六二年**

・三月——任國立政治大學兼任副教授（至一九六四年）。

・三月十六日——任外交部北美司專員、科長。

・五月——任行政院祕書（至一九六三年）為兼行政院長陳誠「舌人」。

・六月——獲耶魯大學國際關係哲學博士。

**一九六三年**

・九月二十二日——與田玲玲結婚。

・十二月十五日——獲第一屆「十大傑出青年」。

**一九六四年**

・十二月二十日——長子錢國維出生。

**一九六五年**

・十二月八日——長女錢美端出生。

・成為總統蔣中正傳譯。

**一九六七年**

・三月——任外交部北美司副司長。

**一九六九年**

・七月——任外交部北美司司長。

・八月十八日——國防研究院第十期結業。

**一九七〇年**

・任國立台灣大學兼任教授（至一九七二年）。

・父親擔任中央研究院院長。

**一九七一年**

・九月——出席聯合國第二十六屆大會，任我國代表團顧問。

**一九七二年**

・六月——轉任行政院新聞局局長及政府發言人。
・十一月一日——新聞局長任內第一次訪美。
・十二月十二日——訪南韓觀察反共動向。
・獲韓國成均館大學榮譽法學博士。

**一九七三年**

・六月六日——訪美傳達工作任務。
・八、九月——走訪歐洲七國。

**一九七四年**

・四月一日——應邀赴美巡迴演講，為期一個月。
・十一月——前往西德巡迴演講。

**一九七五年**

・二月十七日——赴美統整駐美單位對美做法。
・五月——任外交部常務次長。

**一九七六年**

・一月四日——母親張婉度逝世。

**一九七九年**

• 五月——任外交部政務次長。

**一九八〇年**

• 四月二十七日——復海會報成立，任海外研委會召集人。

**一九八〇年**

• 十月——訪歐回程，順道訪泰，代表我方捐款二百萬協助泰國救援中南半島難民。

**一九八一年**

• 六月二十三日——購回雙橡園，重新整修。

**一九八二年**

• 十一月——任北美事務協調委員會駐美代表。

**一九八三年**

• 九月十五日——父親錢思亮逝世。

**一九八八年**

• 三月——獲加勒比海美國大學榮譽法學博士。

• 七月——任行政院政務委員兼任經濟建設委員會主任委員。

• 七月——獲選為中國國民黨中央常務委員（至一九九八年）。

**一九九〇年**

• 六月一日——任外交部部長。

**一九九三年**

- 獲美國威爾森學院榮譽文學博士。

**一九九四年**

- 獲美國佛羅里達國際大學公共服務榮譽博士。

**一九九六年**

- 任國民大會議長（至一九九九年一月）。

**一九九七年**

- 獲美國波士頓大學榮譽法學博士。
- 獲美國愛達荷州州立大學榮譽法學博士。

**一九九九年**

- 二月一日——任監察院院長。

**二〇〇五年**

- 一月三十一日——監察院院長卸任。
- 二月二十一日——出版回憶錄二卷（天下文化出版）。
- 二月二十二日——任國泰慈善基金會董事長。
- 九月二十九日——赴美國Norfork出席Club of Rome年會，並赴耶魯大學作專題演講。
- 十一月十五日——出席北京大學「北京論壇會」。

## 二〇〇六年

- 八月二十四日——玲玲口述、張慧英女士撰《優雅的智慧》由天下文化出版。
- 九月二日——赴新加坡出席Forbes Global CEO Conference並拜會李光耀資政，會晤Nathan總統、李顯龍總理、黃根成副總理和楊榮文外長等政要。

## 二〇〇七年

- 四月二十五日——赴美國耶魯大學「台灣關係研討會」發表主題演講。
- 七月三日——赴里斯本出席UBS Philanthropy Forum，會後轉赴馬德里出席Club of Rome年會。

## 二〇〇八年

- 二月十九日——出席中央研究院「錢思亮院長百齡誕辰紀念會」。
- 九月十一日——赴新加坡出席 UBS Global Philanthropy Forum，並會晤吳作棟資政、楊榮文外長。
- 十月十一日——外交部邀請赴捷克，出席 Prague 2000「Prague Crossroads 國際會議」。
- 十月二十二日——率團赴韓國出席「台北首爾論壇」。

## 二〇〇九年

- 四月十六日——率團赴海南島出席「博鰲亞洲論壇」。
- 五月十五日——赴洛杉磯出席「南加州玉山科技協會年會」演講，並接受「終身成就服務獎」表揚。

- 九月二十七日——赴吉隆坡出席 Forbes Global CEO Conference。
- 十二月十九日——主持「第一屆兩岸國際法學論壇學術研討會」。

## 二〇一〇年

- 元月十九日——應沙烏地王國突奇親王邀請，赴利雅德「費瑟國王伊斯蘭研究中心」發表演說，並拜會國王長子 Abdullah 親王、王兄利雅德總督、Salman 親王（現任國王）等政要。
- 七月二十八日——拜會來華訪問之史瓦濟蘭（現改稱史瓦帝尼）國王恩史瓦第三世。
- 八月二十四日——赴新加坡，拜會李光耀國務資政、吳作棟資政、李顯龍總理和黃根成副總理。
- 十二月七日——赴北京出席「第一屆兩岸金融高峰論壇」。

## 二〇一一年

- 三月十六日——「太平洋文化基金會」推選為董事長。
- 四月十二日——率團赴海南島出席「博鰲亞洲論壇」。
- 十二月五日——赴美國華府出席「第四十屆台美當代中國研討會」。

## 二〇一二年

- 三月三十一日——率團赴海南島出席「博鰲亞洲論壇」。
- 五月二十八日——應約旦王國哈山親王邀請，赴安曼出席 WANA Forum 年會，作主題演講。
- 六月二十一日——赴北京出席「UBS慈善論壇」並發表演講。
- 七月一日——應廈門大學邀請，在該校「國際法高等研究院開幕典禮」演講。並出席「海峽兩岸台灣涉外事務研討會」。

- 九月十七日——赴南京出席「海峽兩岸企業家紫金山峰會」。

## 二〇一三年

- 元月二十三日——率團赴韓國出席「台北首爾論壇」。
- 六月八日——應約旦哈山親王邀請，赴安曼出席WANA Forum年會並演講。
- 七月六日——赴新加坡出席「慧眼中國環球論壇年會」，並在開幕式演講。
- 九月二十二日——結婚五十週年。
- 十一月十九日——赴北京，在清華大學美國研究中心與師生座談，並在北京大學法學院張福運基金會演講。

## 二〇一四年

- 四月十八日——赴河南主持「兩岸經濟文化論壇」。
- 十月十三日——赴杭州主持「兩岸人文對話」。
- 十二月八日——主持「第三十一屆華歐會議——『歐盟的新人新政』」。

## 二〇一五年

- 元月五日——赴武漢出席「長江文化論壇」，並擔任中華文化人物頒獎人。
- 二月三日——赴香港浸信大學演講。
- 三月二十四日——陪同馬英九總統赴新加坡，弔唁李光耀國務資政。

- 四月五日——八十初度。
- 六月一日——赴長沙主持「兩岸人文對話」。
- 十一月二日——赴南京出席「紫金山峰會」。

**二〇一六年**

- 元月五日——赴西安擔任「中華文化人物頒獎人」。
- 二月二十二日——中央研究院「思學並濟　亮節高風——錢思亮先生特展」開幕。
- 二月二十三日——率「台灣論壇」訪問團赴北京與「中國國關研究院」「社科院台灣研究所」「清華大學台灣研究所」「現代國關研究院」等學術機構座談。
- 五月十八日——赴鄭州主持「兩岸經濟文化論壇」。
- 十月十五日——應約旦哈山親王邀請，赴安曼出席WANA Forum年會。
- 十一月五日——赴金門出席「兩岸企業家峰會」。

**二〇一七年**

- 元月十日——赴深圳擔任「中華文化人物頒獎人」。
- 四月二日——赴鄭州出席「程顥、程頤文化園」開幕儀式並揭幕。
- 六月四日——率「台北論壇訪問團」赴美國華府及紐約，拜會智庫及政要。
- 七月十日——應外交部邀請，赴華府參加「雙橡園八十風華專輯發表會」。
- 十一月十三日——赴梅州主持「兩岸人文對話」。

・十一月十八日——赴上海，在「錢氏家教家風高峰論壇」以及同濟大學發表演講。

**二〇一八年**

・元月十一日——出席「蔣故總統經國先生對台灣之貢獻暨逝世三十週年紀念座談會」。

・四月十八日——赴鄭州主持「兩岸經濟文化論壇」。

・五月一日——率「台北論壇訪問團」赴北京拜會「社會科學院台研所」「中國國際戰略研究基金會」「中國國際問題研究院」「中共中央黨校」「中國現代國際關係研究院」等機構。

・六月五日——赴北京主持「兩岸人文對話」。

・七月三十一日——中風顱內出血，入院手術。

・九月十八日——出院開始復健。

**二〇一九年**

・元月十四日——恢復上班。

・六月一日——「蔣經國國際學術文化交流基金會」推選擔任董事長。

**二〇二〇年**

・五月七日——出版回憶錄第三冊《錢復回憶錄・卷三：1988~2005台灣政經變革的關鍵現場》（天下文化出版）。

【附錄二】

# 錢復英文著作

1. *The Opening of Korea: A Study of Chinese Diplomacy 1876-1885*
（The Shoe-string Press, Hamden, Connecticut, U.S.A. 1967）

2. *Speaking As A Friend*
（Government Information Office, Taipei, R.O.C. 1975）

3. *More Views of A Friend*
（Government Information Office, Taipei, R.O.C.1976）

4. *Faith and Resilience: The Republic of China Forges Ahead*
（Kwang Hwa Publishing U.S.A. Inc. 1988）

5. *Opportunity and Challenge*
（Arizona Historical Foundation, Hayden Library Arizona University, Tempe, Arizona, U.S.A. 1995）

【附錄三】

# 錢復獲國內外授勳獎章

| COUNTRY | POSITION | MEDAL OF DECORATION | DATE |
|---|---|---|---|
| KOREA | Director-General, GIO | Order of Diplomatic Service Merit | 1972.12 |
| VIETNAM | Director-General, GIO | Order of Kim Khanh, Grade of Sac-Lenh | 1973.4.13 |
| REPUBLIC OF CHINA | Vice Minister, MOFA | Order of Brilliant Star with Grand Cordon 大綬景星勳章 | 1975.7.12 |
| PARAGUAY | Vice Minister, MOFA | Orden Nacional del Merito en el Grado del Gran Cruz | 1975.9.16 |
| DOMINICAN REPUBLIC | Vice Minister, MOFA | Orden del Merito de Duarte, Sanchezy Mella, Grado de Gran Oficial | 1975.11.5 |
| DOMINICAN REPUBLIC | Vice Minister, MOFA | Orden del Merito de Duarte en el Grado de Gran Cruz Placa de Plata | 1978.10.27 |
| HONDURAS | Vice Minister, MOFA | Orden de Jose Cecilio del Valle en el Grado de Gran Cruz de Plata | 1979.4 |
| EL SALVADOR | Vice Minister, MOFA | Orden Nacional "Jose Matias Delgado" en el Grado de Gran Cruz de Plata | 1979.6.13 |
| HAITI | Vice Minister, MOFA | L'Ordre Nacional Honneur et Merite Grand Officier | 1979.7.10 |

| COUNTRY | POSITION | MEDAL OF DECORATION | DATE |
|---|---|---|---|
| SOUTH AFRICA | Vice Minister, MOFA | Order of Good Hope in the Grand Cross Class | 1979.10.17 |
| PANAMA | Vice Minister, MOFA | Orden de Vasca Nunez de Balboa | 1980.8 |
| DOMINICAN REPUBLIC | Vice Minister, MOFA | Orden de Don Cristobal Colon en el Grado de Gran Cruz de Plata | 1982.2.11 |
| PARAGUAY | Minister, MOFA | Orden Merito en el Grado de Gran Cruz Extraordinario | 1990.6.19 |
| KINGDOM OF SWAZILAND | Minister, MOFA | Chief Counsellor of the Royal Order of Sobhuza II | 1991.1.16 |
| HONDURAS | Minister, MOFA | Orden de Morazan, Gran Cruz, Plata de Plata | 1991.10.9 |
| CENTRAL AFRICAN REPUBLIC | Minister, MOFA | Ordre du Merite Centrafricain, Grand Officier | 1992.5.15 |
| GUATEMALA | Minister, MOFA | Gran Cruz de la Orden Quetzal | 1992.6.6 |
| EL SALVADOR | Minister, MOFA | Orden "Jose Matias Delgado" en el grado de Gran Cruz, Placa de Plata | 1992.6.9 |
| GUATEMALA | Minister, MOFA | Orden de Antonio Jose De Irisari en el Grado de Gran Cruz | 1992.8.31 |
| NICARAGUA | Minister, MOFA | Orden Jose Dolores Estrada, Batalla de San Jacinto, en el grado de Gran Cruz | 1993.7.7 |

| COUNTRY | POSITION | MEDAL OF DECORATION | DATE |
|---|---|---|---|
| COSTA RICA | Minister, MOFA | Orden Nacional Juan Mora Fernandez en el Grado de Gran Cruz de Plata | 1993.7.29 |
| NIGER | Minister, MOFA | Grand Officier de l'Ordre National du Niger | 1994.6.2 |
| BUKINA FASO | Minister, MOFA | Officier de l'Ordre National | 1994.7.21 |
| PANAMA | Minister, MOFA | Orden Manuel Amador Guerrero en el Grado de Gran Cruz | 1994.11.18 |
| GUINEA BISSAU | Minister, MOFA | Ordem Nacional de Merito de Cooperacao e Desenvolvimento | 1995.4.11 |
| GUATEMALA | Minister, MOFA | Soberano Congreso Nacional en el Grado de Gran Curz | 1995.7.18 |
| REPUBLIC OF CHINA | President, Control Yuan | Oder of Propitious Cloud with Special Grand Cordon 特種大綬卿雲勳章 | 2000.5.17 |

【附錄四】
# 人名索引

## 中文人名（含部分非英文語系人士之中譯名）

【二劃】



【三劃】



【四劃】

【十劃】

【十一劃】

【十二劃】

【十三劃】



【十四劃】



【十五劃】

【十九劃】



【二十劃】



【二十一劃】

## 英文人名

**國家圖書館出版品預行編目(CIP)資料**

錢復回憶錄典藏版. 卷一, 1935-1979外交風雲動/錢復著. -- 第二版. -- 臺北市 : 遠見天下文化出版股份有限公司, 2021.03
面 ; 公分. -- (社會人文 ; BGB504)
ISBN 978-986-525-070-6 (精裝)

1.錢復 2.回憶錄 3.臺灣政治

783.3886 110003218

社會人文 BGB504

# 錢復回憶錄典藏版・卷一

## 1935-1979 外交風雲動

作者 — 錢復

總編輯 — 吳佩穎
副主編 — 陳珮真
責任編輯 — 吳佩穎、詹小玫；賴仕豪（特約）
封面設計 — 張議文
圖片提供 — 錢復、中央社
「復」字書法 — 歐豪年

出版者 — 遠見天下文化出版股份有限公司
創辦人 — 高希均、王力行
遠見・天下文化・事業群 董事長 — 高希均
事業群發行人／CEO — 王力行
天下文化社長 — 林天來
天下文化總經理 — 林芳燕
國際事務開發部兼版權中心總監 — 潘欣
法律顧問 — 理律法律事務所陳長文律師
著作權顧問 — 魏啟翔律師
社址 — 臺北市 104 松江路 93 巷 1 號
讀者服務專線 — 02-2662-0012 ｜ 傳真 — 02-2662-0007；02-2662-0009
電子郵件信箱 — cwpc@cwgv.com.tw
直接郵撥帳號 — 1326703-6 遠見天下文化出版股份有限公司

電腦排版 — 極翔企業有限公司
製版廠 — 中原造像股份有限公司
印刷廠 — 中原造像股份有限公司
裝訂廠 — 精益裝訂股份有限公司
登記證 — 局版台業字第 2517 號
總經銷 — 大和書報圖書股份有限公司 電話／(02)8990-2588
出版日期 — 2021 年 4 月 1 日第二版第一次印行
2023 年 9 月 15 日第二版第三次印行

定價 — NT 650 元
ISBN — 978-986-525-070-6
書號 — BGB504
天下文化官網 — bookzone.cwgv.com.tw